鑪幹八郎 監修
Mikihachiro Tatara

宮下一博・谷 冬彦・大倉得史 編
Kazuhiro Miyashita, Fuyuhiko Tani & Tokushi Okura

アイデンティティ研究ハンドブック

Handbook of Identity Research

ナカニシヤ出版

まえがき

鑪　幹八郎

　エリクソンのライフサイクル論の中で提案されたアイデンティティ概念は，新しい有効な概念として，学会のみならず，多くの領域で受け入れられた。アイデンティティに関するさまざまな論説は，研究者のみならず，世界的な知識人の関心を惹き，現在も重要な概念として生きている。今日，アイデンティティという言葉を使って考えを述べたり，考えを発展させたりする人が，その言葉の創始者はエリクソンであることを知らない，ということも珍しくない。概念の重要性は個人を越えて普遍的な世界に属しているからであろう。

　今回，宮下一博さんの発案によって，宮下一博，谷　冬彦，大倉得史氏の編集で，このような形で『アイデンティティ研究ハンドブック』が出版されることは時宜にかなったものである。また特に，今回は第一線で活躍している研究者たちによって，それぞれの章が担当されている。それぞれの領域の研究の紹介や展望や内容に周到さと綿密さがある。これは本書の特徴であり，優れた点である。

　一つの心理学的な概念が時代を支え，多くの人を鼓舞した時代の中でアイデンティティのテーマは一般の人々に浸透していった。1960年代初頭からアメリカはヴェトナム戦争に突入，ジョンF.ケネディ大統領の誕生で，国内では公民権運動が高まり，大きな社会的な変動期を迎えた。1963年にケネディ大統領が暗殺され，続いて公民権運動の中心にあったキング牧師が暗殺され，同じ公民権運動の指導者であったマルコムXも暗殺された。ロバート・ケネディは大統領候補選挙運動中の1968年に暗殺された。アメリカ社会は騒然としていた。社会に対する異議申し立ての運動の中心的な役割を果たしたのは，大学生を中心とする青年たちであった。そしてこの青年たちが手にしていたのが，エリクソンの『幼児期と社会』をはじめとする著書であった。

　この動きは日本も同じであった。1960年の日米安保条約の改定をきっかけ

として，社会的異議申し立ての運動が若者を中心に広がった。これは大学の改革や社会全体の改革の運動として展開していき，日本中に広がったことは多くの人の記憶に残っていることだろう。この中でも社会と個人の関係を考える鍵概念としてアイデンティティという言葉が用いられたのは，アメリカと同じであった。このようにしてアイデンティティ概念は世界的な広がりを見せていった。

心理学研究者にはこの概念を社会との関係や若者の自己史などとの関連で理解しようという動きが出てきて，この領域の研究も次第に大きくなっていったのであった。

社会の中で生きる私たちが，私たちである限り，私が私である限り，「私とは何か」が問われ続けていくだろう。この問いは芸術にも通じている。芸術の表現は「私」の表現であり，「私は何者か」の表現であるといってもよいだろう。私たちが働き，社会を構成し，世界を構成している意識は，「私とは何者か」「あなたとは何者か」を土台にしている。社会とのつながりで考えると，私たちの思考はアイデンティティを土台とした思考といってもよいだろう。私たちの社会はどのようなものか，周囲の国の社会はどのようなものか。歴史的にどうなってきたか，これからどうなっていくだろうかという問いも，その基盤はアイデンティティ意識だといってよいだろう。

このようにアイデンティティは文化的，社会的，対人関係的，歴史的，個人史的，芸術的な人間の営みの，つまり人間の構成している集団・社会の全体を包み，その根幹を支えている概念であるということもできる。

本書に示されている研究方法には心理学的な統計的手法のみならず，臨床心理学的な面接法や，伝記的・自伝的な解析方法が用いられている。また，さまざまな世代のアイデンティティが問われ，世代の継承性が問われ，マインドフルネスや多重の自己，変容していく自己が問われ，宗教学との関連，死の主題との関連が問われ，疑似種アイデンティティが問われ，人類の種アイデンティティが問われることなども視野に入れて展望がなされている。

アイデンティティとは，そのような広がりのある心理力動的概念であると同時に，また私たち一人ひとりにとって生きていくうえでの根源的な問いでもあるということでもある。アイデンティティの研究は，このように広大な広がり

と深さをもっている。研究の際に自分が研究する領域を位置づけ，研究の方法を確認することが求められるのである。

　本書が多くの研究者やアイデンティティについて関心のある人々に利用され，さらにアイデンティティ研究が実りのあるものになることを心から願っている。

目　次

まえがき　i

第1章　アイデンティティ研究の必要性・・・・・・・・・・・・・1
(1) アイデンティティ文献数の推移　1
(2) 世界と日本のアイデンティティ研究の異同　3
(3) 日本におけるアイデンティティ概念に関する誤解とその本質的内容　5
(4) アイデンティティ研究はなぜ必要か　8

第2章　アイデンティティ研究の方法論・・・・・・・・・・・・11
(1) 尺度による研究　11
　　A. エリクソンによる心理社会的発達段階に基づく尺度　…11
　　B. アイデンティティの感覚に基づく尺度　…14
　　C. マーシャの類型化に基づく尺度　…20
(2) 面接法による研究　25
　　A. アイデンティティ・ステイタス・パラダイム　…26
　　B. マーシャ法以降の展開　…27
　　C. アイデンティティ・ステイタス・パラダイムに対する批判的検討　…37
(3) 伝記研究法によるアイデンティティ研究　41
　　A. 伝記研究法の起源　…41
　　B. 伝記資料に基づいた他の研究法　…42
　　C. 伝記研究法の特徴　…43
　　D. 伝記研究法の手続き・手順　…45
　　E. 伝記研究法によるアイデンティティ研究の利点　…50

F. 普遍性の問題　…52
　　　G. 世代・時代・文化・人種などの違いの問題　…53
　　　H. 因果的決定論・宿命論の問題　…54
　　　I. 伝記研究法のすすめ　…55
　（4）語り行為の力学に着目したアプローチの方法論　58
　　　A. ナラティブ・アプローチ　…60
　　　B. 語り合い法　…65

第3章　アイデンティティ研究の実際・・・・・・・・・・・・73

　（1）尺度による研究　73
　　　A. アイデンティティと対人恐怖　…73
　　　B. アイデンティティの類型化と危機に関する研究　…75
　　　C. アイデンティティの層的構造に関する研究　…77
　　　D. アイデンティティの層的構造を踏まえた研究　…79
　（2）面接法による研究　82
　　　A. マーシャ法に基づく研究　…83
　　　B. グローテヴァントらの面接法に基づく研究　…86
　　　C. グローテヴァントのアイデンティティ形成のプロセスモデルに基づく研究
　　　　　…89
　（3）伝記研究法によるアイデンティティ研究　93
　　　A. 個別分析　…93
　　　B. 比較分析　…97
　　　C. 主題分析　…99
　（4）語り行為の力学に着目したアプローチの実際　104
　　　A. 個別記述にこだわる　…104
　　　B. 家族などへのインタビュー　…105
　　　C. エスノメソドロジー的研究はアイデンティティのどの側面を明らかにす
　　　　るか　…107
　　　D. 対話的自己論との対話　…108
　　　E.「私」（調査者）の声を織り交ぜる　…110

F. 無意識の声に耳を傾ける …111

第4章 アイデンティティ研究のこれから・・・・・・・・・115
(1) アイデンティティとは何かを問う研究　115
 A. 発達心理学的研究 …115
 B. 臨床心理学的研究 …126
 C. 関係性の中で生きる人間のアイデンティティ …135
 D. アイデンティティにおける人格的活力（徳）の研究：思想家エリクソンの理論地平 …149
 E. 理論的研究 …158

(2) アイデンティティによって人間の人生を描き出す研究　167
 A. 次世代との関わりや世代継承（死の問題も含む）とアイデンティティ …167
 B. 宗教とアイデンティティの問題 …178
 C. 社会的マイノリティとして生きる人のアイデンティティ …189

(3) アイデンティティと社会・文化・歴史の関連性を問う研究　200
 A. ボーダレス化した現代におけるナショナル・アイデンティティの問題 …200
 B. 時代，歴史の中を生きる人間のアイデンティティ …211
 C. 新たな人間社会の構築に向けた研究 …220

索　引　231

第1章
アイデンティティ研究の必要性

宮下一博

(1) アイデンティティ文献数の推移

　筆者がエリクソン（Erikson, E. H.）のアイデンティ概念や研究と出会ったのは，大学院修士課程に入学した1978年に遡る。その頃の広島大学では，本書の監修者でもある鑢先生の研究室で，おそらくわが国において初めてであろうアイデンティティに関する大規模な研究が進められていた。これは，実証的研究の遂行（鑢ら，1979）と並行して，世界規模のアイデンティティ文献のレヴューを行うことにより，わが国におけるアイデンティティ研究を刺激し発展させようとする試みであった。その一つの成果である『アイデンティティ研究の展望Ⅰ』（鑢・山本・宮下，1984）がナカニシヤ出版から刊行されたのは1984年であり，その後2002年までに6冊，計7冊が出版された。これらの本は研究者や学生のあいだで利用され，その間，わが国におけるアイデンティティ研究は確実に増加していった。この2002年をもって，われわれのこの研究は一つの区切りを迎えたが，あたかもこれと符合するかのように，わが国におけるアイデンティティ研究も下火になってしまったように思う。これには時代や社会の要因も関係していると考えられる。不景気や雇用の問題等により，青年をはじめとする人間の活力が奪われ，目標を掲げながら前向きに人生を進めていくというアイデンティティの概念自体が，懐疑の念をもってみられるようになったということがあったのかもしれない。「アイデンティティは賞味期限切れ」などと，指摘されたこともあった。では，アイデンティティという概念は，現代のわが国において無用な概念なのであろうか。

　このことに関する結論を出す前に，世界規模でのアイデンティティ研究が，

その後どのようになっているのかについて触れてみたいと思う。われわれが一連の研究の区切りとして2002年に刊行した『アイデンティティ研究の展望Ⅵ』（鑪・岡本・宮下，2002）では，1992年～1996年までの文献がレヴューされている。それ以前のものも含めるかたちで，おおよそのアイデンティティの文献数をあげると（データベースは，PsycINFOを使用。文献検索のキーワードは，"identity"および"Erikson"。その詳細については，『アイデンティティ研究の展望Ⅰ～Ⅵ』を参照），1960年代は年に多くて43編，1970年代でも多くて98編であった。それが，1980年代に入ると年200編を超すようになり，1987年にはそれまでの最多の226編，1990年代では1996年が最多で381編を数えるに至った。それ以後（2010年まで）の数を同様の方法で調べたところ，1997年は538編，2000年は670編，2005年998編，2006年から1,000編を超え，2010年にはこれまでの最多の1,540編となった。1997年以降の数字は，大まかな検討のため，これらの数字には誤差も予想されるが，特に2000年代に入って以降，研究数が大幅に増加していることは確かであろう。

一方，日本の文献数はどうであろうか。『アイデンティティ研究の展望Ⅰ～Ⅵ』によれば，研究数が10編を超えたのは1970年代の後半，それ以後1980，1990年代（1996年まで）は年におおよそ20～30編で推移していた。日本の場合，文献を正確に検索できるデータベースがないため抽出作業には困難が伴うが（1996年までのデータは，手作業で収集），1997年以降についても同様の方法で筆者が調べたところ，2005年頃まではおよそ年に5～10編程度，それ以後もほぼ10編前後の数字となった。日本では，諸外国の規模に比べるとアイデンティティ研究の数自体は少ないものの，少なくとも1990年代までは増加傾向にあったことが読み取れる。

この海外の研究数と日本の研究数の年次傾向の差異には，どのようなことが関係しているのであろうか。現代において，海外の研究数は非常に増加傾向にあるのに対して，なぜ日本での研究は減少傾向が顕著なのであろうか。もちろん，単純に研究数が多ければいいということではないが，日本ではあまりに少な過ぎるという印象をもつ。その理由として筆者が考えているのは，日本におけるアイデンティティ概念の理解に誤解があることや，この概念の理解が表面的かつワンパターンであるという問題である。これについては，第3節で議論

を行いたいと思う。

(2) 世界と日本のアイデンティティ研究の異同

　世界と日本のアイデンティティ研究には，論文数のみならず，質的な差異もある。『アイデンティティ研究の展望Ⅰ』（鑢・山本・宮下，1984）に基づいて，アイデンティティに関する実証的な研究が初めて現れた1955年から，その約25年後の1981年までの領域別の文献数をみると，その間の全1,140編のうち，「性（ジェンダー）」が約25%（284編）と最も多く，「民族」が約12%（142編），「アイデンティティの病理（臨床）」が約10%（115編）と続いていた〔「アイデンティティの病理」に関しては，『アイデンティティ研究の展望Ⅲ』（鑢・宮下・岡本，1995）の資料に基づく集計〕。また，『アイデンティティ研究の展望Ⅵ』（鑢・岡本・宮下，2002）で紹介された1992年～1996年の傾向をみると，多い順に「アイデンティティの病理（臨床）」が約27%（440編），「民族」が約19%（321編），「性（ジェンダー）」が約8%（138編）となった。この「アイデンティティの病理（臨床）」に関する研究は，『アイデンティティ研究の展望Ⅰ』（鑢・山本・宮下，1984）では，全体の約10%程度で，順位では第3位であったが，『アイデンティティ研究の展望Ⅱ』（鑢・宮下・岡本，1995）で紹介された1985年以降研究数の増加が顕著になり，『アイデンティティ研究の展望Ⅱ』の1982年～1986年の集計において，若干ではあるが，「民族」や「性（ジェンダー）」を上回る数値を示し，その後は群を抜いて1位を占めている。つまり，海外の傾向では，「アイデンティティの病理（臨床）」，「民族」，「性（ジェンダー）」が，アイデンティティ研究の3本柱となって，世界的な研究を牽引していると考えて良さそうである。

　一方，日本はどうかというと，領域の分類の仕方が海外のものと同一ではないので単純な比較はできないものの，『アイデンティティ研究の展望Ⅰ』（鑢・山本・宮下，1984）で取り上げられた全87編の内訳では，「アイデンティティ測定・形成」が約37%（32編）と圧倒的に多く，「アイデンティティの病理（臨床）」が約15%（13編），「政治家や作家などのアイデンティティ」が約8%（7編）と続き，「性」や「民族」はいずれも約3%（3編）と非常に少なかった。

『アイデンティティ研究の展望Ⅵ』（鑢・岡本・宮下, 2002）で紹介された1992年〜1996年の全68編の内訳でも，いわゆる青年期を中心とする「アイデンティティ測定・形成」の研究が約22％（15編）と圧倒的に多く，これに「アイデンティティの病理（臨床）」が約12％（8編），「成人期・老年期のアイデンティティ」が約7％（5編）と続いており，その一方で，「性（ジェンダー）」は約4％（3編），「民族」は研究が1編もみられなかった。すなわち，日本に関しては，海外の傾向とは大きく異なり，青年期におけるアイデンティティの測定や形成に関する研究が圧倒的に多く，「民族」や「性（ジェンダー）」に関する研究はほとんどなされていないことが分かる。「アイデンティティの病理（臨床）」に関する研究は10％前後を占め，それなりに存在感を示しているが，海外に比べると，まだ数字的には隔たりが大きい。

　いうまでもなく，アイデンティティとは，個人と社会，すなわち他者との関係性を根底にもった概念である。しかるに，つねにその内部に葛藤やずれが内包されている概念といえる。山本（1984）が「彼（エリクソン）は，言葉の最も象徴的な意味において『境界』に生き，その『境界』を乗り超えたアイデンティティを希求した人である。その自我の歩みから，アイデンティティ概念が形成されていった」（pp. 10-11）と述べているように，アイデンティティの出自には，つねに「社会（対人関係）との葛藤やずれ」という点が密接不可分なかたちで組み込まれており，「アイデンティティの病理（臨床）」や「民族」，「性（ジェンダー）」の研究は，まさにそこにストレートに接近しようとする研究と考えられる。人間社会には（あるいは他者との関係においては），醜い無数の差別や偏見が存在する。心に深い悩みをもつクライエントや，民族的・性的なマイノリティの人々が，その葛藤や苦しみを乗り越えていくために，あるいはそのような差別や偏見をなくしより健全な社会を構築していくために，このような研究が必要とされているのではないかと考えられる。その面でいえば，日本では，まだまだ本格的なアイデンティティ研究が進んでいないと考えられるであろう。

■ (3) 日本におけるアイデンティティ概念に関する誤解とその本質的内容

　アイデンティティという概念については，それが欧米生まれの概念であり，「自己」や「個」の問題がその中心の一つにすえられていることから，集団主義が優勢で「自己」や「個」の問題がその背景に追いやられやすいわが国の文化を考えるとき，この概念自体が日本人には適合しないと考える人が多くいたとしても何ら不思議ではないし，事実，現代においてもそのように考える人がかなり存在するのではないかと思う。また，アイデンティティという概念が「主体性」といういわゆる「自我」を強調するような訳語で紹介されたこともあったが，このことも関係している可能性はある。さらに，その後，アイデンティティに「同一性」という訳語が充てられたが，この訳語が定着することによって，「同一性＝変わらないこと」という誤解が生まれてしまったように思う。たとえば，職業に関していえば，青年期に抱いた希望（夢）を何があっても変わらずに希求していくことが「アイデンティティ」なのであるという誤解が生まれてしまった。

　では，「アイデンティティ」という概念がもつ内容とは，一体何なのであろうか。ここで少しだけ紐解いてみようと思う。エリクソンはその著作のさまざまなところでアイデンティティの定義や内容についてさまざまに言及しているが，たとえば，エリクソン（1959/1973）において，次のように述べている。「……ある時には，それは『個人的な同一性の意識的感覚』を述べるという形をとるだろうし，またある時には，それは『個人的な性格の連続性を求める無意識的な志向』という形で，さらに三番目には，『自我総合』の無言の働きに対する一つの基準として，最後にそれは特定の集団の理想と同一性との内的な『一致（連帯）』の維持という形をとることになろう……」。これらのうちの第3番目と第4番目に関しては，おそらく日本ではほとんど紹介されていないのではないかと思う。特に第3番目の「自我総合」については，専門家でも知らない人が多いのではないかと思う。この点に関して鑪は，エリクソンの訳本『洞察と責任』（Erikson, 1964/1971）の解説において次のように述べている。「……エリクソンは『危機』という用語を使用する。ピアジェの『葛藤』と類似のも

のであるが，次の段階への移行の萌芽と，それまでの機能の再体制化をもっと一般的表現として『危機』といったのである。なぜなら，ピアジェの如く，ある特定の心理的機能について焦点づけ，記述していくのではなく，エリクソンにあっては対人関係的自我機能としての人格の全体像をも含めた発達分化過程が問題であるからである……」。つまり，アイデンティティには，自我が社会的（対人関係的）適応のために行う「総合機能」という内容がきわめて重要なものとして内包されている。

このように議論してみると，アイデンティティという概念には，「自己」や「個」の内容とともに，人間が社会的（対人関係的）適応のために行う「自我の総合機能」という点や，この社会における「他者との連帯」という内容も，大切な要素として組み込まれている。すなわち，アイデンティティというものは，本来，他者を無視して自己や個を主張するという内容をもつ概念でもなく，また，個人主義や集団主義などの文化に依存するものでもなく，むしろ（無意識も含めて）人間が社会（対人関係）への適応のために行う機能の総体を意味すると考えるべきなのである。このような意味内容をもつ概念が，日本人に関係がない，あるいは必要ないと考える根拠はどこにも存在しない。すべての人間が社会の中で，互いに生き生きと適応的に人生を進めていくということは，普遍的な重要性をもっているはずだからである。

アイデンティティは，このような内容を本質的にもっているからこそ，適応的な人生を進めている人はもちろん，生きづらさを抱えるさまざまなマイノリティの人々の問題に接近する有益な概念ともなりえるのである。エリクソンは，心理的な苦しみをもつ人々へのカウンセリングをその主要な仕事にしていたが，これもその一環だったわけである。

しかし，エリクソンの視野は，これにとどまらず，人間社会の遥か遠くを見通しているものでもあった。エリクソンは，彼の発達段階論の最後の段階（高齢期）に，対人関係が究極的に拡大した姿としての「人類」を置き，アイデンティティを人類全体や社会全体の発達と関連づけて論じている。つまり，人間一人ひとりは，その社会への適応を実現するというかたちでアイデンティティを発達させようとするが，世界全体に目を転じると，その前提となる「社会」自体が，一通りではないことに気づく。たとえば，その国によって，構成され

る民族や宗教が異なるし，当然，そこで行われている「教育」も異なる。一つの国でも，地域によってこれらが異なる場合もある。本来，社会への適応を目指して行われるアイデンティティの形成というものが，一気に差別や偏見へと変貌してしまう危険性にも，エリクソンは気づいていた（「人類」という視点を，エリクソンは主として高齢期に位置づけたが，それはその人の人生の展開の中で，徐々に育まれてくると考えられるべきものである）。その証拠に，人間社会では，戦争や争いごとは，絶えることなく続いている。「自分（自分たち）と違う」というそれだけで，その人（人たち）が気に食わない，憎いということも生まれている。この人間社会に無数に存在する「差別」や「偏見」を，エリクソンは「擬似種化」（psudo-specification）と名づけ，これを乗り越えていくことが人類の課題であると捉えている。その解決策として，「超越的アイデンティティ」（antecedent identity）を理念として掲げ，さまざまに異なる人間同士の共存という人間社会の遥か彼方を見すえているのである。

　このように（ごく一部とはいえ）アイデンティティ概念が意味する本質的内容を吟味してみると，アイデンティティをどのように捉えるのかという方法論の問題に直面する。アイデンティティを「適応のための自我の総合機能」と位置づければ，人間の心理を切り刻んで（たとえば，認知とか記憶など）研究しようとする姿勢は，あまり適した方法とはいえない。また，尺度や質問紙を利用した方法も，それを安易に利用するだけでは，アイデンティティを捉えきることは難しい。エリクソンは，人間を丸ごと捉え，かつ（一人ひとりの）人間の人生がその社会や時代，歴史と密接に関わりながら展開していくということを示すために，「心理歴史論」（psycho-history）を考案し，事例的に検討を行う方法を推奨している。わが国では，西平がこの観点から精力的な研究を行っているが（西平，1981，1996等），この方法論に基づく研究は非常に手間暇がかかる作業のため，いわば簡単に研究ができる尺度等を利用した研究が圧倒的多数を占めてしまっている。しかし，尺度研究が悪いというつもりも毛頭ない。アイデンティティに関する研究は，その本質を考えたときには，いわば「一人の人間を丸ごと」扱った研究が望まれるが，そのような方法の研究であれば何でも良いというわけではないし，尺度を使用した研究でも綿密な研究計画を立てることにより，その本質を抉る研究を行うことは十分可能である。要は，ア

イデンティティという概念の本質を少しでも知ったうえで，自らの方法論の長所や短所，限界等を認識するかたちで研究を行う姿勢こそが重要と考えられる．

(4) アイデンティティ研究はなぜ必要か

　本章第1節で述べたように，これまでのわが国におけるアイデンティティ研究は十分に展開されているとはとてもいえないし，それも，第2節で紹介したとおり，世界規模のアイデンティティ研究の内容とはかけ離れた内容の研究がそのほとんどを占めている．その原因と考えられることを第3節において若干指摘したが，さらに加えていえば，わが国においては，「アイデンティティといえば青年期」という固定観念がいまだに存在するということがあげられる．エリクソンの理論を紐解いていけば，アイデンティティという概念は青年期にとどまらず，人間の乳児期から高齢期に至る人生のすべてを視野に入れた概念であることを知ることは，非常に容易なことである．それどころか，アイデンティティという概念には，人間が世代継承を脈々と繰り返しながら歴史をつくり，人間社会の発展を志向していくという内容や，これは第3節でも指摘したが，多様な違いや個性をもつ人間同士が互いに尊重し合うことをとおして，より高次のアイデンティティ（超越的アイデンティティ）を築いていくという内容なども内包されている．

　このように，アイデンティティという概念が示す内容は非常に幅が広くかつ奥深さを有している．第3節でも，その本質的内容について断片的ではあるが具体例をあげて指摘を行った．こう考えると，（アイデンティティの本質を捉えた研究があまり多くないことから）わが国でも，また世界においても，今後，アイデンティティに関する実証的研究は，いくらでも必要になるし，そうした研究を積み重ねていくことの重要性に気づくはずである．

　本書では，第4章において，このような，アイデンティティの本質に立脚し，今後重要度が大きくなると考えられる具体的な諸研究について，その内容や方向性についてまとめて紹介する．これには，われわれの主観も入ってはいるものの，アイデンティティ概念を正確に理解するためにも，また，アイデンティティという概念を，人間や人間社会を理解するための実際的な概念に高め

るためにも必要と考えられるものである。アイデンティティ研究が減少しつつあり，また，青年期（それも，特に大学生）を対象とした研究が圧倒的多数を占めるわが国において，アイデンティティに焦点を当てた研究は，青年を含む日本人にさらに活力を与えるのみならず，現在はやや沈滞しているようにもみえる日本社会の発展の起爆剤になる可能性も考えられる。どのような時代でも，アイデンティティという概念が本質的にもつ「人間の健康的な活力」という意味内容は，重要かつ不可欠のものと考えられるからである。

引用文献

Erikson, E. H. (1959). *Identity and the life cycle*. New York: Norton.（小此木啓吾（訳編）(1973). 自我同一性—アイデンティティとライフ・サイクル　東京：誠信書房）

Erikson, E. H. (1964). *Insight and responsibility*. New York: Norton.（鑪幹八郎（訳）(1971). 洞察と責任　東京：誠信書房）

西平直喜 (1981). 幼い日々にきいた心の詩　東京：有斐閣

西平直喜 (1996). 生育史心理学序説　東京：金子書房

鑪幹八郎・山本　力・宮下一博（共編）(1984). アイデンティティ研究の展望Ⅰ　京都：ナカニシヤ出版

鑪幹八郎・宮下一博・岡本祐子（共編）(1995). アイデンティティ研究の展望Ⅱ　京都：ナカニシヤ出版

鑪幹八郎・宮下一博・岡本祐子（共編）(1995). アイデンティティ研究の展望Ⅲ　京都：ナカニシヤ出版

鑪幹八郎・宮下一博・岡本祐子（共編）(1997). アイデンティティ研究の展望Ⅳ　京都：ナカニシヤ出版

鑪幹八郎・宮下一博・岡本祐子（共編）(1998). アイデンティティ研究の展望Ⅴ—1　京都：ナカニシヤ出版

鑪幹八郎・宮下一博・岡本祐子（共編）(1999). アイデンティティ研究の展望Ⅴ—2　京都：ナカニシヤ出版

鑪幹八郎・岡本祐子・宮下一博（共編）(2002). アイデンティティ研究の展望Ⅵ　京都：ナカニシヤ出版

鑪幹八郎他 (1979). 自我同一性に関する研究Ⅰ—①②③　日本教育心理学会第21回総会発表論文集, 204-209.

山本　力 (1984). アイデンティティ理論との対話　鑪幹八郎・山本　力・宮下一博（共編）アイデンティティ研究の展望Ⅰ　京都：ナカニシヤ出版　pp. 9-38.

参考書

①西平　直（1993）．エリクソンの人間学　東京：東京大学出版会
　　エリクソンのアイデンティティ理論の全体像を解き明かし，基本的なことからその本質的なことに至るまで明快に記述している。難解ではあるが，アイデンティティについて掘り下げて知りたい方には，絶好の著書といえる。
②宮下一博・杉村和美（2008）．大学生の自己分析：いまだ見えぬアイデンティティに突然気づくために　京都：ナカニシヤ出版
　　『大学生の自己分析』という標題ではあるが，大学生がアイデンティティという切り口から「自己分析」を行うことを目指した著書であり，アイデンティティについてやさしく解説されている。

第2章
アイデンティティ研究の方法論

■ (1) 尺度による研究　　　　　　　　　　　　　　　　谷　冬彦

　ここでは，これまでに作成された代表的なアイデンティティの尺度について紹介する。アイデンティティの尺度は，「A．エリクソン（Erikson, E. H.）による心理社会的発達段階に基づく尺度」，「B．アイデンティティの感覚に基づく尺度」，「C．マーシャ（Marcia, J. E.）の類型化に基づく尺度」の3つに大別できる。そこで，以下では，それぞれについて，代表的な尺度を紹介していく。

A. エリクソンによる心理社会的発達段階に基づく尺度

　エリクソンによる心理社会的発達段階に基づく尺度として代表的なのが，ラスムッセン（Rasmussen, 1964）による尺度である。ラスムッセンは，エリクソンの心理社会的発達段階の第Ⅰ段階（信頼 対 不信）から第Ⅵ段階（親密性 対 孤立）までの感覚を測定する尺度を作成した。各段階を測定するものとしておのおの12項目ずつ配置され，全部で72項目から構成される。この尺度は，第Ⅰ～Ⅵ段階の発達的危機を，どの程度解決しているかによって，アイデンティティを測定するという性質の尺度である。したがって，各段階の得点も算出できるが，全般的なアイデンティティの程度は，72項目の合計点によって算出する。回答は，「はい」「いいえ」の2件法でなされる。信頼性については，2つのサンプルの各々について，折半法によって.849と.851という値が得られている。妥当性は，自己受容との関連などから検討されている。項目分析や因子分析は行われておらず，統計的には明らかになっていない。しかし，ラスムッセンの尺度は，欧米において，比較的多く用いられる尺度である。

宮下（1987）は，ラスムッセンの尺度を邦訳し，日本語版を作成した。回答方法は，もとの尺度の2件法から，7段階評定に変更された。I-T（項目・全体得点）相関によって，項目分析を行ったところ，5項目が削除され，67項目が採用された。信頼性は，折半法による信頼性係数が，各段階については.542〜.787，全体尺度で.850，α係数は，各段階については.572〜.749，全体尺度で.883であった。再検査信頼性係数は，各段階については.777〜.863，全体尺度で.909であった。妥当性は，同一性混乱尺度（砂田，1979；詳細は後述），self-esteem 尺度（根本，1972），特性不安尺度（清水・今栄，1981）との関連から検討されている。本尺度は，一定の信頼性・妥当性の検討はなされているものの，全体の項目数が多いことや段階ごとの尺度に信頼性が低いものがみられること，項目の内容的妥当性に関して疑問が残ることなどの短所もある。

　ラスムッセンの尺度と同様に，エリクソンによる心理社会的発達段階に基づく尺度としては，ローゼンタールら（Rosenthal et al., 1981）による EPSI（Erikson Psychosocial Stage Inventory）がある。この尺度はラスムッセンの尺度などが青年期を主に対象とした項目であったのに対して，それよりも，低年齢層（思春期）に対しても施行できるように項目作成がなされている。項目は，エリクソンの記述（Erikson, 1950/1977, 1980；1959/1973；1968/1973）を主に参考にして作成したとされている。各段階（第Ⅰ〜Ⅵ段階）ごとに12項目ずつ配置され，半分の6項目ずつが逆転項目になっている。全体尺度で72項目から構成される。回答は，5段階評定である。信頼性は，各段階の下位尺度で，α係数が.57〜.75である。項目分析や因子分析などの分析は行われていない。妥当性は，心理社会的成熟目録（PSM：Psychosocial Maturity Inventory）との関連と，低学年生と高学年生の比較などから検討されている。

　中西・佐方（1993, 2001）は，ローゼンタールらの EPSI の日本語版を作成した。EPSI は，心理社会的発達段階の第Ⅰ〜Ⅵ段階を測定するものであったが，中西・佐方（1993, 2001）は改訂を行い，成人期の発達的危機として定式化されている第Ⅶ段階の「生殖性[注1] 対 停滞」および第Ⅷ段階の「統合性 対 絶望」も下位尺度として取り込み，エリクソンの8つの発達段階すべてについて，各発達段階の達成感覚の程度を測定することを意図し，適用範囲を成人期まで広げた尺度を作成した。この日本語版 EPSI は，各下位尺度とも7項目で構成さ

表 2-1　EPSI の項目 (中西・佐方, 1993, 2001)

信頼性 ($\alpha = .687$)
1. *私に，もっと自分をコントロールする力があればよいと思う。
9. *良いことは決して長続きしないと，私は思う。
17. 私は，世間の人たちを信頼している。
25. 周りの人々は，私のことをよく理解してくれている。
33. *私には，何事も最悪の事態になるような気がしてくる。
41. 世の中は，いつも自分にとってよい方向に向かっている。
49. *周りの人たちは，私を理解してくれない。

自律性 ($\alpha = .475$)
2. *私は，何事にも優柔不断である。
10. *私は，決断する力が弱い。
18. *私は，自分という存在を恥ずかしく思っている。
26. 私は，自分で選んだり決めたりするのが好きである。
34. *私は，自分の判断に自信がない。
42. *私は，この世の中でうまくやっていこうなどとは決して思わない。
50. 私は，物事をありのままに受け入れることができる。

自主性 ($\alpha = .684$)
3. *私には，みんなが持っている能力が欠けているようである。
11. *私は，誰か他の人がアイデアをだしてくれることをあてにしている。
19. 私は，多くのことをこなせる精力的な人間である。
27. *たとえ本当のことであっても，私は否定してしまうかもしれない。
35. *私は，リーダーというよりも，むしろ後に従っていくほうの人間である。
43. *私は，いろんなことに対して罪悪感を持っている。
51. 私は，してはいけないことに対して，自分でコントロールできる。

勤勉性 ($\alpha = .765$)
4. 私は，いっしょうけんめいに仕事や勉強をする。
12. 私は，自分が役に立つ人間であると思う。
20. 私は，目的を達成しようとがんばっている。
28. 私は，自分の仕事をうまくこなすことができる。
36. *私は，物事を完成させるのが苦手である。
44. *私は，のらりくらりしながら多くの時間をむだにしている。
52. *私は，頭を使ったり，技術のいる事柄はあまり得意ではない。

同一性 ($\alpha = .737$)
5. 私は，自分が何になりたいのかをはっきりと考えている。
13. *私は，自分が混乱しているように感じている。
21. 私は，自分がどんな人間であるのかをよく知っている。
29. *私は，自分の人生をどのように生きたいかを自分で決められない。
37. *私は，自分のしていることを本当はわかっていない。
45. 私は，自分が好きだし，自分に誇りをもっている。
53. *私には，充実感がない。

親密性 ($\alpha = .629$)
6. *誰かに個人的な話をされると，私は当惑してしまう。
14. 私は，特定の人と深いつきあいができる。
22. 私は，あたたかく親切な人間である。
30. *私は，もともと1人ぼっちである。
38. 私は，他の人たちと親密な関係を持っている。
46. *私は，他の人よりも目立つのを好まない。
54. *私は，他の人たちとなかなか親しくなれない。

生殖性 ($\alpha = .675$)
7. 私は，後輩や部下のめんどうをよく見る。
15. 私は，将来に残すことのできる業績をあげつつある。
23. 私は，よい親である（親になる）自信がある。
31. *私は，後輩や部下を指導するのが苦手である。
39. *私は，自分を甘やかすところがある。
47. *私は，親であること（親になること）が不安である。
55. 私は，未来を担う子どもたちを育てていきたいと思う。

統合性 ($\alpha = .540$)
8. *私は，自分が死ぬことを考えると不安である。
16. 私のこれまでの人生は，かけがえのないものだと思う。
24. *私は，生きがいをなくしてしまっている。
32. 私は，悔いのない人生を歩んでいる。
40. 私は，自分の死というものを受け入れることができる。
48. *私は，もっと別の生き方があるのではないかと思う。
56. *私の人生は，失敗の連続のように思う。

*逆転項目

れ，全部で56項目の尺度である。回答は，「全くあてはまらない」から「とてもよくあてはまる」までの5段階評定（1〜5点）である。項目は表2-1に示す。18歳以上の社会人913名（男性554名，女性359名）から得られた結果をもとに標準化が行われている。信頼性は，α係数が各下位尺度で.475〜.765，全体尺度で.924である。この尺度は標準化されているものの，下位尺度にα係数が低いものがあるのが問題といえる。

オクセとプラグ（Ochse & Plug, 1986）は，心理社会的発達段階の第Ⅰ〜Ⅶ段階のおのおのを測定する尺度を作成した。項目分析を経て，最終的に全76項目が採用された。回答は，4段階評定である。白人と黒人に試行した結果，信頼性は各下位尺度で，α係数が.51〜.84，全体尺度で.90〜.93であった。因子分析も行われているが，各段階の下位尺度に対応する因子は抽出されていない。妥当性は，ウェルビーイング尺度などとの関係から検討されている。

三好・大野・内島・若原・大野（2003）は，オクセとプラグの尺度の日本語短縮版を作成した。各段階の下位尺度ごとに主成分分析を行い，各段階で負荷量上位の7項目ずつを選択し，第Ⅰ〜Ⅶ段階全体で49項目を採用した。回答は，4段階評定である。信頼性は，各段階のα係数が.65〜.79であった。妥当性は，自尊感情尺度（Rosenberg, 1965；山本・松井・山成, 1982），充実感尺度（大野, 1984），ラスムッセンの自我同一性尺度の日本語版（宮下, 1987）の高校生用短縮版（小林・上地, 1989）との関連から検討されている。

B. アイデンティティの感覚に基づく尺度

アイデンティティの感覚に基づく尺度としては，ディグナン（Dignan, 1965）によるものが初期的な尺度としてあげられる。ディグナンは，エリクソンの記述やこれまでのアイデンティティ研究の議論から，アイデンティティについて，「自己感覚」「独自性」「自己受容」「対人的役割期待」「安定性」「目的志向性」「対人関係」の7つの次元を設定し，50項目からなる尺度を作成した。回答は，4段階評定である。信頼性は，折半法によって2つのサンプルで，.74と.64が得られている。また，再検査法では，.72と.78という数値が得られている。しかし，この尺度は，得点を50項目の総得点として算出するものであり，せっかく下位概念を設定しながらも，それが生かされていない。また，項目分析，

因子分析のような検討も行われていない。

　また，古澤（1968）は，ディグナンの尺度と類似する尺度を，日本で最初の本格的な自我同一性尺度として作成している。古澤は，「自己信頼感」「目標の設定」「対人関係の保持」「情緒的安定性」「自分に対する容認」という5つの下位概念を設定し，TPI-J（中・高校生用東大式パーソナリティ検査）から項目を抽出して作成した。回答は，「はい」「いいえ」「どちらでもない」の3肢よりなり，自我同一性を方向づけている選択肢に1点，他の選択肢には0点をあたえるものとなっている。項目分析の結果，38項目を選定している。信頼性は，再検査信頼性係数が，男子で.63，女子で.48，折半法による信頼性係数が，男子で.81，女子で.69であった。妥当性は，知能と有意な相関がなく，知的能力と独立であることから示されている。因子分析もなされているが，下位概念に完全に対応するような構造は得られていない。

　砂田（1979）は，エリクソンの第V段階の部分症候（個体発達分化[注2]図式のV-1～V-8）の記述に基づき，「時間的展望の混乱」「自意識過剰」「役割固着」「労働麻痺」「同一性混乱」「両性的混乱」「権威混乱」「価値混乱」の8つの概念を設定し，同一性混乱尺度を作成した。項目作成にあたっては，東大式パーソナリティ検査，矢田部ギルフォード性格検査，日本版MMPI，エリクソンの記述などを参考にしている。回答は「いいえ」「どちらでもない」「はい」の3件法（0～2点）である。対象は男子大学生のみである。GP（上位・下位）分析による項目分析の結果，34項目を選定した。項目は表2-2に示す。折半法による信頼性係数は.96であった。しかし，この尺度も下位概念を設定しながらも，全項目の総得点として，同一性得点を算出するものとなっている。因子分析も行われていない。その後，砂田（1983）は，項目数を71項目に増やした尺度を作成しており，因子分析も行われているが，1次元性の確認のみにとどまっており，総得点として同一性得点を算出することにおいては変わりない。

　加藤（1986）は，ボーン（Bourne, 1978）が指摘する「発生的」「適応的」「構造的」「力動的」「主観的」「心理社会的相互性」「実存的」という同一性概念の7つの特質をもとに，項目を作成している。項目分析の結果，14項目が選定された。回答は6段階評定である。信頼性は，α係数が.895であった。因子分析も行われているが，1次元構造の確認のみにとどまっている。妥当性は，臨床

表 2-2 同一性混乱尺度の項目 （砂田, 1979）

時間的展望の混乱
1. その日のうちにすべきことを翌日まで延ばすことがある。
2. なんでも物事をはじめるのがおっくうだ。
3. ひとかどの人間になろうとする希望を失ないそうになる。
4. 待たされるととてもいらいらする。

自意識過剰
1. ＊私は十分に自分を信頼している。
2. やれる自信があっても人が見ているとうまくできない。
3. 私は自意識過剰だ。

役割固着
1. 一生の仕事についてたびたび志をかえた。
2. 私はすまないことばかりしてきた人間だ。
3. どうしてよいか決心のつかないことがよくある。
4. 何かしているより空想にふけっているほうがよい。
5. 時々ぼんやりしてとりとめもないことを考えていることがある。
6. 今までの生き方はまちがっていた。

労働麻痺
1. 本を読んでも今までのようによく理解できない。
2. 注意を集中するのに他の人よりも苦労する。
3. 時々頭の働きがにぶくなる。
4. 一つの仕事に打ちこむことができない。

同一性混乱
1. 今の自分は本当の自分でないような気がする。
2. 私には相反する2つの性格があるように思える。
3. 気がかわりやすい。
4. 自分がなにものであるかわからない。

両性的混乱
1. 異性の友だちはほとんどできない。
2. 私をほんとうに理解してくれる人はいない。
3. 女に生まれればよかったと思う。
4. ＊よい友達をたくさんもっている。

権威混乱
1. まわりの人は私を一人前にあつかってくれない。
2. 機会があっても私はよい指導者にはなれないだろう。
3. ほんとうに尊敬できる人が自分にはいない。
4. いばっている人がいると言うことが正しくてもわざと反対したくなる。
5. ＊困った時には相談するおとながいる。

価値混乱
1. ＊私は確固とした政治的意見を持っている。
2. ＊私は安定した人生観を持っている。
3. 世の中の動きが時々わからなくなる。
4. 悪いことがなにかわからなくなることがある。

＊逆転項目

例3例に対して施行し，一般大学生よりも得点が低かったという結果から，基準関連妥当性が示されている。

下山 (1992) は，モラトリアム研究の中で，アイデンティティ尺度を作成している。回答は，「全く当てはまらない」から「よく当てはまる」の4段階評定 (1～4点) である。因子分析の結果，2因子を抽出しており，各因子10項目ずつ，全20項目を採用している。項目は表2-3に示した。第1因子は，基本的信頼や自律性に関わるような「アイデンティティの基礎」とされている。下位尺度のα係数は.80である。第2因子は，社会的状況におけるアイデンティティの確立に関連する項目であり「アイデンティティの確立」とされている。下位尺度のα係数は.82である。しかし，はじめから2概念が想定されていたわけではないということに加えて，第1因子は，すべて否定（逆転）項目からなり，第2因子はすべて肯定項目からなっており，単に項目に対する反応バイアスを反映したものとも考えられる。したがって，因子分析結果が妥当かどう

表2-3 アイデンティティ尺度の項目（下山, 1992）

アイデンティティの基礎（α = .80）
 1. ＊私は，やりそこないをしないかと心配ばかりしている。
 2. ＊私の心は，とても傷つきやすく，もろい。
 3. ＊異性とのつきあい方がわからない。
 4. ＊何かしているより空想に耽っていることが多い。
 5. ＊私は，人がみているとうまくやれない。
 6. ＊私は，どうしたらよいかわからなくなると自分の殻の中に閉じ込もってしまう。
 7. ＊自分一人で初めてのことをするのは不安だ。
 8. ＊まわりの動きについていけず，自分だけとり残されたと感じることがある。
 9. ＊私は，人と活発に遊べない。
10. ＊自分の中には，常に漠然とした不安がある。

アイデンティティの確立（α = .82）
 1. 私は，興味を持ったことはどんどん実行に移していく方である。
 2. 自分の生き方は，自分で納得のいくものである。
 3. 私は，十分に自分のことを信頼している。
 4. 私は，自分なりの生き方を主体的に選んでいる。
 5. 自分は，何かをつくりあげることのできる人間だと思う。
 6. 社会の中での自分の生きがいがわかってきた。
 7. 自分にまとまりが出てきた。
 8. 私は，自分の個性をとても大切にしている。
 9. 私は，自分なりの価値観を持っている。
10. 私は，魅力的な人間に成長しつつある。

＊逆転項目

かは疑問である。妥当性については，大学2年生に比べて，大学4年生の尺度得点が有意に高かったことから示されているのみである。

谷（2001）は，従来のアイデンティティ尺度は内容的妥当性に問題があることから，エリクソン（Erikson, 1950/1977, 1980；1959/1973；1968/1973）の記述に忠実に項目を作成した。エリクソンの記述から，自己の不変性および時間的連続性についての感覚を「自己斉一性・連続性」，他者からみられているであろう自分自身が，本来の自分自身と一致しているという感覚を「対他的同一性」，自分自身が目指すべきもの，望んでいるものなどが明確に意識されている感覚を「対自的同一性」，現実の社会の中で自分自身を意味づけられるという，自分と社会との適応的な結びつきの感覚を「心理社会的同一性」とした。

そして，谷（2001）は，「自己斉一性・連続性」「対他的同一性」「対自的同一性」「心理社会的同一性」の4つの下位概念に基づいて，多次元自我同一性尺度（Multidimensional Ego Identity Scale：MEIS）を作成した。

大学生390名を調査対象とし，因子分析を行ったところ，4つの下位概念に完全に対応する4因子が得られ，因子的妥当性が確認された。MEISは，各下位尺度5項目，合計20項目から構成される。回答は「全くあてはまらない」から「非常にあてはまる」までの7段階評定（1～7点）である。MEISの全20項目を表2-4に示す。

次に，各下位尺度および全体尺度のα係数を算出したところ，「自己斉一性・連続性」で.888,「対自的同一性」で.890,「対他的同一性」で.831,「心理社会的同一性」で.812, 全体尺度で.905であり，いずれも高い値を示した。また，再検査法による信頼性係数を算出した結果,「自己斉一性・連続性」で.726,「対自的同一性」で.825,「対他的同一性」で.784,「心理社会的同一性」で.779, 全体尺度で.816であり，再検査信頼性係数は十分な値を示した。これらのことから，MEISは，内的整合性の観点からも，安定性の観点からも，高い信頼性を有することが確認された。

また，EPSI（Rosenthal et al., 1981；中西・佐方, 1993）の第Ⅴ段階尺度との相関から併存的妥当性が確認され，自尊心尺度（Rosenberg, 1965；山本・松井・山成, 1982），充実感尺度（大野, 1984），基本的信頼感尺度（谷, 1998）との関連から構成概念的妥当性における収束的妥当性が確認された。基本的信頼

表 2-4　MEIS の項目（谷, 2001）

自己斉一性・連続性（α ＝ .888）
 1. ＊過去において自分をなくしてしまったように感じる。
 5. ＊過去に自分自身を置き去りにしてきたような気がする。
 9. ＊いつのまにか自分が自分でなくなってしまったような気がする。
13. ＊今のままでは次第に自分を失っていってしまうような気がする。
17. ＊「自分がない」と感じることがある。

対自的同一性（α ＝ .890）
 2. 自分が望んでいることがはっきりしている。
 6. 自分がどうなりたいのかはっきりしている。
10. 自分のするべきことがはっきりしている。
14. ＊自分が何をしたいのかよくわからないと感じるときがある。
18. ＊自分が何を望んでいるのかわからなくなることがある。

対他的同一性（α ＝ .831）
 3. ＊自分のまわりの人々は，本当の私をわかっていないと思う。
 7. 自分は周囲の人々によく理解されていると感じる。
11. ＊人に見られている自分と本当の自分は一致しないと感じる。
15. ＊本当の自分は人には理解されないだろう。
19. ＊人前での自分は，本当の自分ではないような気がする。

心理社会的同一性（α ＝ .812）
 4. 現実の社会の中で，自分らしい生き方ができると思う。
 8. 現実の社会の中で，自分らしい生活が送れる自信がある。
12. 現実の社会の中で自分の可能性を十分に実現できると思う。
16. ＊自分らしく生きてゆくことは，現実の社会の中では難しいだろうと思う。
20. ＊自分の本当の能力を生かせる場所が社会にはないような気がする。

＊逆転項目

感尺度と自尊心尺度については，MEIS との全項目の因子分析結果から，弁別的妥当性が確認された。さらに，18 〜 22 歳の MEIS 全体得点が徐々に高くなっていることから，発達的観点からも構成概念的妥当性が確認された。

　以上のように，多次元自我同一性尺度（MEIS）は，従来の自我同一性尺度と比較して，信頼性・妥当性が高く，より精度および有用性が高いといえよう。エリクソンは，アイデンティティの諸側面を明確には区別しなかったが，この研究結果から，青年期におけるアイデンティティの感覚は 4 次元もしくは 4 因子から捉えられることが示唆された。MEIS は，現在の日本のアイデンティティ研究において，最も多く使用されている尺度であり（谷, 2007），現在のアイデンティティ研究において不可欠な測定尺度といえる。

C. マーシャの類型化に基づく尺度

　マーシャ（Marcia, 1966）のアイデンティティ・ステイタス法は，半構造化面接を用いて，「危機」（職業やイデオロギーに関する選択肢について思案した時期）と「コミットメント」（職業やイデオロギーに関する積極的な関与）の有無という基準によって，「同一性達成」「モラトリアム」「早期完了[注3]」「同一性拡散」の4類型に分類する方法である。「同一性達成」は，危機を過去にすでに経験し，現在コミットメントをしているステイタス，「モラトリアム」は，現在危機を経験していて，コミットメントはあいまいだが，コミットメントしようと努力しているステイタス，「早期完了」は，危機を経験せずに，コミットメントしているステイタス，「同一性拡散」は，危機は経験している場合もあれば，していない場合もあるが，いずれにしてもコミットメントがないステイタスである。

　このように，マーシャのアイデンティティ・ステイタス法は，半構造化面接によって類型化するものであるが，それを尺度によって客観的に測定しようという試みがある。

　日本において代表的な尺度が，加藤（1983）による同一性地位判定尺度である。この尺度では，①一般的な（領域を特定しない）「現在の自己投入（コミットメントを意味する）」の水準，②一般的な「過去の危機」の水準，③一般的な「将来の自己投入の希求」の水準の3得点を各4項目ずつ，6段階評定（「全然そうではない」から「まったくそのとおりだ」までの1～6点）で算出する。項目は，表2-5に示す。同一性地位（ステイタス）は，中間地位を含み，①「同一性達成地位」，②「権威受容地位」（「早期完了」に相当），③「同一性達成－権威受容中間地位」（A-F中間地位），④「積極的モラトリアム地位」（「モラトリアム」に相当），⑤「同一性拡散地位」，⑥「同一性拡散－積極的モラトリアム中間地位」（D-M中間地位）の6つの同一性地位に分類される。分類の仕方は，図2-1のような流れで分類される。妥当性は，スチューデント・アパシー的状態を呈する3名のクライエントに本尺度を実施したところ，2名がD-M中間地位，1名が同一性拡散地位と判定されたことから検討されている。

　同一性地位判定尺度は，質問紙によって簡便に同一性地位を判定できる利点

(1) 尺度による研究　21

があるが，加藤（1983）の分類法にしたがうと，D-M中間地位が全体の約半数を占める結果となってしまい，各地位の分布が偏ってしまうことが欠点としてあげられる。また，各下位尺度の信頼性の検討もされていないので，再検討の

表 2-5　同一性地位判定尺度の項目（加藤, 1983）

現在の自己投入
1. 私は今，自分の目標をなしとげるために努力している。
2. ＊私には，特にうちこむものはない。
3. 私は，自分がどんな人間で何を望みおこなおうとしているかを知っている。
4. ＊私は，「こんなことがしたい」という確かなイメージを持っていない。

過去の危機
1. ＊私はこれまで，自分について自主的に重大な決断をしたことはない。
2. 私は，自分がどんな人間なのか，何をしたいのかということを，かつて真剣に迷い考えたことがある。
3. ＊私は，親やまわりの人の期待にそった生き方をする事に疑問を感じたことはない。
4. 私は以前，自分のそれまでの生き方に自信が持てなくなったことがある。

将来の自己投入の希求
1. 私は，一生けんめいにうちこめるものを積極的に探し求めている。
2. ＊私は，環境に応じて，何をすることになっても特にかまわない。
3. 私は，自分がどういう人間であり，何をしようとしているのかを，今いくつかの可能な選択を比べながら真剣に考えている。
4. ＊私には，自分がこの人生で何か意味あることができるとは思えない。

＊逆転項目

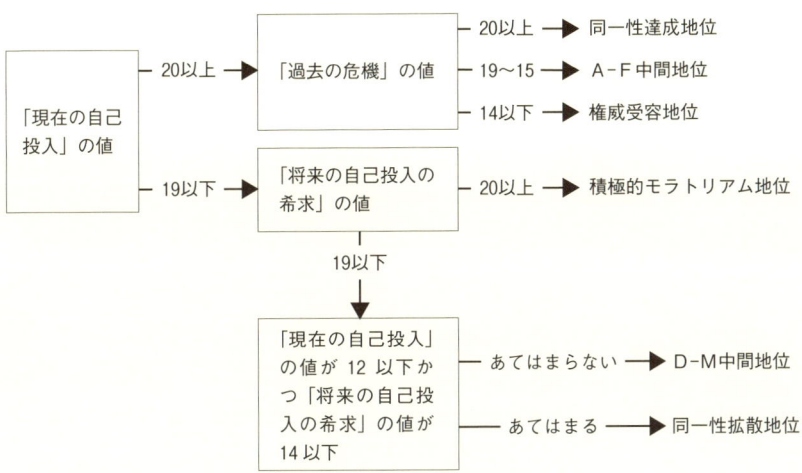

図 2-1　各同一性地位への分類の流れ図（加藤, 1983）

余地があるだろう。

　さて、海外にもマーシャの類型化に基づく尺度が存在するが、その一つが、アダムスら（Adams et al., 1979）による OM-EIS（Objective Measure of Ego Identity Status）である。マーシャによる4つの同一性ステイタスの内容を表現する測定項目をそれぞれ6項目、合計24項目からなる。領域には、職業、宗教、政治などが含まれる。回答者は、各下位尺度の平均値と標準偏差から移行段階を含めて各ステイタスに分類される。その後、グローテヴァントとアダムス（Grotevant & Adams, 1984）は、イデオロギー領域に加えて対人領域を含む64項目から構成されるEOM-EIS（Extended Version of the Objective Measure of Ego Identity Status）を作成した。さらに、ベニオンとアダムス（Bennion & Adams, 1986）は、EOM-EISの対人領域の項目にあいまいな項目が含まれることから、それを改訂し、同じく64項目から構成されるEOM-EIS Ⅱを作成している。

　しかし、これらの尺度の日本語版は現在のところ作成されていないため、使用するのが困難である。また、改訂版であるEOM-EIS Ⅱは、下位尺度のα係数が.6台のものが複数存在し、信頼性も疑問がもたれる。

　バリストレーリら（Balistreri et al., 1995）は、コミットメントと探求（exploration）の各16項目の下位尺度からなる全32項目で構成される EIPQ（Ego Identity Process Questionnaire）を作成した。この尺度は、下位尺度得点の中央値で区切り、4つのアイデンティティ・ステイタス（同一性達成、モラトリアム、早期完了、同一性拡散）に分類することができる。しかし、この尺度も日本語版は現在のところ作成されていないため、使用するのが困難である。また、探求の下位尺度で妥当性が支持されていない結果が出ており、再検討の余地があるだろう。

　さて、マーシャの操作的定義をさらに発展させたものとして、バーゾンスキー（Berzonsky, 1989, 1992）の理論によるISI（Identity Style Inventory）があげられる。バーゾンスキーは、アイデンティティ・ステイタスを認知（情報処理）スタイルの差異として捉え直し、「情報志向」（Information Orientation：モラトリアムおよび同一性達成に相当）、「規範志向」（Normative Orientation：早期完了に相当）、「拡散／回避志向」（Diffuse/Avoidant Orientation：同一性拡

散に相当)という3つのアイデンティティ・スタイルを概念化した。そして，3つのアイデンティティ・スタイルを用いる程度およびコミットメントの程度を測定するISIを作成した。しかし，ISIは，下位尺度のα係数が低く，因子的妥当性が示されていないなど，問題が存在する (谷, 2002)。現在，日本においては，中谷 (2010) が邦訳版作成を試みているが，規範スタイル下位尺度が3項目と少なく，α係数も.63と低いため，実用化するにはさらなる検討が必要であろう。

注

1) generativity。世代性とも訳される。
2) 漸成発達等の訳語もある。
3) フォークロージャー，早産等の訳語もある。

引用文献

Adams, G. R., Shea, J., & Fitch, S. A. (1979). Toward the development of an objective assessment of ego-identity status. *Journal of Youth and Adolescence*, **8**, 223-237.

Balistreri, E., Busch-Rossnagel, N. A., & Geisinger, K. F. (1995). Development and preliminary validation of the Ego Identity Process. Questionnaire. *Journal of Adolescence*, **18**, 179-192.

Bennion, L. D., & Adams, G. R. (1986). A revision of the extended version of the objective measure of ego identity status: An identity instrument for use with late adolescents. *Journal of Adolescent Research*, **1**, 183-197.

Berzonsky, M. D. (1989). Identity style: Conceptualization and measurement. *Journal of Adolescent Research*, **4**, 268-282.

Berzonsky, M. D. (1992). Identity style and coping strategies. *Journal of Personality*, **60**, 771-788.

Bourne, E. (1978). The state of research on ego identity: A review and appraisal. part I & part II. *Journal of Youth and Adolescence*, **7**, 223-251 & 371-392.

Dignan, M. H. (1965). Ego identity and maternal identification. *Journal of Personality and Social Psychology*, **1**, 476-483.

Erikson, E. H. (1950). *Childhood and society*. New York: Norton. (仁科弥生 (訳) (1977, 1980). 幼児期と社会1, 2 東京：みすず書房)

Erikson, E. H. (1959). *Identity and the life cycle*. New York: Norton. (小此木啓吾 (訳編) (1973). 自我同一性―アイデンティティとライフ・サイクル 東京：誠信書房)

Erikson, E. H. (1968). *Identity: Youth and crisis*. New York: Norton. (岩瀬庸理 (訳)

（1973）．アイデンティティ―青年と危機　東京：金沢文庫）
Grotevant, H. D., & Adams, G. R. (1984). Development of an objective measure to assess ego identity in adolescence: Validation and replication. *Journal of Youth and Adolescence*, **13**, 419-438.
加藤　厚（1983）．大学生における同一性の諸相とその構造　教育心理学研究, **31**, 292-302.
加藤　厚（1986）．同一性測定における2アプローチの比較検討　心理学研究, **56**, 357-360.
古澤頼雄（1968）．青年期における自我同一性と親子関係　依田　新（編）　現代青年の人格形成　東京：金子書房　pp. 67-85.
小林　宏・上地安昭（1989）．Rasmussenの自我同一性尺度の高校生用短縮版作成の試み　日本教育心理学会第31回総会発表論文集, 274.
Marcia, J. E. (1966). Development and validation of ego-identity status. *Journal of Personality & Social Psychology*, **3**, 551-558.
宮下一博（1987）．Rasmussenの自我同一性尺度の日本語版の検討　教育心理学研究, **35**, 253-258.
三好昭子・大野　久・内島香絵・若原まどか・大野千里（2003）．Ochse & PlugのErikson and Social-Desirability Scaleの日本語短縮版（S-EDS）作成の試み　立教大学心理学研究, **45**, 65-76.
中西信男・佐方哲彦（1993）．EPSI―エリクソン心理社会的段階目録検査―　上里一郎（監修）　心理アセスメントハンドブック　新潟：西村書店　pp. 419-431.
中西信男・佐方哲彦（2001）．EPSI―エリクソン心理社会的段階目録検査―　上里一郎（監修）　心理アセスメントハンドブック第2版　新潟：西村書店　pp. 365-376.
中谷陽輔（2010）．Identity Style Inventory 日本語版（ISI-J）作成の試み（1）―原版の邦訳および因子分析　日本教育心理学会第52回総会発表論文集, 656.
根本橘夫（1972）．対人認知に及ぼすSelf-Esteemの影響（I）　実験社会心理学研究, **12**, 68-77.
Ochse, R., & Plug, C. (1986). Cross-cultural investigation of the validity of Erikson's theory of personality development. *Journal of Personality and Social Psychology*, **50**, 1240-1252.
大野　久（1984）．現代青年の充実感に関する一研究―現代日本青年の心情モデルについての検討―　教育心理学研究, **32**, 100-109.
Rasmussen, J. E. (1964). The relationship of ego identity to psychosocial effectiveness. *Psychological Reports*, **15**, 815-825.
Rosenberg, M. (1965). *Society and the adolescent self-image*. Princeton: Princeton University Press.
Rosenthal, D. A., Gurney, R. M., & Moore, S. M. (1981). From trust to intimacy: A new inventory for examining Erikson's stages of psychosocial development. *Journal of Youth and Adolescence*, **10**, 525-537.

清水秀美・今栄国晴（1981）．STATE-TRAIT ANXIETY INVENTORY の日本語版（大学生用）の作成　教育心理学研究, **29**, 348-353.
下山晴彦（1992）．大学生のモラトリアムの下位分類の研究―アイデンティティの発達との関連で―　教育心理学研究, **40**, 121-129.
砂田良一（1979）．自己像との関係からみた自我同一性　教育心理学研究, **27**, 215-220.
砂田良一（1983）．価値という視点からみた自我同一性　愛媛大学教育学部紀要　第Ⅰ部教育科学, **29**, 287-300.
谷　冬彦（1998）．青年期における基本的信頼感と時間的展望　発達心理学研究, **9**, 35-44.
谷　冬彦（2001）．青年期における同一性の感覚の構造―多次元自我同一性尺度（MEIS）の作成―　教育心理学研究, **49**, 265-273.
谷　冬彦（2002）．アイデンティティ・スタイルに関する研究　鑪幹八郎・岡本祐子・宮下一博（共編）　アイデンティティ研究の展望Ⅵ　京都：ナカニシヤ出版　pp. 61-66.
谷　冬彦（2007）．人格心理学領域における研究動向と展望　教育心理学年報, **46**, 72-80.
山本真理子・松井　豊・山成由紀子（1982）．認知された自己の諸側面の構造　教育心理学研究, **30**, 64-68.

参考書

①鑪幹八郎ら（1984, 1995a, 1995b, 1997, 1998, 1999, 2002）．アイデンティティ研究の展望Ⅰ～Ⅵ　京都：ナカニシヤ出版
　1996年までのアイデンティティ研究について網羅されている。この中でも、主に「アイデンティティの測定に関する研究」における尺度によるアイデンティティの測定の部分において、尺度について詳しく紹介されている。
②山本眞理子（編）（2001）．心理測定尺度集Ⅰ　東京：サイエンス社
　さまざまな心理測定尺度を紹介している本である。この本の中の「自我同一性の形成」の章において、主要なアイデンティティ尺度が詳しくかつ具体的に紹介されている。

(2) 面接法による研究

原田　新

　エリクソン（Erikson, 1950/1977, 1980; 1959/1973）がアイデンティティという概念を提唱して以降、アイデンティティ研究を行ううえで、さまざまなアイデンティティ尺度が開発されるとともに、半構造化面接を用いた複数の面接法が考案されてきた。尺度研究については、前節において詳細に述べられているため、本節ではこれまで提案されてきたアイデンティティに関する面接法につ

いて概観を行う。

アイデンティティに関する面接法の中でも先駆的研究といえるマーシャ（Marcia, 1966）のアイデンティティ・ステイタス面接が提唱されて以降，特に1960～80年代にはこの方法を利用したアイデンティティ研究が盛んに行われてきた。しかしながら，研究の進展とともにアイデンティティ・ステイタス・パラダイムに対する批判的検討や論争が行われ，それに伴いマーシャの考えを拡張させる面接法も提唱されてきた。

マーシャ法自体の理論的背景や，面接の実施法，評定法は，すでに日本においても鑪・山本・宮下（1984）などで詳細に紹介されている。そこで本節では，マーシャ法に関する紹介はアイデンティティ・ステイタス・パラダイムの簡単な紹介にとどめ，マーシャ法を拡張させたそれ以降の研究や，アイデンティティ・ステイタスの発達的変化に関する理論について概観する。また，谷（2001）によるアイデンティティ・ステイタスに関する批判的検討についても紹介する。

A. アイデンティティ・ステイタス・パラダイム

マーシャ（Marcia, 1966）は，個人のアイデンティティの達成状況を明らかにするうえで，心理社会的な基準から捉えることを重視し，アイデンティティ・ステイタスという考え方を提唱した。心理社会的な基準としては，職業選択と，宗教的，政治的イデオロギーという領域における「危機（crisis）」と「コミットメント（commitment）」という2つの基準が挙げられている。ここでいう危機とは，個人が職業やイデオロギーに関する選択事項について思案し，選択し，意思決定を行う一時期のことを指す。コミットメントとは，職業やイデオロギーに対して積極的に関与することを意味する。

マーシャは，危機とコミットメントのそれぞれの有無の組み合わせから4つのステイタスを類型化した。まず，危機をすでに経験し，現在職業やイデオロギーに積極的にコミットメントしているタイプを「同一性達成（identity achievement）」という。このタイプの人たちは，突然の環境の変化や予期せぬ事態に対して適切に対処できる力をもつとされる。

この「同一性達成」の対極のタイプを「同一性拡散（identity diffusion）」という。このタイプの人たちは，危機を経験していない場合もあればしている場

合もあり，前者は危機前拡散（pre-crisis diffusion），後者は危機後拡散（post-crisis diffusion）として分類される。いずれにおいてもコミットメントをしておらず，将来の職業やイデオロギーについて決めていないだけでなく，関心さえもっていない人たちであるとされる。

現在危機を経験しており，コミットメントがあいまいであるタイプを「モラトリアム（moratorium）」という。ただし，あいまいであるものの，積極的にコミットメントしようと努力している点を特徴とし，その点で同一性拡散とは明確に異なる。

危機を経験していないにもかかわらず，職業やイデオロギーにコミットメントしているタイプを「早期完了[注1]（foreclosure）」という。このタイプの人たちは，親や他者の価値観をそのまま継承し，それをそのまま自分の信念としている。一見，同一性達成と同じようにみえるが，自分で明確に意思決定をしたことがないため，親や他者の価値観が通用しない状況に直面すると，混乱を起こすとされる。

以上の4つのステイタスは，同一性達成，モラトリアム，早期完了，同一性拡散の順に発達的なレベルが高いとされる。マーシャは，これらステイタスの測定と分類のみならず，一個人のアイデンティティの全体像を捉えることを目的に，「アイデンティティ－文章完成法（The Ego Identity Incomplete Sentence Blank）」とアイデンティティ・ステイタス面接の2つの方法を組み合わせて研究を行っている。

B. マーシャ法以降の展開

アイデンティティ・ステイタスという考え方や，その詳細な面接の実施法，評定法が紹介されて以降，この方法を用いた研究は飛躍的に増加した。しかし研究の進展とともに，さまざまな研究者から4類型および3領域（職業，政治，宗教）に関する内容的妥当性の問題が指摘されるようになった。またそれに伴い，マーシャ法を改善する面接法も提唱されている。さらに，アイデンティティ・ステイタスの4類型に関し，その発達的変化に関するさまざまな理論も提唱されてきた。

A) 4類型の拡張について

まず4類型に関しては，マーシャの4類型には収まり切らない臨床像の存在が指摘されてきた。初期には，マーシャ自身（Marcia, 1966）が「分裂的拡散型（schizoid-diffusion）」，「プレイボーイ的拡散型（playboy-diffusion）」という2つのタイプの存在について指摘したのを皮切りに，「発達的早期完了型（developmental foreclosure）」と「固定的早期完了型（firm foreclosure）」（Jordan, 1971），「モラトリアム－拡散型（moratorium-diffusion）」（Donovan, 1975），「疎外的達成型（alienated achievement）」（Orlofsky et al., 1973），「早期完了－拡散型（foreclosure-diffusion）」（Marcia, 1976）などの存在が指摘されてきた。これらの新たに提案された下位型の多くは，マーシャ法での同一性拡散型の状態像の幅が広範にわたるものであることから，新たに設定されたものである（鑪ら, 1984）。

またそれ以降にも，早期完了型と同一性拡散型には，それぞれ「発達的な（developmental）」個人と「堅固な（firm）」個人がいるとする指摘（Kroger, 1995）や，同一性達成型を，他の選択肢に対して「開かれた達成型（open-achieved）」と「閉ざされた達成型（closed-achieved）」に分類し，後者を「同一性閉鎖型（identity closure）」という第5のステイタスとする提案（Valde, 1986）などもなされている。この同一性閉鎖型の人たちは，開かれた同一性達成型の人たちよりも，自己実現得点が低い結果が示されている（Valde, 1986）。さらには，アーチャーとウォーターマン（Archer & Waterman, 1990）は，これまでのアイデンティティ・ステイタスの研究レビューをしたうえで，同一性拡散型を「危機前型（precrisis）」「無感情型（apathetic）」「疎外型（alienated）」「病理型（pathological）」「周辺関与型（marginally involved）」「コミットメント回避型（commitment-avoiding）」という6タイプに，早期完了型を「開放型（open）」「閉鎖型（closed）」「早産型（premature）」「発達遅延型（late developing）」「専有型（appropriated）」という5タイプに分類するなど，より詳細なステイタスのサブタイプを見出す研究もみられる。

B) 3領域の拡張について

3領域についても，もともとアメリカにおける1950～60年代の文化的・歴

史的背景に最も適合するよう選択されたものである（鑪ら, 1984）という，限定性があった。それゆえ，異文化において，また異なる時代背景において，3領域以外の別の領域の重要性についても言及されるようになった。なお，マットソン（Matteson, 1977）は，これらの領域における「危機」について，トラウマや劇的な感覚に直面せずとも一貫した明確な役割感覚を獲得する青年も少なくないとして，「危機」ではなく「探求（exploration）」という用語の使用を提案した。

グローテヴァントら（Grotevant & Cooper, 1981; Grotevant et al., 1982）は，青年期にアイデンティティを形成するうえで，探求やコミットメントを行うべき重要な側面として，3領域以外に対人関係の領域にも注目した。そして，3領域に加え，「友人関係についてのイデオロギー（ideology about friendships）」「デート（dating）」「性役割（sex roles）」という3つの対人関係の領域の追加を提案し，それらを付け加えた面接法を提唱した。グローテヴァントらの面接法における，職業，政治，宗教に関する具体的な質問内容を表2-6に，新たな3領域の具体的な質問内容を表2-7に示す。この面接法では，探求とコミットメントの両側面が，それぞれ1点から4点までで評定される。そのうえで，ステイタスについては，探求とコミットメントがともに3～4点以上であれば「同一性達成型」，探求が3～4点，コミットメントが1～2点であれば「モラトリアム型」，探求が1～2点，コミットメントが3～4点であれば「早期完了型」，両方とも1～2点であれば「同一性拡散型」と判定されるという，厳密な評定の仕方が定められている。グローテヴァントらは，全体的なアイデンティティの評定を推奨しないとし，計六領域のそれぞれについて，探求，コミットメント，アイデンティティ・ステイタスの評定を行うとしており，この点でもマーシャの方法とは違いがみられる。

またラパポートら（Rappaport et al., 1985）は，マーシャの3領域に加え，時間的展望の領域に注目した。そして，「時間的密度（temporal density）」「時間的広がり（temporal extension）」「認知された時間の長さ（perceived duration）」という3つの時間的展望を挙げ，それらを測定するラパポートタイムライン（Rappaport Time Line）という方法を提唱した。ラパポートらの研究では，ラパポートタイムラインとマーシャ法の両方を実施し，4つのステイ

表 2-6　Grotevant & Cooper（1981）の面接法における「職業」「宗教」「政治」の質問項目
（項目内容は杉村（1995）による翻訳版より引用）

【職業】	【宗教】	【政治】
あなたは高校を卒業した後，何をしようと思っていますか。	＊あなたはどのような信仰をお持ちですか，あるいはどんな好み，哲学を持っていますか。	＊政治について何か特定の好みを持っていますか。
あなたは大学に行こうと思っていますか。		どのようにしてその決定をしたのですか。＿になってどのくらいになりますか。
＊自分が何を専攻するか決めていますか。	＊あなたのご両親についてはどうですか。	
＊あなたは専攻をどのようにいかすつもりですか。	あなたはどのようにして＿になりましたか。	＊あなたは何か問題を強く感じていることがありますか。（追質問：国家的レベル，州，地方，学校，しかし特定の問題へ誘導してはいけない。）
＊あなたは＿（キャリア選択）についてはいつ頃決めましたか。	どのような人や体験があなたの宗教についての考えに影響を与えましたか。	
どんな人や体験があなたの将来の計画に主な影響を与えましたか。（追質問：先生，両親，本など）	＊あなたは今までに宗教活動で非常に積極的に活動したことがありますか。今はどうですか。あなたはいろいろな宗教について他の人々と話し合うことがありますか。	＊あなたは今までに何らかの政治的活動をしたことはありますか──政党や政治的討論について，集会に参加したり，署名したり，投票したり，デモに参加するなど──何かそのようなことはありますか。
＊あなたは今までに何か他のものを考慮しましたか。何を考慮しましたか。その他には何を考慮しましたか。		
＊＿の魅力はどういうところですか。	＊あなたのご両親は今，あなたの信仰についてどのように考えていらっしゃいますか。	＊あなたのご両親の政治についての好みはどのようなものですか。
＊大抵の親というものは，子どもに何になってほしいとか何をしてほしいとか計画していることがよくあります。あなたの親は，あなたについてどのように計画していらっしゃるようですか。	＊今までに，ご自分の宗教的な信念に何か疑いを持つようになった時はありましたか。いつですか。それはどのようにして起こったのですか。あなたはどのようにして問題を解決しましたか。今は，その問題はどうですか。	どんな人や体験があなたの政治的思想に影響を与えましたか。
		あなたがご自分の政治についての好み（あるいは問題）について困難を感じたことはありますか。いつですか。何があなたを変えたのですか。
＊ご両親はあなたの計画についてどう感じていらっしゃいますか。		あなたはご自分の政治への関心や態度がこれから 2，3 年の間変わらないと思いますか，変わると思いますか。
あなたが＿になろうとすることを決めることに関して，どんな困難や問題があると思いますか。	あなたはご自分の宗教的な信念がこれから 2，3 年の間変わらないと思いますか，あるいは変わると思いますか。	あなたは 1980 年の大統領選挙で誰に投票したいと思いましたか。
もしこれらのことが困難になったら，あなたはどうしますか。		

＊印は，オリジナルの Marcia（1966）の面接における項目を指す。

表 2-7 Grotevant & Cooper (1981) の面接法における「友人関係についてのイデオロギー」「デート」「性役割」の質問項目 (項目内容は杉村 (1995) による翻訳版より引用)

【友人関係についてのイデオロギー】（同性の友人か異性の友人かを明確にすること；もし可能なら両方について行なうこと）	【デート】	【性役割】
あなたは1人2人の親しい友達がいますか———一緒に多くの時間を過ごす人です。	あなたは時々デートをしますか。何度くらいしますか。	男性と女性は考え方や振るまい方, 他の人と一緒に行動するしかたが根本的に異なると考えている人たちがいます。あなたは男性と女性は異なると思いますか。どのように異なると考えますか。
知り合ってからどのくらいになりますか。	デートでどこへ行くかとか何をするかということは誰が決めますか。	
あなたがたは一緒にどんなことについて話し合いますか。	食事や入場料やその他の費用は誰が支払いますか。	男性はしばしば強い目標を持ち, 力強く直接的である存在として考えられます。あなたはこのように行動する女性についてどう感じますか。あなたはこのように行動する女性を誰か知っていますか。
友達とはこういうものでなくてはいけない, という大切なものは何ですか。（「信用」のようなものの質の説明を求める）	もしデートでテニスやボーリング, あるいはトランプのような競い合うゲームをするとしたら, あなたは勝つことに対してどう思いますか。	
あなたは, ご自分の友達について特に何が大切ですか。	あなたはデートの相手に何を求めますか。	女性はしばしば自分の感情や情動を友達に開放的に表現する人として考えられます。あなたはこのように行動する男性についてどう感じますか。あなたはこのように行動する男性を誰か知っていますか。
あなたの親しい友達はあなたと似ていますか, それともあなたとは違いますか。どんなふうに。（追質問：あなたの友達や知人の残りの人についてはどうですか。）	それはあなたがデートをし始めてから変わってきましたか。どのように。	
	それはあなたが友達に求めるものと比べてどうですか。	結婚した夫婦が家庭での用事や役割をどうこなすべきであるとあなたが考えているかを知りたいと思います。
友達とはどのようなものか, あるいはどのようにあるべきかというあなたの考えは以前, 例えば, あなたが中学生の時と同じですか。どのように。	あなたのデートの相手と, お互いの気持ちについて語り合うことはどのくらい重要ですか。	
		誰が小さな子ども（乳児や学齢前の子ども）を世話すべきですか。
もしあなたの最も親しい友達があなたが変わらないようないくつかの点で変わったら, あなたはそれでもなお友達でいますか。（例えば……）	あなたのデートの相手が, 野心があるとか知的であることはどのくらい重要ですか。	
	デートの相手がどのような性質を持っていたら嫌ですか。	だれが金銭的な面で家族を養うべきですか。
よい友達関係は時に自然消滅する, といわれるのはなぜですか。	あなたがこのように考えるようになったのには, どのような体験や人が影響を与えましたか。	自動車や家を買うといった主な決定はどのようになされるべきですか。一人だけがお金を稼いでいたらどうしますか。

あなたのご両親はあなたが友達と一緒にいることをうながしますか。(追質問：あなたの友達はどのくらいよくあなたの家に来ますか。) あなたのご両親はあなたがどんな友達を持つべきだと考えていますか。 ご両親は今あなたの友達についてどのように考えていますか。(追質問：ご両親は友達を信用していますか、好きですか、あなたが彼らと一緒に過ごすことをうながしますか、あなたの友達のことを知ろうと努めていますか。) あなたとご両親は今までに、あなたの友達が責任感があるかとか常識があるかどうかといったことについて意見が合わなかったことがありますか。 あなたは今までにご両親が賛成しないような友達関係を始めたり続けたりしたことがありますか。 この意見の不一致は何らかの形で解決されましたか。どのように。	あなたがデートに関して従っている他の基準や習慣となっているルールは何ですか。 関係を維持するために話し合ったり、変えてもよいと思うルールや基準はありますか。 あなたのルールはあなたの友達に対するルールと比べてどうですか。 あなたは自分のルールや基準をデートをし始めてから変えましたか。もしそうなら、それらの変化がどんなことを引き起こしましたか。 あなたのご両親は、今まであなたがデートした相手にがっかりしたことがありますか。 この意見の食い違いは何らかの方法で解決されましたか。どのように。	家族の中で一人のメンバーが他のメンバーよりもより発言権を持つべき場面はありますか。それはどのような場面ですか。 あなたは、あなたの回答が違ったものとなるような場面があると思いますか。どんな場面ですか。 あなたのご両親は、私たちが今話し合ってきたそれぞれの家族の責任をどのようにこなしていますか。 あなたはこれらの問題をご両親と話し合いますか。友達あるいはデートの相手とは。 男性あるいは女性の役割についてのあなたの考えに、どのような人や体験が影響を与えましたか。 あなたは、男性と女性の役割についての自分の考えがこれから2、3年の間変わらないと思いますか、あるいは変わると思いますか。あなたの考えはこの2、3年で変わってきましたか。

タス間で異なる時間的展望もつ結果が示されている。ただし時間的展望とは、もともとアイデンティティ概念に組み込まれたものとして位置づけられているため、一つの領域として取り上げる必要があるのかという疑問も呈されている（鑪ら,1995）。

C) アイデンティティ・ステイタスの発達的変化に関する理論

4類型の発達的変化に関する研究として、マーシャ自身（Marcia, 1976）が縦断的調査を行っている。この研究では、大学生のときに同一性達成と判定された7名のうち3名と、モラトリアムと判定された7名のうち2名が、6～7

年後の判定では早期完了へ移行するという結果が示されている。この結果は，過去に危機を経験したという条件でカテゴライズされる同一性達成から，数年後には危機を経験したことのない早期完了に移行しているという，論理的に不合理なものといえる（谷，2001）。また，アダムスとフィッチ（Adams & Fitch, 1982）も大学生を対象にマーシャ法を実施し，1年後のステイタスの変化を検討した結果，その対象者の中により下位へのステイタス移行を示す者がみられたという結果を示している。このような退行的なステイタス変化を示す結果が散見されたことを受け，その後アイデンティティ・ステイタスの発達的変化について論じるさまざまな理論が提唱されてきた。

　ウォーターマン（Waterman, 1982）は，青年期のアイデンティティ発達を成人期にまで拡大し，図2-2に示されるアイデンティティ・ステイタスの発達経路の図式を提示した。この図式においては，より同一性レベルの高いステイタスからより低いステイタスへの移行に関する心理的背景が細かに説明されている。すなわちこの理論は，青年期から成人期の発達的移行においては，必ずしもより高次の方向性へのステイタス移行だけではなく，より低次のステイタス移行もありえることを示唆するものといえる。

　もともとマーシャは，4つのアイデンティティ・ステイタスを，それぞれ明確な様態をもつ「結果」として捉えてきた（Côté & Levine, 1988）。しかし，アイデンティティ・ステイタスが，より発達的変動の高い流動的なものであることを示唆する主張（Côté & Levine, 1988）や，アイデンティティ・ステイタスはアイデンティティ達成の「結果」ではなく，「プロセス」であるとの主張（Waterman, 1988）がなされるようになった。そして研究が蓄積されるにつれ，マーシャ自身も考え方を変え，青年期のアイデンティティ・ステイタスは固定的なものではなく，流動的なプロセスであるという考え方を深めるようになった（鑪ら，1997）。

　クローガー（Kroger, 1996）は，アイデンティティ・ステイタス間の退行には，葛藤が引き起こす不均衡による退行，硬化や視野の狭まりによる退行，解体による退行という3種類が存在することを指摘した。その中で，葛藤が引き起こす不均衡による退行は，発達段階の移行のプロセスにおいてみられるものであり，さらなる発達を導くものと考えられている。このクローガーの指摘か

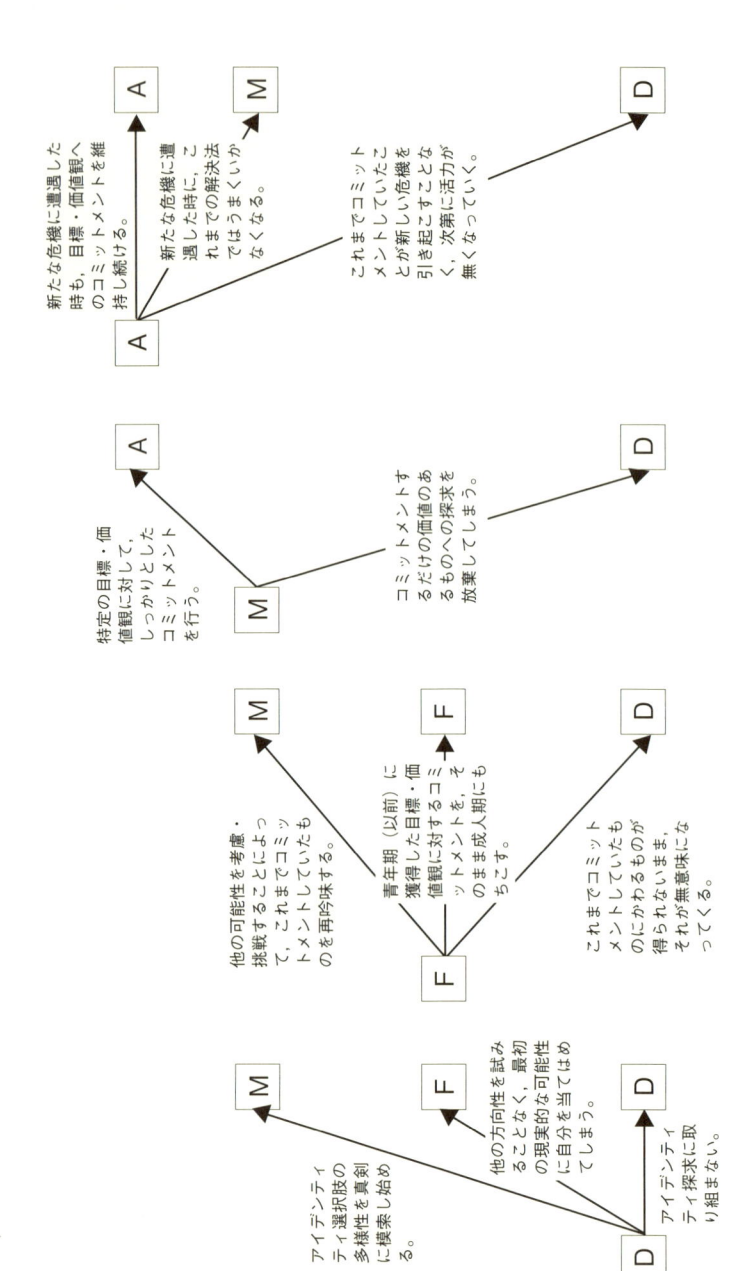

34　第2章　アイデンティティ研究の方法論

図2-2　アイデンティティ発達の連続的パターンのモデル (Waterman, 1982：鑢・宮下・岡本, 1995 を一部改変)

A：アイデンティティ達成型、M：モラトリアム型、F：早期完了型、D：アイデンティティ拡散型

らは，アイデンティティ発達は単に直線的な上昇ではなく，ときに退行しながら進むプロセスとして考える必要があることが示唆されている（鑪ら，2002）。

グローテヴァント（Grotevant, 1987）は，4類型のステイタス間の移行やプロセスとは別に，各領域への探求に注目した独自のアイデンティティ形成のプロセスモデルを提示した（図2-3）。このモデルでは，個人的特徴，発達の文脈，各領域におけるアイデンティティ形成のプロセスの各々の相互作用が想定されている。個人的特徴には，自尊心（self-esteem），セルフモニタリング（self-monitoring），自我の弾力性（ego-resiliency），経験と情報への開放性（openness to experience and information）などの「パーソナリティ」に加え，「認知能力」「現在のアイデンティティ」という3要因があげられ，発達の文脈には「文化／社会」「家族」「仲間」「学校／職場」があげられている。各領域におけるアイデンティティのプロセスとしては，まずアイデンティティの探求に携わる方向性がある程度決定づけられると，次に探求のプロセスが始まる。そのプロセスが進むと，感情的な結果と認知的な結果が得られ，それらが収束してアイデンティティが強化／統合される。そして最終的なプロセスとして，そ

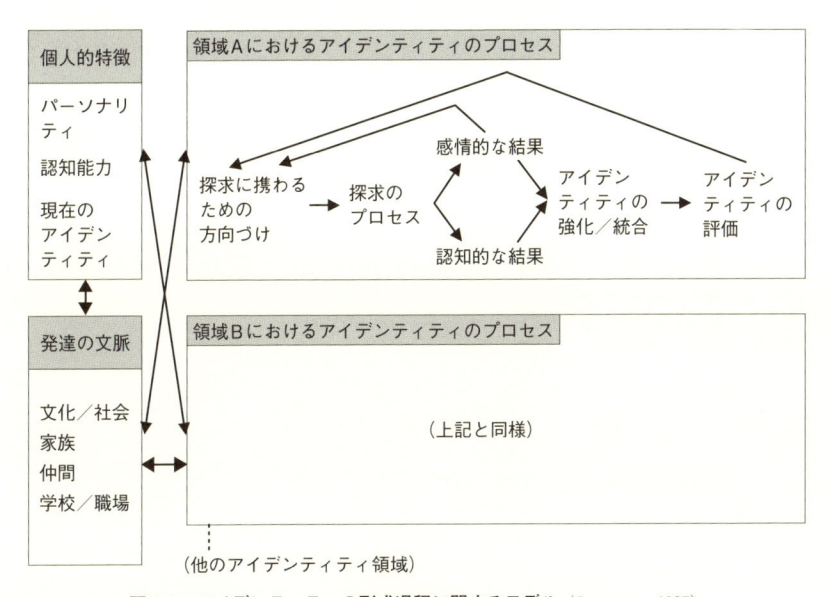

図2-3　アイデンティティの形成過程に関するモデル（Grotevant, 1987）

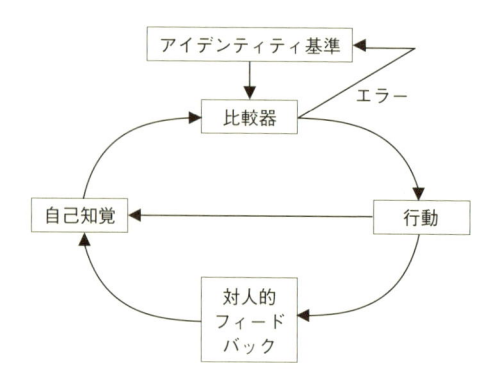

図2-4 アイデンティティ・コントロール理論
(Kerpelman, Pittman, & Lamke, 1997；溝上, 2008 を一部改変)

のアイデンティティに対する評価がなされる。ただしそれで終わりではなく，その評価が再び最初の方向づけの段階へと還元されたり，感情的な結果の段階で最初の方向づけが見直される場合もある。このモデルでは，アイデンティティ形成において，そのような循環的なプロセスが想定されている。

カーペルマンら（Kerpelman et al., 1997）は，上述のグローテヴァントのモデルをマクロなアイデンティティ形成を示すものであると指摘した。そして，グローテヴァントのモデルを拡張することを目的に，ミクロな観点からアイデンティティ形成のプロセスを示す，アイデンティティ・コントロール理論を提唱した。この理論は自己の「行動」に対する「対人的フィードバック」を受けて，「アイデンティティ基準」が維持あるいは修正されることを示すものである（溝上, 2008）。具体的には，自己の行動は対人的フィードバックを受けて，自己知覚される。その自己知覚は，比較器を通してこれまでのアイデンティティ基準と比較され，両者がずれていない場合には，この基準が維持される一方，ずれている場合にはこの基準が修正を迫られる（図2-4）。アイデンティティ・コントロール理論は，このような循環を繰り返しながら，自己の基準と他者との認識のずれを調整するモデルである（Kerpelman et al., 1997）。

C. アイデンティティ・ステイタス・パラダイムに対する批判的検討

　アイデンティティ・ステイタス・パラダイムについては，これまで多くの批判的検討もなされてきた。それらについては，谷（2001）によって詳細なレビューがなされている。本稿でも谷（2001）の内容を踏まえつつ，以下に代表的な数点の問題点を取り上げる。

　まず1点目にあげられるのは，アイデンティティ・ステイタスに関する妥当性の問題である。アイデンティティ・ステイタスの4類型は，同一性達成から同一性拡散まで，同一性のレベルの高さの違いが想定されているにもかかわらず，先行研究ではその想定を覆す多数の結果が示されてきた。たとえば，達成欲求の現実性，偽情報を与えられた際の自尊心の変動，文章完成法で測定された同一性の程度に関して，多くのステイタス間で有意差がみられないという結果（Marcia, 1966）や，不安の程度に関して，モラトリアムが最も高く，他のステイタス間ではほぼ変わらない（Marcia, 1967）といった仮説に反する結果が示されている。さらに，先述の通り，マーシャ（Marcia, 1976）における縦断的調査においては，同一性達成やモラトリアムと判定された者が，後に早期完了へと移行するという，理論的に不合理な結果が示されている。これらの研究結果は，マーシャ理論や面接法に関する妥当性の問題を示すものといえる。

　2点目は，自伝的記憶の不安定さの問題である。佐藤（1998）は，同一性地位判定尺度（加藤, 1983）の危機に関する項目に対し，回答者が過去を振り返った際，危機を経験しても時間の経過とともにその事実を忘れたり，危機の程度を過小評価したり，以前から終始一貫してその対象に自己没入しているように想起したりする可能性を指摘している。つまり，過去に経験した危機を想起する際，その記憶が歪められて想起されることもありえると考えられる。それゆえ，この観点からは，アイデンティティ・ステイタスの類型化を行ううえで，危機という変数を用いることが不適切である可能性が示唆されている。

　さらに谷（2001）は，アイデンティティ・ステイタス・パラダイムで用いられている類型論的方法に関する問題点も指摘している。類型論の問題点としては，直感的な理解しやすさを重視するため，無体系でありえる点，分類方法に研究者の特殊性が反映されて一般的とはいえない点，少数の型に分けるため

に，どちらの類型にも属さない中間の型が無視されやすい点などがあげられる（八木，1994）。これらの問題点は，アイデンティティ・ステイタス・パラダイムにおいても（谷，2001），類型論に基づくマーシャ法以降の理論や面接法においても当てはまる問題であるといえる。

近年のアイデンティティ研究においては，アイデンティティ形成のプロセスに関する理論的検討や，さまざまなアイデンティティの尺度を用いた実証的研究が活発に行われているといえる。それに対し，アイデンティティに関する新たな面接法はほぼ提唱されておらず，面接法を用いた研究も減少している現状にある。面接法を用いた研究の知見は，これまですでに膨大な量が蓄積され，研究の余地があまり残されていないために，このような現状に至っているとも考えられる。一方，以上のような面接法にまつわる問題点が明確となってきたことから，簡便に実行でき，かつ近年の実証科学としてのパーソナリティ研究の流れにも沿う尺度研究が，活発に行われているとも考えられる。ただし，面接法は臨床的に重要な方法の一つである。アイデンティティが臨床的な内容をその中核にもつ概念であることを考えるとき，面接法のさらなる洗練化や開発も重要なことと思われる。

注

1）フォークロージャー，早産等の訳語もある。

引用文献

Adams, G. R., & Fitch, S. A. (1982). Ego stage and identity status development: A cross-sequential analysis. *Journal of Personality & Social Psychology*, **43**, 574-583.

Archer, S. L., & Waterman, A. S. (1990). Varieties of identity diffusions and foreclosures: An exploration of subcategories of the identity statuses. *Journal of Adolescent Research*, **5**, 96-111.

Côté, J. E., & Levine, C. (1988). A critical examination of the ego identity status paradigm. *Developmental Review*, **8**, 147-184.

Donovan, J. M. (1975). Identity status and interpersonal style. *Journal of Youth and Adolescence*, **4**, 37-55.

Erikson, E. H. (1950). *Childhood and society*. New York：Norton.（仁科弥生（訳）（1977，1980）．幼児期と社会1・2　東京：みすず書房）

Erikson, E. H. (1959). *Identity and the life cycle*. New York: Norton. (小此木啓吾 (訳編) (1973). 自我同一性―アイデンティティとライフサイクル 東京：誠信書房)

Grotevant, H. (1987). Toward a process model of identity formation. *Journal of Adolescent Research*, **2**, 203-222.

Grotevant, H. D., & Cooper, C. R. (1981). Assessing adolescent identity in the areas of occupation, religion, politics, friendships, dating and sex roles: Manual for administration and coding of the interview. *Catalog of Selected Documents in Psychology*, **11**, 52-53.

Grotevant, H. D., Thorbecke, W., & Meyer, M. L. (1982). An extension of Marcia's identity status interview into the interpersonal domain. *Journal of Youth and Adolescence*, **11**, 33-47.

Jordan, D. (1971). *Parental antecedents and personality characteristics of ego identity status*. Unpublished doctoral dissertation. State University of New York at Buffalo.

加藤　厚 (1983). 大学生における同一性の諸相とその構造　教育心理学研究, **31**, 292-302.

Kerpelman, J. L., Pittman, J. F., & Lamke, L. K. (1997). Toward a microprocess perspective on adolescent identity development: An identity control theory approach. *Journal of Adolescent Research*, **12**, 325-346.

Kroger, J. (1995). The differentiation of "firm" and "developmental" foreclosure identity statuses: A longitudinal study. *Journal of Research on Adolescence*, **10**, 317-337.

Kroger, J. (1996). Identity, regression, and development. *Journal of Adolescence*, **19**, 203-222.

Marcia, J. E. (1966). Development and validation of ego-identity status. *Journal of Personality & Social Psychology*, **3**, 551-558.

Marcia, J. E. (1967). Ego identity status: Relationship to change in self-esteem, "general maladjustment" and authoritarianism. *Journal of Personality*, **35**, 118-133.

Marcia, J. E. (1976). Identity six years after: A follow-up study. *Journal of Youth & Adolescence*, **5**, 145-160.

Matteson, D. R. (1977). Exploration and commitment: Sex differences and methodological problems in the use of identity status categories. *Journal of Youth and Adolescence*, **6**, 353-374.

溝上慎一 (2008). 自己形成の心理学：他者の森をかけ抜けて自己になる　京都：世界思想社

Orlofsky, J. L., Marcia, J. E., & Lesser, I. M. (1973). Ego identity status and the intimacy versus isolation crisis of young adulthood. *Journal of Personality & Social Psychology*, **27**, 211-219.

Rappaport, H., Enrich, K., & Wilson, A. (1985). Relation between ego identity and temporal perspective. *Journal of Personality & Social Psychology*, **48**, 1609-1620.

佐藤浩一（1998）.「自伝的記憶」研究に求められる視点　群馬大学教育学部紀要　人文・社会科学編, **47**, 599-618.
杉村和美（訳）（1995）. 翻訳版　職業，宗教，政治，友情，デート，性役割の領域における青年の自我同一性の測定：面接の実施と評定のためのマニュアル　愛知学泉女子短期大学
谷　冬彦（2001）. アイデンティティ・ステイタス・パラダイムに対する批判的検討（Ⅰ）―基本的問題―　神戸大学発達科学部研究紀要, **9**, 31-39.
鑪幹八郎・宮下一博・岡本祐子（共編）（1995）. アイデンティティ研究の展望Ⅱ　京都：ナカニシヤ出版
鑪幹八郎・宮下一博・岡本祐子（共編）（1997）. アイデンティティ研究の展望Ⅳ　京都：ナカニシヤ出版
鑪幹八郎・宮下一博・岡本祐子（共編）（2002）. アイデンティティ研究の展望Ⅵ　京都：ナカニシヤ出版
鑪幹八郎・山本　力・宮下一博（共編）（1984）. アイデンティティ研究の展望Ⅰ　京都：ナカニシヤ出版
Valde, G. A. (1986). Identity development: A revision and extension of the identity status paradigm. *Dissertation Abstracts International*, **46** (8-B), 2842.
Waterman, A. S. (1982). Identity development from adolescence to adulthood: An extension of theory and a review of research. *Developmental Psychology*, **18**, 341-358.
Waterman, A. S. (1988). Identity status theory and Erikson's theory: Communalities and differences. *Developmental Review*, **8**, 185-208.
八木保樹（1994）. 類型論・特性論　菅野　純（編）　心理学　東京：新曜社　pp. 292-301.

参考書

① 鑪幹八郎・山本　力・宮下一博（共編）（1984）. アイデンティティ研究の展望Ⅰ　京都：ナカニシヤ出版

　1950年～1981年のアイデンティティに関する先行研究が詳細にレビューされている。その中で，マーシャによるアイデンティティ・ステイタス・パラダイムの理論的背景や，面接の実施法，評定法なども詳しく紹介されている。

② 鑪幹八郎・宮下一博・岡本祐子（共編）（1995）. アイデンティティ研究の展望Ⅱ　京都：ナカニシヤ出版

　1982年～1986年のアイデンティティに関する先行研究が詳細にレビューされている。その中で，マーシャによるアイデンティティ・ステイタス・パラダイムを拡張させるような面接法も詳しく紹介されている。

③ 鑪幹八郎・宮下一博・岡本祐子（共編）（1997）. アイデンティティ研究の展望Ⅳ　京都：ナカニシヤ出版

1987年～1991年のアイデンティティに関する先行研究が詳細にレビューされている。その中で，グローテヴァント（Grotevant, 1987）によるアイデンティティ形成のプロセスモデルなど，アイデンティティの発達的変化について論じる理論も詳しく紹介されている。

④鑪幹八郎・宮下一博・岡本祐子（共編）（2002）．アイデンティティ研究の展望Ⅵ　京都：ナカニシヤ出版

1992年～1996年のアイデンティティに関する先行研究が詳細にレビューされている。その中で，アイデンティティ・ステイタスの発達やそのプロセスについて検討した研究結果も詳しく紹介されている。

(3) 伝記研究法によるアイデンティティ研究　　三好昭子

A. 伝記研究法の起源

　伝記研究法（biography study）とは伝記資料に基づいてその人物の生涯発達を研究する方法であり，伝記分析（biography analysis），生育史分析（西平，1996）といった名称でも呼ばれている。エリクソンの心理歴史論もここに含まれる。西平（1978a, 1978b, 1978c, 1979, 1981a, 1981b, 1983, 1990, 1996, 1999, 2004, 2010）はエリクソンが『青年ルター』（Erikson, 1958/2002, 2003）で試みた心理歴史的（psycho-historical）方法をモデルとして，伝記資料に基づいて多くの歴史上の人物のアイデンティティに関する伝記分析を行い，具体的な分析の手続きや手順を含む伝記研究の方法論を確立し，個別分析，比較分析，主題分析という分析の枠組みを完成させた。伝記研究法を用いた研究には時間と手間がかかり，特殊な才能をもつ研究者のライフワークのような研究だと思われがちだが，大学院における半期のゼミで伝記研究を行う方法もすでに提案されている（大野, 2008, 2010）。

　このように日本では西平（1983, 1996）と大野（1998, 2008, 2010）によって伝記研究法についての精緻な検討が行われ，その方法論に基づいて2004年から伝記研究法を用いた研究が学会でポスター発表されるようになり，2005年には教育心理学年報の人格部門（佐野・呉, 2005）において，パーソナリティを全体として捉える方法として取り上げられた。坂本龍馬の主導性（浦尾, 2004）や

ゴーギャン（Gauguin, E. H. P.）のアイデンティティ（中安, 2004）についての発表が紹介されるなど伝記研究法が注目され始めている。さらに学術雑誌にもベートーヴェン（Beethoven, L. van）（大野, 1996），谷崎潤一郎や芥川龍之介（三好, 2008, 2011），ケストナー（Kästner, E.）（茂垣, 2009）の伝記資料を用いた研究が掲載されるなど，西平（1983, 1996）の伝記研究法は心理学の方法論の一つとして学術的にも認められてきている。そこでここでは，エリクソンの心理歴史的方法をモデルにして，日本において独自の展開をとげた伝記研究法によるアイデンティティ研究の方法論について述べる。

B. 伝記資料に基づいた他の研究法

伝記資料に基づいた研究としては他に，精神疾患の症状を記述・分類して，そのメカニズムを探る精神病理学（psychopathology）があり，研究対象として歴史上の人物を取り上げ，その人物の伝記資料を用いる場合がある。また精神病理学の一領域である病跡学（pathography）においても，歴史上傑出した人物の伝記や作品を精神病理学的に解明し，精神病理がその人物の創造活動に及ぼした影響や意義を明らかにしようとしている。いずれも精神病理学的な視点から伝記資料を分析している点で共通している。一方，精神分析学的な視点から伝記資料を分析しているのが精神分析学の流れに位置づけられる心理伝記法（心理学的伝記）（psychobiography）である。"Handbook of psychobiography"（Schultz, 2005）に方法論や実際の研究成果がまとめられているが，個人を理解しようとする目的が強く，普遍性に対する論拠が不十分で，分析の手続きや手順が確立していないという問題点がある。

しかしながら近年，アイデンティティ研究において伝記資料が質的データの一つとして広く認められつつあることに対しては，マクアダムス（McAdams, 1988）が生活史研究の諸成果を再構成してライフストーリーという概念を提唱し，アイデンティティ研究におけるナラティブ・アプローチを牽引してきたことの影響が大きい。また 2009 年には "*Personality and Individual Differences*" で 'Personality, Psychopathology, and Original Minds'（Claridge, 2009）という特集が組まれ，創造性と精神病理との間が紙一重であることの例証としてダリ（Dalí, S.）（Murphy, 2009）やサティ（Satie, E. A. L.）（Fung, 2009）らの伝

記資料を用いた論文が掲載された。さらに 2013 年にはそれらを補完する論文としてポー（Poe, E. A.）(Giammarco, 2013) の伝記資料を用いた論文が掲載されるなど，パーソナリティ研究における学術雑誌においても伝記資料を用いた研究が扱われ始め，今後の展開が期待される。

C. 伝記研究法の特徴

A) 典型 (大野, 1998, 2008, 2010) として対象人物の個別性についての理解を深めること

伝記研究法では，伝記資料（伝記・自叙伝・書簡・日記・回想録・自伝的創作・逸話など幅広く人間記録を含む）に心理学の概念や理論を導入することによって，対象者個人についての理解を深めるという特徴をもつ。その場合，対象人物の個別性について「典型」にまで煎じ詰める必要がある。典型とは「個のケースでありながら，多くの人が共感的に理解でき，人間の心理力動を説明できるようなクリアな具体例であること，かつ，そのケースの個別性を失わずに語られる」（大野, 2008, p. 141) ものである。つまり伝記研究法においては，対象人物を特殊な歴史上の偉人・天才として理解するのではなく，個別の事例でありながら私たちにも応用可能な典型として対象人物の個別性をより深く理解しようとしている。

B) 因果的決定論と自由意志論のバランスのうえに人格・アイデンティティ形成の機序に関する普遍性・法則性を追究すること

伝記研究法は伝記資料を用いて対象人物の個別性を理解しようとするだけでなく，人格・アイデンティティ形成の機序に関する普遍性・法則性を追究する。すなわち伝記研究法では，どのような条件でどのような人格・アイデンティティが形成されるのかを全生涯の視点で，全体として捉えたうえで，全生活空間という客観的視点，アイデンティティの様態という主観的視点，そして心理歴史的視点・実存分析的視点から総合的に分析し（表 2-8)，因果的決定論と自由意志論のバランスのうえに人格・アイデンティティ形成の機序に関する普遍性や法則性を探ろうとするところに特徴がある。対象人物の全生涯・全生活空間を視野に入れ，全体に開いた姿勢で解釈していくことが重要であり，全体

表 2-8　伝記分析法の理論的枠組み (西平, 1983；大野, 2008)

1. 全生活空間

①家族関係	家系，家族星座[1]，両親の性格特性，しつけ方，心理的離乳，同一視，近親者の死亡，家族不和，養子縁組，エディプス葛藤を形成する可能性。
②経済的諸条件	両親の職業・家系状態，進学就職の可能性，所属する階層，浪費の構え，経済的独立，父の死亡，失職，破産などによる経済的変動。
③身体的諸特性	幼少時からの病弱 - 強健さ，遺伝的体質と精神病質，成熟の早い遅い，運動能力および活動性，疲れやすさとエネルギッシュな体力，身体的構え（容姿容貌）。
④一般的対人関係	基本的対人関係（TAI型[2]），交際範囲と種類，友人関係，集団所属のあり方，異性関係（恋愛，性的交渉），他人への影響力（人気，知名度）。
⑤能力・創造性	特殊能力の発現時期，早熟性，天才性，幼少時の訓育，よい指導者との出会い，青年期のモラトリアムや動機づけ，集中力と持続性。
⑥歴史的・文化的な環境条件	当時の歴史状況，社会意識の文化と葛藤，価値の分裂 - 統合のあり方，保守革新の力関係，文化全体の疎外状況と健全さ。

2. アイデンティティの様相
〔アイデンティティの様相：何のために，何者として，どのように生きたか。自覚，自信，自尊心，責任感，使命感，プライド，生きがい：大野補足〕

①社会・人間・人生にたいする基本的信頼感	適応能力，順応，強調，依存，独立，閉鎖，反逆，革命性などの諸形態をとって表現される信頼 - 不信の態度。
②自己概念および自我感情	自信と劣等感，IとMeの一致不一致，傷つきやすさ，ナルシシズム傾向。
③自我の心理力動性と Ego-strength	防衛機制の型，フラストレーション・トレランス，禁欲性と快楽追求，強迫性。
④支配的な気分・生活感情	不安，感動，焦燥，感傷，孤独感，空虚感，ロマンティシズム，ルサンチマン，エリート意識，貴族趣味，革命的情熱，ニヒリズム。
⑤時間的展望	未来への志向（夢と人生設計），楽天的 - 悲観的，世界（地球）の滅亡不安，文化向上の希望。

3. 心理 - 歴史的視点と実存分析的視点

①心理 - 歴史的視点	歴史認識のあり方と歴史参加の構え，家族から社会権力へというコンプレックスの同心円的拡散のあり方，自己の歴史的使命の自覚と追求，階級や階層に対する同一視と逸脱。
②実存分析的視点	「世界 - 内 - 存在」の世界のとらえ方，運命の受けとめ方，生死に関する境界の明確 - 不明確さ，究極的価値の追求，宗教性の有無，青年期の全人生に対する意義。

が了解されて，初めて部分の意味を確立することができる（Dilthey, 1946）。なお，表2-8は注意喚起的に用い，対象人物に応じて選択的に用いるとよい。

C）蓋然性（西平, 1983）を検討する研究（大野, 1998）であること

伝記研究法では，行動を予測することが目的である一般的な心理学の方法とは異なり，歴史的事実である行動に対して，なぜそのような行動にいたったのかについての仮説を伝記資料から論証する。つまり伝記研究法は，「解釈のより確からしさ（蓋然性）」（西平, 1983）を検討する研究（大野, 1998）だといえる。そのため，より蓋然性の高い別の仮説・解釈が示される可能性が絶えず存在している。その可能性を保証するためにも，資料の出典や解釈の根拠を明らかにする必要がある。多くの人からその仮説・解釈が合理的で説得力があると判断されることが研究の妥当性の検証になり，さらには新たな仮説が繰り返し吟味されることで，徐々に蓋然性が高められていくと考えられる。

D. 伝記研究法の手続き・手順（西平, 1983, 1996；大野, 2008, 2010）

A）個別分析〔個別分析による実際の研究例は第3章（3）参照〕

個別分析とは，歴史上のある一人の人物を分析対象とする方法である。研究対象としては故人であること，伝記資料がある程度豊富であること（大野, 2008, 2010）という条件を満たしていれば誰を選んでも差し支えない。

①生涯の概観と心理学的年譜の作成　まず，対象とする人物を選び，表2-8を念頭に伝記資料をいくつか読んで生涯を概観する。そして一般的な年代順の生涯の年譜を作り，伝記資料に心理学的解釈を加え心理学的年譜を作成し，その心理学的解釈に必要な根拠を伝記資料からそのまま抜き出して列挙する列挙法（西平, 1996）を用いて示す。ここでは例として谷崎潤一郎の心理学的年譜（表2-9）と，谷崎に基本的信頼感が形成されたと考えられる根拠となる記述を列挙法により列挙したものを示した（表2-10）。

表2-8 注
1）家族星座とは，家族や親族関係を星座になぞらえた系統図のことで，家族関係を指す。
2）TAI型とは，西平（1983）がHorney（1937, 1939, 1945）の基本的対人態度の3類型を参考として，人に対して依存的なT型（Moving toward people），人に対して敵対的なA型（Moving against people），人を回避するI型（Moving away from people: isolate）として類型化したもの。

第2章 アイデンティティ研究の方法論

表2-9 谷崎潤一郎の心理的系譜 (30歳まで)

西暦	年齢	出来事	心理的事象	創作活動
1886 (明治19)	1	東京市日本橋区の裕福な町人の家庭に生まれる。長男が生まれてすぐ死んだため，事実上長男。	基本的信頼感の形成	
1887	2	祖父の援助で，父（婿養子）が洋酒店経営→失敗	家庭ではわがままいっぱいの腕白坊主。家の外では並はずれた内弁慶。	
1888	3	祖父死去		
1889	4	父は祖父から譲られた日本点燈社を経営→失敗。父は胃を病み，湯治。		
1890	5	弟精二生まれる。父は伯父の援助で米穀仲買人（相場師）になる。		
1891	6	幼稚園では，ばあやが隣の席にすわって谷崎のお守り。		
1892	7	小学校入学。担任は稲葉先生。出席日数が足りずに留年。家業不振。		
1893	8	再度，小学校1年生。担任は4年間，野上先生。	コンピテンスの形成	
1894	9	主席で2学年に進級。父は家業不振のため店を閉じ，兜町の証券取引所に勤める。	自分が一般の生徒よりも勉強のできる子どもであることを知り，劣等感から脱却した。	「少年世界」が創刊され，読むようになる。
1895	10	小学校の修身の時間：孝行に関する説話	→後に"'自分は親不孝の子どもである'という呵責の念"（谷崎, 1957, p. 456）	
1896	11			筆記回覧雑誌「学生倶楽部」を友人らと創刊。
1897	12	家庭は貧窮するが高等科へ進学。担任は4年間，稲葉先生。儒学，禅学，唯心哲学，特に仏教に関する哲理を学ぶ。	父母の反対を押し切っての進学。稲葉先生の影響を強く受ける。	
1898	13	「新八犬傳」の自由奔放な架空の世界に夢中になる。	お伽噺の世界と大人の世界とが両立。	
1899	14			
1900	15	秋香塾（漢学），サンマー塾（英語）へ通う。		
1901	16	ますます家庭は貧窮するが，府立第一中学校へ進学。	父母の反対を押し切っての進学。父母に逆らい続ける辛さ。→"ああ我は不孝の児なり"（谷崎, 1903, p. 77）	学友會雑誌に文章を発表。

(3) 伝記研究法によるアイデンティティ研究　47

年	年齢			
1902	17	一家はますます苦境を迎え，家庭教師として他家へ住み込みながら通学。1学期修了後，3年生へ飛び級。	稲葉先生の影響を受け続ける。	「道徳的観念と美的観念」
1903	18	一中の学友会雑誌の会幹になる。	**暗澹たる危惧の時代**	自叙伝「春風秋雨録」
1904	19		家庭は貧窮を極め，文壇への縁故は絶無。全盛だった自然主義文学に反発。	
1905	20	府立第一中学校卒業，第一高等学校英法科に入学。		
1906	21			
1907	22	一高の文芸部員となる。恋愛沙汰で家庭教師の職を失う。		
1908	23	一高の英法科を卒業。反対する親を説きつけ東京帝国大学国文科に入学。大学へはほとんど行かず放浪。	創作家になる決心を固める。悲壮な覚悟で背水の陣を布く。ワイルドを知り，次第に傾倒。	
1909	24	投稿した作品が次々と没書となり，失望と焦慮のあまり神経衰弱→友人の別荘に転地静療。	失望と焦慮，自信のグラツキ。 →アイデンティティ拡散	「誕生」「一日」が没書。
		この前後に，地方の新聞記者として就職がまとまりかける。	**否定的アイデンティティの選択**"世の中に己のような悪人は又とあるまい。己こそ本当の背徳漢だ"（谷崎，1917, p. 444）	
1910	25	これまでに執筆していた作品を添削して次々に発表。	意気軒昂，気障で生意気。	第二次「新思潮」創刊，同人となる。「刺青」「麒麟」
1911	26	祖母，妹死去。授業料未納のため大学退学。永井荷風の激賞によって，華々しく文壇に登場。**不良少年の文学・悪魔主義**と評され，たちまち売れっ子作家になる。		「少年」「幇間」「秘密」
1912（大正元年）	27	関西で放蕩生活。神経衰弱と肥満により，徴兵検査に不合格。	自分の学問や才能をひけらかしたい気持ちや野心，情欲がみなぎっている不良少年。	「悪魔」「あくび」「朱雀日記」「羹」
1913	28	放浪生活。	"放浪時代で，さまざまな悪徳に身を持ち崩していた。"（谷崎，1957, p. 437）	「続悪魔」「恐怖」「恋を知る頃」
1914	29	放浪生活が続く。	→芸術と生活の一致。	「捨てられる迄」「饒太郎」「金色の死」
1915	30	結婚	↓このままではいけない。 **第二次心理的離乳の決意**	「お艶殺し」「お才と巳之介」

表 2-10 谷崎潤一郎に基本的信頼感が形成されたと考えられる根拠となる記述 (列挙法)

① "わたくしは総領だつたものですから，かなりわがままに――ことに僕の育つた時分には，まだうちが裕福であつたものだから，わがままに育つて，五つのときまでお乳を吸つていたのだといふことも，よく聞かされたものです。"（谷崎，1947, p. 225）

② "ばあやに聞くと私は六歳ぐらいまで母の乳を吸ったと云ふのであるが，自分にもその記憶がある。（中略）私は，精二が乳を吸つたあとで，母の膝に腰かけて乳房をいぢくりながら吸った。「まあ，可笑しいこと，おおきななりをして」などと，傍からばあやに笑はれながら吸っていると，母もちょっとはにかむやうな顔をしながら吸はせていた。私は乳の味はそんなにおいしいとも感じなかつたが，生温かい母の懐の中に籠つてゐる甘つたるい乳の匂を嗅ぐことは好きであつた。"（谷崎，1955, p. 79）

③ 【両親は5つの谷崎を連れて大磯（避暑地・別荘地）に遊ぶ】"まだ世の中の汚も知らず，憂さもしらず，悲しみも知らで，いとほしの幼兒よ，愛らしの少年よと，人にももてそやされ，我もただ何となううれしき心にみたされて，濱邊（はまべ）にいつれば，磯の白砂わがために笑ひ，渚の眞砂（まさご）わがために美しく，天地みな，幼き我心を慰めんとするかの如くこそおぼえしか，はたその折の父上母上の御よろこび，御いつくしみ，いくそばくなりけむ。朝はわが頭を撫でたまふ母上が御手の指環に戯れ，ゆふべはわれをとらへて戯れたまふ父上が御膝の上にいつしか寝入り，たのしき月日を送りける"（谷崎，1903, p. 74）

②**心理学的な問いと仮説の設定**　対象とする人物の生涯を概観し，心理学的年譜を作成すると，対象とした人物について知的好奇心が刺激され，「なぜ彼（彼女）は～だったのか」という問いが生じてくる。その心理学的問いに対する回答，「きっと～であったからであろう」という心理学的仮説を立てる。たとえば三好（2008）は，「なぜ作家谷崎潤一郎は青年期に放浪生活に身を投じ親不孝を繰り返したのか」という心理学的問いを設定した。その問いに対しエリクソンの理論から，柔らかく統合されたまとまりから全体主義への変化の誘因〔1. アイデンティティ（同一性）の危機，2. エディプス的な危機，3. 信頼の危機〕が当時の谷崎に存在し，罪悪感を否認しつつ主導性を発揮するために，全体主義的に否定的アイデンティティを選択したという仮説を立てた。

③**心理学的仮説を裏付ける説得的資料の収集と提示**　心理学的仮説を裏付けると考えられる記述を列挙法（西平，1996）により列挙し，提示する。

④**心理学的仮説に関する資料からの説得的な検証**　①～③の作業を通して，既知の心理学的理論を演繹的に用いて，その人物の生育史と生涯の結末の因果関係や一貫する傾向を説明する。たとえば谷崎潤一郎の青年期に，否定的アイデンティティという概念を導入することにより，谷崎の青年期における作

家活動および私生活を一貫した内的世界として把握することができ，不良少年の文学・悪魔主義と評される作品を生み出しつつ放浪生活に身を投じ親不孝を繰り返した谷崎の行動，態度，感情をより深く理解することができる（三好，2008）。

　伝記研究法においては個別分析であっても，その個人の把握が最終目的ではないため，伝記資料はあくまでも素材であり，人格やアイデンティティの形成過程を追究するためのデータとして扱われる。したがって心理学的問いや仮説は，人格・アイデンティティの形成過程について，巨視的で人格的な全体を問題にする問い・仮説である必要がある。たとえば「なぜ作家谷崎潤一郎は青年期に放浪生活に身を投じ親不孝を繰り返したのか」という問いは，言い換えると「否定的アイデンティティを選択する心理的なメカニズムとはどのようなものか」という否定的アイデンティティの形成過程についての問いだといえる。

B) 比較分析〔比較分析による実際の研究例は第3章（3）参照〕

　個別分析の次の段階として，何らかの類似性・共通性と異質性・対照性をもつ2人の人物を比較し，人格・アイデンティティ形成の機序を追究する枠組みが比較分析である。たとえば三好（2011）は，明治時代の東京で，学童期から抜群の学業成績を収め，若くして小説家としての地位を確立した作家谷崎潤一郎と芥川龍之介の有能感の様相が対照的だったことを示し，同じような経歴を重ねながら，どうして有能感の様相が対照的であったのかという観点から比較分析を行った。華々しい経歴を積み重ねながらも，生涯全般にわたって有能感の様相が対照的だった対象人物を選択し有能感の生成要因について検討する方法や，有能感がアイデンティティ形成やアイデンティティに基づいた生産性にどのように影響するのかという観点からの比較は，比較分析ならではのものである。

C) 主題分析〔主題分析による実際の研究例は第3章（3）参照〕

　さらに複数の人物の個別分析から，共通する生涯発達心理学的な主題（テーマ）について分析する枠組みを主題分析という。伝記研究法は個人の理解を最終目的にすえるものではなく，人格・アイデンティティ形成の機序に関する普

遍性や法則性を追究するため，人格・アイデンティティ形成に大きな意味をもつと考えられる主題，たとえばモラトリアム，心理的離乳，自我に内在する回復力，職業的アイデンティティの移行などが取り上げられる。

E. 伝記研究法によるアイデンティティ研究の利点

A) 伝記資料そのもののもつ利点

西平（1983, 1996）と大野（1998, 2008, 2010）は，伝記研究法の科学的水準に関する議論を展開している。それによると伝記研究家が使用する資料は十分に吟味された信頼性の高いものであり，歴史学における資料に匹敵することが紹介されている。また質問紙調査や面接調査，あるいはレポートや手記などと比較して，一人の人物に関する圧倒的な情報量をもち，しかも伝記資料が書籍として公刊されていることから，守秘義務に配慮する必要がないことも大きな利点である。複数の研究者によってデータを容易に共有することができるということは，データの再分析・追分析を可能にし，伝記研究法の科学的水準を高めているといえる。たとえば芥川龍之介の場合，伝記の他に事典・辞典が出版され続けており，生育史や関係人物についての最新データが辞書形式にまとめられている〔『芥川龍之介大事典』（志村, 2002），『芥川龍之介新辞典』（関口, 2003）〕。さらに芥川の全作品，遺稿，草稿，作家になる以前の初期文章，遺書，書簡，対談，講演メモや日録，手帳にいたるまで，新しく発見された資料を追加して芥川龍之介全集全24巻（1995〜1998）が編纂されている。

B) 全生涯を展望したうえでアイデンティティを理解できること

存命の人間を対象とした単一時点における実験や調査では，実証的に部分的な傾向を把握したり，回顧法によってライフヒストリーを分析することはできるが，全生涯という時間的展望の中からアイデンティティの形成過程を捉えることはできない。さらに，どんな長期にわたる縦断調査においても，対象者がその後，どのようなアイデンティティをもち，どのように生きたかを扱うことはできない。伝記研究法によるアイデンティティ研究では，青年期にアイデンティティ拡散や否定的アイデンティティを選択しながらもそれを克服し，アイデンティティを確立した人物を対象として，全生涯という時間的展望の中でア

イデンティティ確立の要因やきっかけを探ることが可能である。さらに生涯にわたる精神的健康や主観的幸福度まで把握することができるので，人格・アイデンティティ形成に関する家族のあり方や本人の主体的選択について，人間が精神的に健康で幸福に生きるための望ましい方向性を示すことも可能である。時代の変化や文化を超えて，よりよい家族のあり方や個人の生き方を追究することができるのである。

C）アイデンティティを多角的な視座から分析できること

伝記研究法はその人物の全生涯を展望した視点をもつため，順行的視座（西平, 1996），逆行的視座（西平, 1996），遡行的視座（西平, 1996）を自由に使いこなすことができる。順行的視座とは過去から現在への影響を因果的に捉える視座である。たとえば谷崎潤一郎は，小学校の修身の時間に繰り返し説かれた孝行に関する説話が次第に「親たちに対する自己の行為を規制する尺度として働き，心に重く覆いかぶさるようにならずにはいない。そして私はいつからともなく，『自分は親不孝の子である』という呵責の念を，絶えず感ずるようになった」（谷崎, 1957, p. 456）と述べている。このように，自分が自分を親不孝であると思うようになった原因を，小学校の修身の時間に繰り返し聞かされた親孝行の説話に求めるような視座が，順行的視座である。逆行的視座とは，目標や理想を含めた未来のあり方が現在の生き方を決めるという未来志向的視座である。「これからほんとうにえらくなろう，えらくなれると信じて居る。そう考えて，勉強して居る。……私はきっと，えらくなって見せる。えらい芸術を作って見せる」（谷崎, 1916, p. 41）というように，将来的にはえらくなる，えらい芸術を作るという未来の自分のあり方が現在の勉強への努力の姿勢に及ぼしている影響を捉える視座である。遡行的視座とは，ある時点からある時期を振り返って意味づける視座である。谷崎は自らの放浪時代，ふいに親の顔を見たくなり，自宅の前を通り過ぎた経験を老年に及んで振り返り，「多分詫び言をいう心持と，親の家の傍をことさら黙って通り過ぎる放浪者の，意地っ張りにも似た心持と，つまり故郷に惹かれる心と反発する心との，両方が作用していたように思う」（谷崎, 1957, p. 442）と述べている。このように，ある時点からある時期を振り返って解釈するような視座が遡行的視座である。これらの3つ

の視座は対象者本人のみならず伝記研究家や研究者ももつことができ，それらを自覚的に利用することにより，アイデンティティを多角的な視座から捉えることができる．

D) アイデンティティの感覚について歴史的事実・他者からの評価を参照できること

伝記研究法においては，歴史的・社会的背景が明確であり，客観的事実として，その人物の業績・影響力を把握することができる．さらに関係人物の調査も進んでおり，生前に分析の対象となる人物と交流のあった人物が思い出を綴り出版する場合もある．たとえば芥川龍之介は東京帝国大学在学中に作家としての名声を得ながらも，安定した収入のため海軍機関学校の教官として勤務し，「今日まで作家になるとも，ならないともつかずに小説を書いて来た」（芥川, 1917, p. 227）と述べている．1919年には作家活動に専念するために海軍機関学校を退職したが，学生時代に友人の扇動によって小説を書き始め，「それからずるずるべったりに，小説家になってしまったが，小説家になったのが好いのか悪いのか，今でも判然りは判らぬ」（芥川, 1923, p. 270）というように，自らが主体的に小説家としてのアイデンティティを選択していないことを表現している．このように流行作家としての社会的地位を築きながらも作家としてのアイデンティティを選択していないケースとは逆に，20歳頃から10年余り，作家としては世間からまったく認められなかったにもかかわらず，「私はストーリーテラー」（Ende & Krichbaum, 1985/1988, p. 183）だという芸術家としてのアイデンティティを選択するにいたったエンデのようなケース（茂垣, 2007）もある．このように伝記研究法においては，歴史的事実・他者からの評価をふまえたうえで対象人物のアイデンティティの感覚を分析することが可能である．

F. 普遍性の問題

伝記研究法では，個別分析の枠組みにおいては1事例，比較分析の枠組みにおいても2事例（あるいは2グループ）を扱うのみであり，主題分析の枠組みにおいても，どのようにして対象者を選定したかという問題がつきまとう．そこには，少数事例がどこまで普遍性をもつのか，少数事例だけでは説得力に欠

けるという問題があると考えられる。そこで伝記研究法では，仮説検証というきわめてオーソドックスな方法を採用している。伝記研究法では最終的には人格・アイデンティティの形成過程に関する普遍性・法則性を明らかにしようとしているため，人格発達理論であるエリクソンの理論を中心に，その他フロイト（Freud, S.），ユング（Jung, C. G.），ホーナイ（Horney, K.），マズロー（Maslow, A. H.）など，人間についてのさまざまな理論を頭に入れておき，それを応用することで対象人物の伝記資料を理解していく（理論を伝記資料に流し込む）。そしてその人物の全生涯を最もよく説明することができる理論を選択し，仮説を立て，それを伝記資料に基づいて検証する。心理学的な概念や理論が対象人物に当てはまっているということは，心理学的な概念や理論の普遍性・法則性を例証したということであり，人格形成やアイデンティティ形成という実証の難しい概念や理論において貴重な結果になる。心理学的な概念や理論に基づいているため，単に1事例によって導き出された結論とは異なり説得力がある。

たとえば三好（2008）は谷崎の青年期の親不孝に焦点を当て，エリクソンの否定的アイデンティティという概念を選択した。エリクソンはアイデンティティ拡散の諸相の一つである否定的アイデンティティを説明するために，さまざまな事例を断片的に紹介しているが，否定的アイデンティティ選択に至る心理力動・メカニズムについては，全体主義を説明する中で抽象的・理論的に述べているだけである。そこで三好（2008）は，エリクソンの記述から，全体主義的に否定的アイデンティティを選択するに至る誘因として①アイデンティティの危機，②エディプス的な危機，③信頼の危機という3点を抽出し，それが当時の谷崎に存在していたかどうかを検証した。つまり三好（2008）は，エリクソンの否定的アイデンティティ選択に関する理論が普遍性・法則性をもち，文化的・社会的背景の異なる谷崎の事例においても当てはまることを伝記資料によって示したわけである。

G. 世代・時代・文化・人種などの違いの問題

伝記研究法を用い，エリクソンなどの人格・アイデンティティに関する古典的な理論を導入することにより，歴史上の人物についてはよく理解することが

できたかもしれないが，たとえば現代人には当てはまらないのではないかという，世代・時代の違いについての問題がある。さらに背景にある文化や人種などの違いについての問題もあると考えられる。しかし伝記研究法では人間の心理力動に焦点を当て，本質的な人格・アイデンティティ発達の普遍性・法則性を捉えようとする。世代・時代・文化・人種などの違いにもかかわらず，私たちは対象人物に私たちと同じ心の動きを見出し，共感的に理解することができる。このように伝記研究法では，個別の事例の中にある典型的な心理力動に注目する。青年期に誰もが谷崎のように放浪生活に身を投じ親不孝を繰り返すなど行動化するわけではないが，そこに否定的アイデンティティという概念を導入することにより，否定的アイデンティティを選択するにいたる心理力動について，私たちは共感的に理解することが可能になる。同様に，時代や宗教的な背景，人種の違いにもかかわらず，自我に内在する回復力という観点から，私たちはルターの心の動きについても共感的に理解することができるのである。

H. 因果的決定論・宿命論の問題

　伝記研究法に対しては，幼少期の生育環境の重要性を強調しすぎているのではないか，このような家に生まれたからこうなったという宿命的な因果的決定論なのではないかという指摘もあると考えられる。私たちがどのような家系に生まれ，生得的にどのような気質・体質をもち，どのような親にどのような環境で育てられたのかという影響は，養育されながら生きていく過程で避けることはできないという意味で宿命的である。しかしながら，生後から学童期までの宿命的な影響を，青年は未来を見据えて意味づけ，その後の人生を主体的に選択することもできる。伝記研究法の特徴として因果的決定論と自由意志論とのバランスのうえに人格・アイデンティティ形成の機序を追究することをあげたが，ある人物の生き方に対して因果的決定論だけでなく，自由意志論だけでもなく，それらのバランスによって人間を理解しようとするのが伝記研究法である。

　三好（2011）はエリクソンの発達理論における第Ⅳ段階の人格的活力（virtue）である有能感（competence）について両極端な谷崎潤一郎と芥川龍之介の事例から，有能感の生成要因を明らかにし，有能感がアイデンティティ形

成とアイデンティティに基づいた生産性にどのように影響するのかを示した。谷崎は希望，意志力，目的性，有能感を基盤として，自分の能力が何に適しているのかを確信すると，作家としてのアイデンティティを主体的に選択し，生涯にわたり生産性を発揮し続けた。一方，芥川は希望，意志力，目的性，有能感が生成されずに，作家としてのアイデンティティを主体的に選択することができなかった。このような記述は因果的決定論に偏っている印象を与えるかもしれないが，真に意味するところは，芥川の生育史全体を考慮すると，芥川が作家としてのアイデンティティを主体的に選択しようとしてもできない状況に追い込まれる要因が多分に存在していたことは否定できないということである。

I. 伝記研究法のすすめ

　本節では伝記研究法によるアイデンティティ研究の方法論について論じた。伝記研究法は典型として対象者の個別性についての理解を深めつつ，因果的決定論と自由意志論のバランスのうえに人格・アイデンティティ形成の普遍性・法則性を追究することを目指しており，「解釈のより確からしさ（蓋然性）」（西平, 1983）を検討する研究（大野, 1998）である。西平が具体的な分析の手続きや手順を含む伝記研究の方法論を確立し，個別分析，比較分析，主題分析という分析の枠組みを完成させ，大野（2008）が大学における半期のゼミで伝記研究を行う方法もすでに提案している。アイデンティティ研究において全生涯を展望したうえでアイデンティティを理解できること，アイデンティティを多角的な視座から分析できること，アイデンティティの感覚について歴史的事実・他者からの評価を参照できることは伝記研究法の大きな利点である。

　伝記研究家は，心理学的な視点から伝記を記述しているわけではないため，心理学的な視点から伝記を分析すること自体からも多くの知見を得ることができる。伝記資料に心理学的解釈を加え心理学的年譜を作成し，その心理学的解釈に必要な根拠を列挙法（西平, 1996）により列挙する中で，抽象的な心理学的概念や理論を一人の人物の人生において具体的に把握することができる。したがってアイデンティティ研究の他にも，人間の発達について研究している研究者，臨床心理学，教育に携わっている研究者には特に，伝記研究法による研究を実際にやってみることを推奨する。私たちはまだ人生の半分くらいしか生

きていないにもかかわらず人間の発達について普遍性・法則性を見出そうとしている。また自分がまだ経験していない発達段階の人々を理解しようとしている。人間の人格・アイデンティティ発達の本質を理解するためにも，全生涯を見渡すことができる伝記資料は今後ますます用いられるべきであり，伝記研究法を用いたアイデンティティ研究の広がりが期待される。

引用文献

芥川龍之介（1917）. 私の文壇に出るまで　芥川龍之介全集第2巻　東京：岩波書店 pp. 226-228.

芥川龍之介（1923）. 漱石先生のお褒めの手紙　芥川龍之介全集第9巻　東京：岩波書店 pp. 269-270.

芥川龍之介（1995-1998）. 芥川龍之介全集全24巻　東京：岩波書店

Claridge, G. (Ed.) (2009). Personality, psychopathology, and original minds. *Personality and Individual Differences*, **46** (8), 749-838.

Dilthey, W.　ドイツ語版ディルタイ全集第七巻（宮坂和男・菅原　潤・齋藤智志・森村　修（訳）（2010）. 精神科学における歴史的世界の構成の続編の構想：歴史的理性批判のための草案　ディルタイ全集第4巻　世界観と歴史理論　東京：法政大学出版局 pp. 209-279.）

Ende, M., & Krichbaum, J. (1985). *Die Archäologie der Dunkelheit: Gespräche über Kunst und das Werk des Malers Edgar Ende*. Stuttgart: Weitbrecht.（丘沢静也（訳）（1988）. 闇の考古学：画家エトガー・エンデを語る　東京：岩波書店）

Erikson, E. H. (1958). *Young man Luther: A study in psychoanalysis and history*. New York: Norton.（西平　直（訳）（2002, 2003）. 青年ルター 1, 2　東京：みすず書房）

Fung, C. (2009). Asperger's and musical creativity: The case of Erik Satie. *Personality and Individual Differences*, **46** (8), 775-783.

Giammarco, E. (2013). Edgar Allan Poe: A psychological profile. *Personality and Individual Differences*, **54** (1), 3-6.

McAdams, D. P. (1988). *Power, intimacy, and the life story: Personological inquiries into identity*. New York: Guilford Press.

三好昭子（2008）. 谷崎潤一郎の否定的アイデンティティ選択についての分析　発達心理学研究, **19** (2), 98-107.

三好昭子（2011）. 有能感の生成と，その後のアイデンティティに基づいた生産性についての伝記資料による比較分析：谷崎潤一郎と芥川龍之介の伝記資料を用いて　発達心理学研究, **22** (3), 286-297.

茂垣まどか（2007）. ミヒャエル・エンデの自我に内在する回復力：彼が作家をやめなか

った理由　日本教育心理学会第 49 回総会発表論文集, s38-39.

茂垣まどか (2009). アイデンティティ形成と同一視の関連性：エーリヒ・ケストナーの，育ての父および小学校教師への同一視の伝記分析から　立教大学教職研究, **19**, 1-10.

Murphy, C. (2009). The link between artistic creativity and psychopathology: Salvador Dali. *Personality and Individual Differences*, **46** (8), 765-774.

中安暁子 (2004). ゴーギャンの野性的心性についての伝記分析　日本教育心理学会第 46 回総会発表論文集, 641.

西平直喜 (1978a). 講座アイデンティティ (1)　青年心理, **7**, 164-183.

西平直喜 (1978b). 講座アイデンティティ (2)　青年心理, **8**, 151-170.

西平直喜 (1978c). 講座続アイデンティティ (1)　青年心理, **11**, 167-186.

西平直喜 (1979). 講座続アイデンティティ (2)　青年心理, **12**, 153-172.

西平直喜 (1981a). 幼い日々にきいた心の詩　東京：有斐閣

西平直喜 (1981b). 子どもが世界に出会う日　東京：有斐閣

西平直喜 (1983). 青年心理学方法論　東京：有斐閣

西平直喜 (1990). 成人になること　東京：東京大学出版会

西平直喜 (1996). 生育史心理学序説：伝記研究から自分史制作へ　東京：金子書房

西平直喜 (1999). 女性の生涯発達の心理・歴史的考察―伝記資料によるライフサイクルの分析　岡本祐子 (編)　女性の生涯発達とアイデンティティ　京都：北大路書房　pp. 31-54.

西平直喜 (2004). 偉い人とはどういう人か　京都：北大路書房

西平直喜 (2010). 伝記分析から見た成人期の人格的成熟　岡本祐子 (編)　成人発達臨床心理学ハンドブック：個と関係性からライフサイクルを見る　京都：ナカニシヤ出版　pp. 30-39.

大野　久 (1996). ベートーヴェンのハイリゲンシュタットの遺書の「自我に内在する回復力」からの分析　青年心理学研究, **8**, 17-26.

大野　久 (1998). 伝記分析の意味と有効性―典型の研究　青年心理学研究, **10**, 67-71.

大野　久 (2008). 伝記研究により自己をとらえる　榎本博明・岡田　努 (編)　自己心理学 1―自己心理学研究の歴史と方法　東京：金子書房　pp. 129-149.

大野　久 (2010). 伝記分析法を用いた質的研究法　岡本祐子 (編)　成人発達臨床心理学ハンドブック：個と関係性からライフサイクルを見る　京都：ナカニシヤ出版　pp. 325-329.

佐野秀樹・呉　賢治 (2005). 異文化と適応援助　教育心理学年報, **44**, 67-73.

Schultz, W. T. (2005). *Handbook of psychobiography*. New York: Oxford University Press.

浦尾洋旭 (2004). 坂本龍馬の主導性形成についての伝記分析　日本教育心理学会第 46 回総会発表論文集, 638.

関口安義 (編) (2003). 芥川龍之介新辞典　東京：翰林書房

志村有弘 (編) (2002). 芥川龍之介大事典　東京：勉誠出版

谷崎潤一郎（1903）．春風秋雨録（自伝）　谷崎潤一郎全集第24巻　東京：中央公論社　pp. 73-82.
谷崎潤一郎（1916）．書簡　谷崎潤一郎全集第25巻　東京：中央公論社　pp. 40-42.
谷崎潤一郎（1947）．幼年の記憶（談話）　谷崎潤一郎全集第23巻　東京：中央公論社　pp. 198-228.
谷崎潤一郎（1955）．幼少時代（随筆）　谷崎潤一郎全集第17巻　東京：中央公論社　pp. 41-253.
谷崎潤一郎（1957）．親不孝の思い出（随筆）　谷崎潤一郎全集第17巻　東京：中央公論社　pp. 433-459.

参考書
①西平直喜（1983）．青年心理学方法論　東京：有斐閣
　青年のもつ独特の心理的特性をいかにして研究するかという問題意識に貫かれており，調査による数量的研究から質的研究のさまざまな試みを経て伝記研究法に至る。アイデンティティをいかにして研究するかという問題意識に対しても開かれた著書。
②西平直喜（1996）．生育史心理学序説：伝記研究から自分史制作へ　東京：金子書房
　伝記研究法の方法論について詳細に論じた著書であり，個別分析，比較分析，主題分析という分析の枠組みを具体的な例によって解説している。巻末の伝記研究法のための重要図書と解題は，伝記研究法をより深く理解するための貴重な資料である。
③大野　久（2008）．伝記研究により自己をとらえる　榎本博明・岡田　努（編）　自己心理学1──自己心理学研究の歴史と方法　東京：金子書房　pp. 129-149.
　西平の伝記研究法の方法論に則って，大学院における半期のゼミで伝記研究を行う方法を具体的に紹介している。伝記研究法の方法論の論理構成についての解説の他，研究テーマの例示や実例の紹介もある。

(4) 語り行為の力学に着目したアプローチの方法論

大倉得史

　エリクソン（Erikson, 1959/2011）によれば，アイデンティティとは，他者への同一化群をまとめ直すことによって得られる一つのゲシュタルト（部分の寄せ集めを超えた独自の全体性）である。そして，その統合作業は健全な自我機能によって成し遂げられる。
　この考えに基づいて，アイデンティティを個人の内部に形作られる適応的な人格特性や確固たる自己概念，葛藤解決の能力などのようなもの──何らかの

好ましい「実体」——とみて，それがどの程度「達成（形成）」されているかを測るような実証的研究が増えていった。そのような実体化（および測定のための操作的定義）がすべて悪いわけではないが——大事なのはそうすることでどんな新たな現象が見出されるかである——，それによって見失われてきたものがあることに注意せねばならない。それは人間一人ひとりの個性的な生きざまが展開される文脈や，自分らしいあり方を求めつつ日々営まれている生活，そこに伴われる諸々の実感などである。アイデンティティという言葉は，そもそも，そのような「生きた現実」に研究者が住み込み，その複雑さにつき合い続けるための「手掛かり」ないしは「場」として使われ始めたものだった（西平，1993）。

それにもかかわらず，人々の個性を「アイデンティティ得点」や「アイデンティティ・ステイタス」に還元して，それと何か別の変数との関連を調べるような実証的研究が増え，この概念と切り離せないかたちで結びついていた「社会的文脈」「各危機の否定項」「無意識」といった次元が見失われてしまったことをエリクソンは嘆き，アイデンティティという言葉に嫌悪感さえ抱くようになったという（Hoare, 2013）。そのような「一般的（奪個性的）」な研究ばかりではアイデンティティ概念の豊かさはスポイルされてしまう。わが国のアイデンティティ研究が今一つ盛り上がらないのも，この概念の豊かさを活かした研究，アイデンティティという言葉を用いる必然性を感じさせる研究が少ないからではなかろうか。

そのような問題意識をふまえ，本節では，個人の内部にある「実体的なアイデンティティ」という見方とは異なった角度からこの概念を捉えようとするアプローチをいくつか紹介する。具体的には，ナラティブ・アプローチや語り合い法である。これらは基本的にはインタビューを軸とするので，第2章の(2)で取り上げた「面接法」の一部とみることもできる。しかし，これらはそれぞれ独自のアイデンティティ観を有している点，語りの内容だけでなく語り行為の力学に着目し，人生やアイデンティティ形成の様相を文脈も含めて掬い取ろうとしている点において，従来の面接法とは一線を画す，比較的新しいアプローチだといえる。

A. ナラティブ・アプローチ

A）ナラティブ・アプローチとは

　ナラティブ（narrative）は「物語」や「語り（行為）」を意味する語であり，「ストーリー」（story）や「話すこと」（story-telling）とほぼ同じ意味で用いられる（やまだ, 2007）。次のやまだの説明が分かりやすい。「私たちは，外在化された行動（behavior）や事件の総和として存在しているのではなく，一瞬ごとに変化する日々の行動を構成し，秩序づけ，「経験」として組織し，それを意味づけながら生きています。経験の組織化（organaization of experience），そして，それを意味づける『意味の行為』（acts of meaning）が「物語」と呼ばれるものになります」（やまだ, 2000a）。このように，私たちの経験や人生，そこを生きる自己が物語のように構造化されているという見方に立って，その物語の「形式」やそれが生み出す「意味」，さらには形式や意味の「変遷」を分析していこうとするのが，ナラティブ・アプローチである。

　生きられた時間，すなわち自己の経験や人生を描写する際には物語という様式をとるしかない以上（Bruner, 1987），それらを理解するためには自然科学のように機械論的メタファーに頼るのではなく，物語を「根元的メタファー」（Sarbin, 1986/1991）として位置づける——現象を機械的にではなく物語のように理解する——必要がある。かつてレイン（Laing, 1961/1975）は，アイデンティティとは自分が何者であるかを自己に語って聞かせる説話_{ストーリー}であると述べたが，そのような見方を積極的に（認識論的自覚をもって）とろうとする立場だということになる。

　一口にナラティブ・アプローチと言っても，研究者の問題意識ごとに多様な手法がとられているが，ここでは代表的なものをいくつかあげる。

B）質的分析と量的分析を組み合わせた手法

　マクアダムス（McAdams, 1985）は，ナラティブ的アイデンティティ研究の先駆者の一人である。彼によれば，「意識する働き」（主我，英語の"I"）である「自我」に対して，「アイデンティティ」は「意識される自己」（客我，英語の"me"）の位置にあり，筋や登場人物，舞台背景，場面，テーマなどを備え

た人生の物語(ライフストーリー)そのものとしてみることができる。それは過去, 現在, 予期される未来をつなぎ, 社会におけるその人の居場所を示し, 人生に統一性と目的を与える機能をもっている。

こうした見方に立って, 彼は90人の学生に記述式の課題を課したり, 50人の中年期の人々に半構造化面接を行ったりして, 多数のライフストーリーを収集し, それと個人の人格特性 (自我レベル, 動機づけの方向性) との関係を実証的に検討することを試みた。これらの課題や半構造化面接は, 「あなたの人生を1冊の本のようなものだと想像してみてください。各章にタイトルをつけ, その詳細を語ってみてください」「あなたの人生に影響を与えた理想的人物はいますか」「あなたの人生の底流にあるテーマや哲学は何ですか」といった問いから構成されている。彼はこれにより得られたライフストーリーの特徴をいくつかの観点から捉え, たとえば「物語の複雑さ」や「思想的背景の複雑さ」が「自我レベル」(文章完成法により測定)と相関すること, 「主体的イマーゴ imagoes of agency」(万能的, 旅人的, 戦士的) と「親交的イマーゴ imagoes of communion」(慈愛的, 親友的, 恋人的) がそれぞれ「力志向」と「親密性志向」(TATにより測定) に関係することなどを見出した (表2-11に重要概念の意味と測定法を整理した)。こうした一連の調査分析において, 彼の仮定する「アイデンティティのライフストーリー・モデル」(図2-5) の相関構造 (図中の各矢印) は, 一部を除いておおむね支持され, アイデンティティのあり方とライフストーリーの構造が確かに関連していることが示唆された。

彼の手法は, 心理学に加えて文学や神話学の知見も援用しつつ物語の各特徴を量的に評価するための評定マニュアルを作成し, これと既存の人格特性テスト (TAT, 文章完成法) の相関を調べていくものであり, 質的分析と量的分析を巧みに組み合わせたものだといえる。

C) より質的な分析を行う手法

協力者に人生全体を語ってもらうマクアダムスのアプローチに対して, 個人がある出来事をその人固有の文脈の中にどう位置づけていくかをみていこうとするアプローチがある (徳田, 2000)。そこでは, 生じた出来事と既存の文脈が葛藤する様子やそこから新たな文脈 (人生の意味づけ) が立ちあがっていく様

表 2-11　マクアダムスの各概念の意味および測定法

	概　念	意　味	測 定 法
ライフストーリーの構成要素	思想的背景	ライフストーリー中の行為に意味を与える信念や価値などの哲学的・宗教的背景。	評定マニュアルを作成
	イマーゴ：登場人物	ライフストーリーの登場人物として理想化された自己イメージ。	
	中核的エピソード	ライフストーリーの中の最も重要な際立つ出来事。	
	世代継承スクリプト	次世代に何かを残すための行動計画の概要。	
ライフストーリーの二次的変数	流れるテーマ	喜劇的，冒険的，悲劇的など，繰り返し現れるモチーフ。	
	物語の複雑さ	時代やジャンルを超えて頻出する普遍的な5つの筋（「家庭を築く」「競争し戦う」「旅する」「苦難に耐える」「自己実現を求める」）が，そのライフストーリーの中にどれだけ含まれているか。	
人格特性	親密性志向	温かく，親密で，交流的なやりとりを好む傾向。	TAT
	力志向	影響力を及ぼす経験や，力強く主体的に環境に向き合う経験を好む傾向。	
	自我レベル	自我の成熟度。	文章完成法

子を，より詳しく，生き生きと捉えることが目指される。そのような「生成するライフストーリー」（やまだ，2000a）の研究の一つとして，徳田（2004）は，子育て期の女性が子育てというものを人生の中でどのように意味づけているかを探っている。徳田自身は必ずしも「アイデンティティ」を主題として議論しているわけではないが，子育てをめぐる葛藤やその意味づけ方は紛れもなくアイデンティティ問題の一つだと考えられるので，ここで取り上げる。一般に，「生成するライフストーリー」の研究には，アイデンティティ研究の（「総論」に対する）「各論」とみることができるものが多い（川島，2008；能智，2000など）。

　徳田（2004）は，家庭で子育て中心の生活を送っていた，3歳までの子どもをもつ11名の母親に対し，自由度の高い半構造化面接を行った。これは，面接実施前に具体的な質問項目と注意点をチェックリストとしてまとめておくものの，それは面接の最終段階で質問の聞き逃しを避けるためだけに用い，あとはできるだけ自由な会話形式で話を進めていくというものである。ただし，各

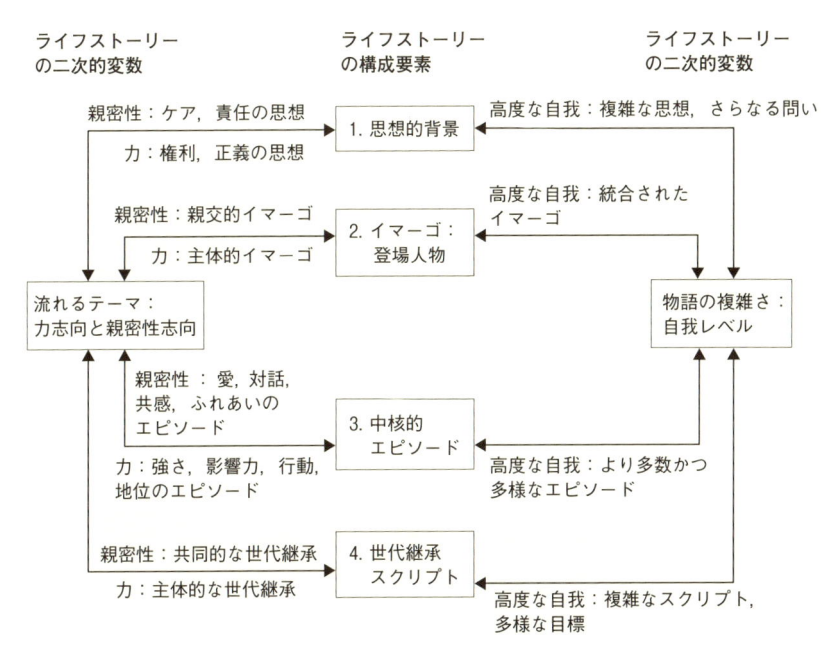

(4) 語り行為の力学に着目したアプローチの方法論　63

図 2-5　アイデンティティのライフストーリー・モデル（McAdams, 1985 を一部改）

インタビューは，学生時代から今に至るまでの生活とこれからの人生の展望を話してもらいながら，ライフコースの選択や，その中で子どもを産み育てること，子育て中心の生活を送ることについてどのように考えていたか（いるか）を聴いていくという共通構造をもっていた。また，面接の最終段階ではそれまでの話をふまえ，「○○さんにとって，子育てとはどういうものなのでしょうか」「子育てに専念している現在という時期は，○○さんにとってどんな時だと思いますか」という2つの基幹的質問（研究者が最も関心をもつ問い）がなされた。

こうして得られた語りを，徳田は質的コード化の手法（Coffey & Atkinson, 1996）を用いて分析した。心理学，文学，神話学などの先行研究から分析の観点を見出していたマクアダムスの手法と異なり，これはデータそのものからおのおのの語りの特徴を捉えるための観点やカテゴリーを抽出していくボトムアップ型の手法である。具体的には，まず内容や意味の単位ごとに語り（データ）

を区分し，その単位にふさわしいラベルを付けていく。続いてそれらのラベルについて繰り返しデータ間の比較を行い，語りの類似性や差異から，個々のラベルを整理，統合するカテゴリーを生成していく。生成されたカテゴリーを，再度データに立ち戻って検討し，さらに修正・洗練していく。このような循環的または往復的な過程を経て，データに即したカテゴリーを生成していくのである（他にカテゴリー生成の手法としてグラウンデッド・セオリー・アプローチや KJ 法が用いられることも多い）。

分析の結果，2つの基幹的質問に対する語りと，過去・現在・将来についての語りの特徴から5つのパターンが見出された。パターン1は「葛藤や問題が語られない語りにおける『自明で肯定的なものとしての子育て』」，パターン2は「現在の生活への負担が語られる語りにおける『成長課題としての子育て』」，パターン3は「個と母としての自己の潜在的葛藤が語られる語りにおける『小休止としての現在』」，パターン4は「個と母としての自己の潜在的葛藤が語られる語りにおける『個人的成長としての現在』」，パターン5は「母親であることの受け入れに強い困難が語られる語りにおける『模索される子育ての意味づけ』」である。各パターンはそれぞれ独自の「葛藤や問題をめぐる納得の方略」（やまだ，2000b），あるいは「逸脱や裂け目をつなぎ，受け入れる方略」（Bruner, 1990/1997）をもっていた（徳田，2004, 2007）。

徳田の研究は，子育てという人生の大きな問題を，母親たちがどのように自らのアイデンティティに組み込んでいるのかについて，具体的な示唆を与えるものだといえる。

D）ナラティブ・アプローチについての検討課題

以上，2つの研究を概観したが，ナラティブ・アプローチにはこの他にも解釈学的な手法を用いる研究（Bruner, 1990/1999 など）や，より厚みのある人生記述を目指した研究（Josselson, 1996 など）など，徳田の採用した手法以上に協力者の個性や人生史を浮き彫りにする研究がある。このように，語られた物語をどこまで詳述するかに程度の差はあるものの，ナラティブ・アプローチは人の生きる文脈に着目する点で共通しており，従来の「実体的なアイデンティティ」観に基づく実証的研究とは異なった人間理解を生み出す可能性を秘めて

いるといえる。ただし、その一方、私見ではナラティブ・アプローチをとろうとする際に考えておかねばならない事柄がいくつかある。

たとえば、ナラティブ・アプローチでは、人は物語のように構造化された経験を生きているということが前提にされている。鋭い着眼ではあるが、しかし、この前提についてはよく検討してみる必要がある。私たちが生きている体験（体験世界）は、すべて、つねに、本当に物語のように構造化されているのか。言い換えれば、「体験世界」の探求を単純に「物語」の探求へと置き換えてしまって良いのか。

実はこの点について、ナラティブ・アプローチでは物語が「実体験（事実）」に即しているかどうかは問題にしないとする立場（Bruner, 1987）から、当然それに即しているだろうとする立場（McAdams et al., 1997）まで、論者によって幅があるようにみえる。あるいは、現行のナラティブ研究では、この点があいまいなままに、「体験世界」の探求と「語られた物語」の探求が同一視されている場合が多い。

だが、私たちの日常、人生には「語りえないこと」が結構ある。そもそも言語を絶した体験（矢野, 2000）があるし、とりあえず「そのように語ってみた」のだけれど、何か違うという違和感をもつことも多い。そうした語りからこぼれ落ちるものが、語られた物語の裏にぴったりと張り付いている（西平, 2000）からこそ、私たちの「体験世界」はふくよかなものになっているのではなかろうか。この「語りえないこと」をどう扱うかが、ナラティブ・セラピーの一部の論者（森岡, 1999など）を除いて、ナラティブ・アプローチでははっきりしない。あくまで「物語」に焦点を当てるため、物語化の失敗――ときにそこに顔を出す「無意識」――や、言語化しにくい身体感覚を十分扱いきれていないようにみえる。

B. 語り合い法

A) 語り合い法とは

語り合い法は、そんなナラティブ・アプローチへの不満、またそれ以上にアイデンティティ拡散状態の実相を描き出す必要性から、筆者が追究してきた方法である（大倉, 2002, 2011）。協力者一人ひとりの生きる文脈を詳細に描き出

していこうとする点，現象を「物語」のように理解するという認識様式の力を信頼する点，さらには語りを協力者と調査者の共同構築の産物である（やまだ，2007）とみる点では，一部ナラティブ・アプローチと重なるところもあるが，語りえないもの，語りからこぼれ落ちるものを「身体」同士の疎通性ないしは「間主観性」（鯨岡，1999）を利用しながら，より積極的に主題化していこうとする点が異なる。言い換えれば，語り合い法が記述するのは協力者その人（語る主体／語ろうとして語れない主体）であって，「語られた物語」ではない（大倉，2011）。語り合い法がみるところ，協力者の体験世界はその人の語る「物語」のみでなく，調査者の身体に感じられた協力者の存在感，空気感，「らしさ」といったもの，あるいは語りに滲んだ「思い」や喚起される「身体感覚」をあわせて記述しなければ十分に描き出せない（大倉，2008）。近年の質的研究では，調査者が自らの理論的枠組みを内省していくことの重要性が謳われているが（能智，2011 など），それに加えて調査者が自分の身体に湧き起こった「感じ（の変化）」を捉え，それが何だったかを内省・言語化していく（この作業を「メタ観察」と呼ぶ）のが，語り合い法の特徴である。

B) 語り合い法の実際

　語り合い法は，その名の通り，「アイデンティティ」をめぐってあれこれ語り合いながら，協力者と一緒に，協力者の体験のありようについて考えていく方法である。その基盤には，研究者側の持ち出す枠組みを最小限にし，現実世界で起こっている現象，協力者の生活世界から学知を編み直していこうとする現象学的発想がある。

　具体的には，はじめに「あなたの『自分』がどんなふうに形作られてきたか，今という時期にあなたがどんな体験をしているか，一緒に考えていきたい」といった枠組みを提示する以外は特に決まった質問を定めず，協力者側から出された話題や会話の流れでふと生じた話題などを大切にして，「おしゃべり」を進めていく（ただし，出身地や家族構成など基本的な事柄についてはタイミングを捉えて訊くようにした方が良い）。これまでの人生や普段の生活の中で協力者がどんな体験をしているか，一つひとつの場面でどんなふうに感じながら，どんなふうに振る舞っているかを，映画を見ているかのようにイメージできる

(4) 語り行為の力学に着目したアプローチの方法論

ようになることが，(彼岸にある) 目標である。話を聴いていると，「この部分はどうなっていたのだろう」「どうしてそんな感じ方をするのだろう」といったイメージできない部分が出てくるので，それについて尋ねていくのが対話の基本線である。さらに，協力者の話を聴いていて身体に湧き起こった「感じ」や，想起された調査者自身のかつての体験などを，積極的にフィードバックしていく。そうやって協力者のイメージと調査者のイメージのずれの程度を確かめ，それをできる限り小さくしていくのである (神田橋, 1997)。

では，実際にどんな会話がなされ，それをどんなふうにメタ観察していくのか。ここでは拙著に登場した須賀という友人協力者 (大倉, 2002, 2011) の語りを取り上げる。大学4年生だった当時，彼は将来進むべき道も，信頼すべき価値や規範も，自分が何をしたいのかも分からないという，根深いアイデンティティ拡散状態にあった。簡単には説明できないその独特の感覚を，言葉に詰まりながら語ってくれたものである (表2-12)。

「俺は俺だ」というのに意味はない，という言葉を何度も繰り返しながら，彼はもうちょっとで言葉になりそうな，けれど，やはりなかなか言い表しがたい独特の感覚を言おうとしているようだった。が，恐らくこの逐語録だけを読んでも，それが一体何なのか，多くの読者にはつかめないだろう。

ところが，不思議なことに，当時語り合いの現場にあった「私」には，彼がどんな体験のことを言おうとしているか，とてもよく分かる気がした。そして，「こんなふうに言ったらどうかな？」と表現を提案し，彼もまた「そっちの方が合ってるね」とそれに同意している。このように現場で身体を携えて語り合いを行っている両者のあいだでは，言葉以上の何かが通じ合っている。メタ観察で記述するのは，現場にあった「私」がいわばこの身体でもって，どんなふうに彼の語りを了解したかということである。

その際に手掛かりになるのは，語りを聴いていたときに調査者の身体に湧き起こった「感じ」である。たとえば上の語りを聴いていたとき，「私」の中に生じていたのは「芯がぐらついて腰が据わらない感じ」，あるいは「芯にまで達しきれない感じ」，「ぴたりと来るものに出会おうとしている瞬間に，さっと肩すかしを食らう感じ」とでも言うべき独特の「感じ」だった。どうしても最後の言葉に行き着かない，須賀のもどかしい語りぶりが，その「感じ」を喚起さ

表 2-12 須賀の語り―無意味な「俺」(4 回生・秋)(大倉, 2002 を一部改)

(須賀) 何を考えても中途半端なんだよな,俺は,多分。中途半端,中途半端なんだよ,何を考えても。でもね,中途半端って,それはいいとか悪いとかじゃなくて,中途半端にならざるを得ないんじゃないかっていう……何て言うかね,こういう考えをしてたらっていうかさ,中途半端にならざるを得ないんじゃないかねって,何となく分からんかね?

(私) もうちょっと具体的に……。

(須賀) 具体的にか,ちょっとうまく言えないんだけど,中途半端を肯定するわけじゃない,それでいいんだっていうわけじゃないんだよ。けどね,それは野球の話でもさ,まずもって複雑なわけじゃない?

＜中略＞

(須賀) というのかさ,野球の話で言ったらそうなんだ……教師というのは何なのか……まあ,俺っていうのが何なのかっていう話なんかな。俺っていうのは何なのかっていうのは,もう俺以外の何者でもなくてさ,確定しないっていうかさ……俺っていうのは俺だっていう,そこに意味もくそもないんだよね。ないことない?
ないっていうかさ……俺っていうのは俺なんだっていうのに,それ以上の意味はないというかさ……それ以上に意味はなくてさ……そのことに意味があるかって言ったら,ないっていうかさ……ないんじゃないかなあと思って……。

(私) その「俺は俺だ」という「俺」は,つまり「非常に不安定で」ってこと?

(須賀) というか,ここにこうして在るっていう俺……何て言うかな……それ,ちょっとよく分かんないんだけど,うまく言えないというか……よく分からないんだけど……。

(私) こういうふうに言ったらどうかな,「俺って不安定やけども『俺は俺だ』っていうところで,かろうじて『俺である』っていうのを保ってる」というか……。

(須賀) ああ,そうだね。そっちの方が合ってるね。うん,ああそうか,そうか……。

せたのである。「物語」としては「失敗」している彼の語りは,拡散状態の苦しみがいかなるものなのかについては,逆に非常に「雄弁」なものだった。その言葉にならない感覚がいかなるものなのかを,調査者が身体で味わい,自分の言葉で言語化していくのがメタ観察の作業の目標なのである〔実際のメタ観察は非常に「厚い」もので,ここでは紹介できないので,興味のある読者は大倉 (2002, 2011) を参照していただきたい〕。

C) 語り合い法のアイデンティティ観

語り合いを重ね,メタ観察を積み重ねていくことによって,「アイデンティティ」をめぐる協力者の実感,体験世界を身体で把握し,それをつぶさに描き出

していくのが語り合い法である。学術的には，それを通じて先行研究で十分主題化されていなかった体験の新たな側面や，アイデンティティ形成の詳細な道程を理論化していく点，さらには生き生きとした描写によって概念に豊かな意味を「肉づけ」していく点に意義があるといえる。少数の協力者のみを扱った研究であっても，「一般」を意識しつつ，その事例の個性がどこにあるのか，説得的な言説を生み出せれば，それはいわゆる「一般性」や「普遍性」の次元にまで届きうるというのが，筆者の見解である。

　ともあれ，以上のように，語り合い法では「アイデンティティ」は協力者の体験世界という池に投じられる一石として――「あなたにとってのアイデンティティ問題とは何か」を問うことでどんな波紋が生じるかを描く――，あるいは協力者の体験世界とアカデミックな一般的言説がそこにおいて出会う「場」を開く概念，両者をつなぐ架け橋となる記述のための概念として扱われる。そもそも「生きた現実」を捉えるための「手掛かり」として使われ始めた，この概念の本義に立ち戻ろうということである。

　「実体的なアイデンティティ」があるのではない。あるのは人間という有機体がその都度の「境遇」――この「境遇」は個体の内部にも外部にも存在する（Erikson, 1968/1969）――と折り合いをつけながら，何とか「自」としてのまとまりをつけていこうとする「運動」である。その「運動」を捉えやすくするための「目印」が「アイデンティティ」という概念であるというのが，語り合い法の基本的アイデンティティ観となる。

　ちなみに語り合い法で導かれる理論は，エリクソン理論と同様，どちらかといえば有機体論的である。有機体論については，ナラティブ・アプローチの立場から，文脈を捨象して一般的な「発達段階」を想定するものとして批判もなされている（Hermans & Kempen, 1993/2006）が，筆者は人それぞれに固有の目標，人生行路（文脈）があるということを認めた有機体論が可能ではないかと考えている。現象を「物語」のように理解するという物語メタファーの力を信頼しつつも，筆者が志向するのは「物語」についての機械論や「物語」についての物語ではなく，身体的次元と言語的次元に引き裂かれつつ，何とかこれをまとめあげている「有機体」についての物語である。

　最後に，語り合い法が成功するためには，基本的なこととして，従来の学

説(「一般」ないしは「普遍」の次元)についてかなり勉強しておかねばならない。また,協力者との対話の中で身体で感じられたものを言語化していくというメタ観察の習得には相応の練習が要るし(大倉,2008),客観主義者からの「主観的に過ぎる」等々の批判に応えうるだけの理論武装も必要である。協力者と「おしゃべり」をするということ自体は比較的容易にできても——実は対話の仕方,話の聴き方は大変難しいものなのだが,見かけは日常会話の延長線上にあるようにみえる——,ほとんど構造化されていない枠組みの中で得られた語りから何を導けば良いのか,途方に暮れてしまう場合も多い。調査者の理論的蓄積と豊かな語り合いを可能にする技術,協力者の生き生きとした語りが響き合って,一つの新しい「知見」が生まれるためにはかなりの「熟成」の時間が必要である。難易度が高いので,語り合い法を採用するときには,自分が扱おうとする問題がどうしてもこの方法でなければ迫りえないものであるのか否か,慎重に吟味する必要がある。

引用文献

Bruner, J. (1987). Life as narrative. *Social Research*, **54** (1), 11-32.
Bruner, J. (1990). *Acts of meaning*. Cambridge, MA: Harvard University Press. (岡本夏木・仲渡一美・吉村啓子(訳)(1999). 意味の復権—フォークサイコロジーに向けて 京都:ミネルヴァ書房)
Coffey, A., & Atkinson, P. (1996). *Making sense of qualitative data: Complementary research strategies*. Thousand Oaks: Sage Pubilications.
Erikson, E. H. (1959). *Identity and the life cycle*. New York: International Universities Press. (西平 直・中島由恵(訳)(2011). アイデンティティとライフサイクル 東京:誠信書房)
Erikson, E. H. (1968). *Identity: Youth and crisis*. New York: Norton. (岩瀬庸理(訳)(1969). 主体性—青年と危機 東京:北望社)
Hermans, H., & Kempen, H. (1993). *The dialogical self: Meaning as movement*. California: Academic Press. (溝上慎一・水間玲子・森岡正芳(訳)(2006). 対話的自己—デカルト/ジェームズ/ミードを超えて 東京:新曜社)
Hoare, C. (2013). Three missing dimensions in contemporary studies of identity: The unconscious, negative attributes, and society. *Journal of Theoretical and Philosophical Psychology*, **33** (1), 51-67.
Josselson, R. (1996). *Revising herself: The story of women's identity from college to*

midlife. New York: Oxford University Press.
神田橋條治（1997）．対話精神療法の初心者への手引き　東京：花クリニック神田橋研究会
川島大輔（2008）．老年期にある浄土真宗僧侶のライフストーリーに見られる死の意味づけ　質的心理学研究, **7**, 157-180.
鯨岡　峻（1999）．関係発達論の構築　京都：ミネルヴァ書房
Laing, R. D. (1961). *Self and others*. London: Tavistock Publications.（志貴春彦・笠原　嘉（訳）（1975）．自己と他者　東京：みすず書房）
McAdams, D. P. (1985). *Power, intimacy, and the life story: Personological inquiries into identity*. Homewood, Illinois: The Dorsey Press.
McAdams, D. P., Diamond, A., de st. Aubin, E., & Mansfield, E. (1997). Stories of commitment: The psychosocial construction of generative lives. *Journal of Personality and Social Psychology*, **72** (3), 678-694.
森岡正芳（1999）．精神分析と物語（ナラティヴ）　小森康永・野口裕二・野村直樹（編）ナラティヴ・セラピーの世界　東京：日本評論社　pp. 75-92.
西平　直（1993）．エリクソンの人間学　東京：東京大学出版会
西平　直（2000）．語ることと黙ること：矢野論文へのコメント　やまだようこ（編）人生を物語る―生成のライフストーリー　京都：ミネルヴァ書房　pp. 279-281.
能智正博（2000）．頭部外傷者の＜物語＞／頭部外傷者という＜物語＞　やまだようこ（編）　人生を物語る―生成のライフストーリー　京都：ミネルヴァ書房　pp. 185-214.
能智正博（2011）．臨床心理学をまなぶ6　質的研究法　東京：東京大学出版会
大倉得史（2002）．拡散 diffusion ―「アイデンティティ」をめぐり，僕達は今　京都：ミネルヴァ書房
大倉得史（2008）．語り合う質的心理学―体験に寄り添う知を求めて　京都：ナカニシヤ出版
大倉得史（2011）．語り合いのアイデンティティ心理学　京都：京都大学学術出版会
Sarbin, T. R. (1986). The narrative as a root metaphor for psychology. In T. R. Sarbin (Ed.), *Narrative psychology: The storied nature of human conduct*. Westport: Praeger. pp. 3-21.（長田久雄（訳）（1991）．心理学の根元的メタファーとしての語り　現代のエスプリ, **286**, 169-187.）
徳田治子（2000）．「生きる意味」の心理学―ナラティブ・アプローチの成果と課題　人間文化論叢, **3**, 123-131.
徳田治子（2004）．ナラティブから捉える子育て期女性の意味づけ：生涯発達の視点から　発達心理学研究, **15** (1), 13-26.
徳田治子（2007）．子育て期と質的研究：母親の経験をいかにとらえるか？　秋田喜代美・能智正博（監修）遠藤利彦・坂上裕子（編）　はじめての質的研究法―生涯発達

編　東京：東京図書　pp. 261-279.
やまだようこ（2000a）．人生を物語ることの意味　やまだようこ（編）　人生を物語る―生成のライフストーリー　京都：ミネルヴァ書房　pp. 1-38.
やまだようこ（2000b）．喪失と生成のライフストーリー―F1ヒーローの死とファンの人生　やまだようこ（編）　人生を物語る―生成のライフストーリー　京都：ミネルヴァ書房　pp. 77-108.
やまだようこ（2007）．ナラティブ研究　やまだようこ（編）　質的心理学の方法―語りをきく　東京：新曜社　pp. 54-71.
矢野智司（2000）．生成する自己はどのように物語るのか―自伝の教育人間学序説　やまだようこ（編）　人生を物語る―生成のライフストーリー　京都：ミネルヴァ書房　pp. 251-278.

参考書

①秋田喜代美・能智正博（監修）遠藤利彦・坂上裕子（編）（2007）．はじめての質的研究法―生涯発達編　東京：東京図書

　　質的研究を実践している研究者たちが，自らの研究を「事例」として，さまざまな手法（ナラティブ・アプローチ，語り合い法，観察法等）や手続きなどを分かりやすく解説している。質的研究の具体的イメージをまずつかみたいときに便利。

②能智正博（2011）．臨床心理学をまなぶ6　質的研究法　東京：東京大学出版会

　　質的研究法を実際に進めていく際の手続きに沿って，考え方や注意点などを解説した教科書。質的研究を本格的に勉強したい人にとって基本的な内容がほぼ網羅されている。

③やまだようこ（編）（2000）．人生を物語る―生成のライフストーリー　京都：ミネルヴァ書房

　　心理学，精神医学，文化人類学，哲学等，さまざまな分野の一線級の研究者たちが，「ナラティブ」をキーワードに具体的な事例研究や深い思索を展開している。日本におけるナラティブ・アプローチの展開の先駆けとなった本。

第3章

アイデンティティ研究の実際

(1) 尺度による研究 谷　冬彦

　ここでは，アイデンティティに関して尺度を用いた研究を具体的に取り上げていく。なお，1996年までの研究に関しては，鑪らが編集している『アイデンティティ研究の展望Ⅰ～Ⅵ』(ナカニシヤ出版) に紹介されている。したがって，ここでは1997年以降の研究を取り上げるとともに，日本の論文に限定して紹介する。そして，第2章の (1) で紹介した谷 (2001) の多次元自我同一性尺度 (以下 MEIS) を使用した近年の研究を，主に取り上げて紹介する。

A. アイデンティティと対人恐怖

　谷 (1997b) は，青年期におけるアイデンティティと対人恐怖的心性に関して検討をした。対人恐怖症は，日本において特に多い神経症であると指摘されており，日本の文化特性が反映されたものと考えられている。また，対人恐怖症者に類似した意識，すなわち，対人恐怖的心性は，青年期における正常な発達過程において経験される。このことから，対人恐怖的心性は，日本における文化的特質と青年期における発達的特質の2点と関連していると考えられる。
　青年期はアイデンティティ形成が問題となるが，その過程において対人恐怖的心性が自覚されると考えられる。また，エリクソン (Erikson, E. H.) 理論によれば，発達の第Ⅱ段階の「自律性 対 恥，疑惑」は，第Ⅴ段階のアイデンティティ危機に伴って「自己確信 対 アイデンティティ意識 (自意識過剰)」として顕在化するため，対人恐怖的心性の自覚は，第Ⅱ段階の自律性を根底としていると考えられる。しかし，エリクソン理論の観点からだけでは，日本人青年

において対人恐怖的心性がなぜ多く自覚されるかを説明するのが困難であり，文化的な視点を考慮することが必要になってくる。

マーカスと北山（Markus & Kitayama, 1991）は，日本をはじめとするアジア文化圏では「相互協調的自己観」を前提とすると指摘している。谷（1997b）は，相互協調的自己観を前提とする日本においては，「個」としての自己と「関係」の中での自己が対立関係になり，「『個』-『関係』の葛藤」がアイデンティティ危機において生じると指摘した。そして，この「個」-「関係」の葛藤を伴うアイデンティティ危機において，対人恐怖的心性を引き起こすとした。

また，対人恐怖的心性は，発達の第VI段階である「親密性」と密接に関わることを指摘した。そして，第II段階における自律性は，日本においては「個」-「関係」の対置の中で発揮されるとした。

これらのことから，「個」-「関係」の葛藤を伴う日本における「アイデンティティ危機」は，親密性の問題とも関わる「対人恐怖的心性」に影響を与えており，また，その両者に対して「個」-「関係」の対置の中で発揮される側面をもつ「自律性」の感覚が影響を及ぼしているであろうという仮説を立てた。

測定尺度は，ラスムッセン（Rasmussen, 1964）の邦訳版（宮下, 1987）の第II段階，第V段階，第VI段階の尺度，永井（1991）のIII次元から構成される対人恐怖的心性尺度に加えて，新たに「個」-「関係」葛藤尺度を作成し，使用した。「個」-「関係」葛藤尺度は，「個」と「関係」が対立する状況を項目内容とし，現実水準（R）と理想水準（I）を測定し，両者の差（D）を葛藤として操作的に定義する（R得点は，「関係」との対置において「個」へ向かっている程

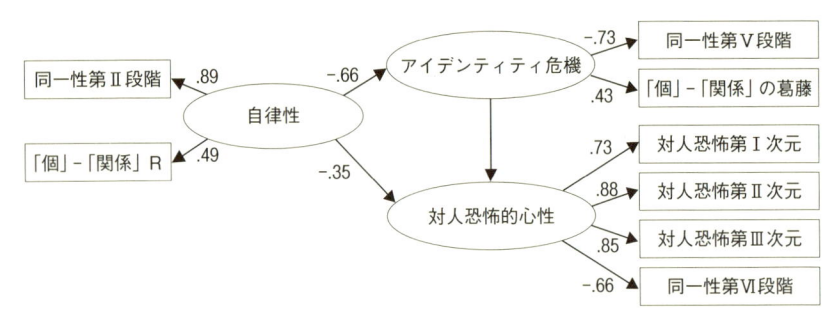

図3-1　谷（1997）の共分散構造分析によるモデル（誤差項は省略）

度を示す）。

　仮説に従って，共分散構造分析によってモデルを検討した（図3-1参照）。パス係数は，いずれも有意であった。適合度は，GFI（Goodness of Fit Index）= .917，AGFI（Adjusted GFI）= .824で，AGFIが若干低いが，十分なものとみなした。決定係数は，「アイデンティティ危機」で.433，「対人恐怖的心性」で.648と，高い値を示し，モデルの因果関係の規定力は高かった。

　本研究は，エリクソン理論に，日本の文化的特質を考慮し，アイデンティティと対人恐怖的心性の因果関係について明確化したものといえよう。

B. アイデンティティの類型化と危機に関する研究

　谷（2002, 2005）は，MEISの下位尺度得点を用い，クラスター分析をすることによって，新たなアイデンティティ・ステイタスの類型化を行っている。クラスター分析は探索的な分析であるため，クラスターの安定性を確認するには，独立した別のサンプルを用いてクラスター分析を行い，同様な結果が出ることを確認する必要がある。したがって，地域の異なる2つの独立したサンプル，および両者をあわせた全体サンプルに関してクラスター分析を行い，それらの比較検討結果から，クラスターの安定性の確認も行った。

　まずサンプル1として，新潟県内および東京都内の大学生390名，サンプル2として，兵庫県内の大学生205名を対象とした（全体サンプルは595名）。そして，MEISの4つの下位尺度得点を標準化したものを変数として用い，K-means法によるクラスター分析を行った。サンプル1，サンプル2，および全体サンプルのそれぞれについて，クラスター数を変えて数回行った結果から，クラスターの特徴，クラスターに含まれる度数などいくつかの観点から，4クラスターが最も妥当であると判断された。

　サンプル1，サンプル2，および全体サンプルにそれぞれ別にクラスター分析を行った結果からは，ほとんど同一といえる性質をもつ4クラスターが得られた。このことから，4クラスターが安定したものであることが示唆された。そこで，代表的結果として，全体サンプルを用いた分析の最終クラスター中心について，表3-1に示す。

　クラスター1は，「自己斉一性・連続性」「心理社会的同一性」は，平均値

表 3-1　全体サンプルの各クラスターの最終クラスター中心 (谷, 2002, 2005)

クラスター	自己斉一性・連続性	対自的同一性	対他的同一性	心理社会的同一性	全体得点
1. 自己探索 (N=210)	.158	-.486	.438	-.118	-.019
2. 自己志向 (N=125)	.111	.847	-.523	.338	.289
3. 同一性形成 (N=105)	1.124	1.031	1.166	1.212	1.496
4. 同一性拡散 (N=155)	-1.065	-.724	-.962	-.934	-1.221

(0) に非常に近い値であり,「対他的同一性」が高い値であるものの,「対自的同一性」が低い値をとっているということが特徴的な群であった。このクラスターは,「自分がどうなりたいのか」という「対自的同一性」が,あいまいな群といえるため,「自己探索」群とされた。クラスター2は,「対他的同一性」が低く,「対自的同一性」が高い値をとっているのが最も特徴的であった。したがって,このクラスターは,同一性の対自次元が強調されており,対他次元が低いことから,「自己志向」群とされた。クラスター3は,4下位尺度標準化得点すべてが高い群であり,「同一性形成」群とされた。クラスター4は,4下位尺度標準化得点すべてが低い群であり,「同一性拡散」群とされた。

　本研究は,新たなるアイデンティティ・ステイタスの類型化を試み,マーシャ (Marcia, J. E.) のアイデンティティ・ステイタス・パラダイムとは異なった方法論と類型を提起した。これは,アイデンティティ研究における特性論的アプローチと類型論的アプローチを統合した研究として位置づけられるものである。

　さて,中谷・友野・佐藤 (2011) は,現代青年においてアイデンティティ(自我同一性) の危機は顕在化するのかという問題意識のもとに研究を行っている。中谷ら (2011) は,MEIS を用いて,谷 (2002, 2005) と同一の手法でクラスター分析を行い,谷 (2002, 2005) と同一の4クラスターを抽出している。そして,神経症様症状を測定する指標として,日本語版 GHQ 精神健康調査票

28項目版（以下GHQ28；中川・大坊, 1985）を実施し, 4クラスターでGHQ得点を比較した。その結果, 同一性拡散群においてGHQ28得点が最も高かった（GHQ28は, 得点が高いほど, 神経症様症状がより顕在化していることを示す）。さらに, GHQ28の神経症のスクリーニング・テストとしての区分点は6点以上であるが, 自己探索群, 自己志向群ともに, 6点以上の点であり, 同一性形成群のみが6点を下回った。したがって, MEISによるアイデンティティ・ステイタス類型（谷, 2002, 2005）における自己志向群・自己探索群・同一性拡散群は, 同一性形成群と比較して神経症様症状がより顕在化しており, 特に同一性拡散群においてはその傾向が顕著であることが示された。このことから, 現代日本においても青年期特有のアイデンティティ危機が生じ, その程度によって神経症様症状がより顕在化しうることが示された。

C. アイデンティティの層的構造に関する研究

谷（2008b）は, MEISの4つの下位尺度に対応する概念が層的構造をもつことを, 共分散構造分析の結果から指摘した。

大学生390名のデータを用いて, まず, モデルAとして, 4つの下位尺度得点を観測変数とし, その背後に, 潜在変数として「自我同一性」という1つの構成概念が存在すると仮定して, モデルを構成し, 分析を行った。結果は, 適合度が, GFI = .952, AGFI = .760, AIC（Akaike's Information Criterion）= 53.8であり, AGFIの値が低く, データとの適合度があまり良くなかった。次に,「自己斉一性・連続性」と「対他的同一性」の背後に潜在変数として「中核的同一性」という構成概念が存在するとともに,「対自的同一性」と「心理社会的同一性」の背後に潜在変数として「心理社会的自己同一性」という構成概念が存在するとし, 両潜在変数間には相関があるという, モデルBを構成した。その結果, GFI = .995, AGFI = .947で, ともに高い値を示し, モデルBはデータとの適合度が高いことが確認された。また, モデルBはAIC = 22.2と, モデルAと比較してAICの値は低くなり, モデルBは相対的にも良いモデルであった。したがって,「自己斉一性・連続性」「対自的同一性」「対他的同一性」「心理社会的同一性」の4つの下位概念の背後には,「自我同一性」という1つの構成概念ではなく,「中核的同一性」と「心理社会的自己同一性」の2つ

の構成概念が存在すると仮定した方が良いことが明らかになった。

このことは,「自己斉一性・連続性」と「対他的同一性」から構成される「中核的同一性」が,精神内的に中核をなすアイデンティティであり,「対自的同一性」と「心理社会的同一性」から構成される「心理社会的自己同一性」が,より現実的・社会的なアイデンティティであることを示すものであると考えられる。このことから,これらの構成概念には層的構造があることが推測される。つまり,アイデンティティには,大きく分けて,より内的な層とより外的な層の二層があると考えられるのである。

ところで,佐方（2004）は,マーラー（Mahler, M. S.）の理論に基づいて,乳幼児期の分離－個体化過程において,対象統合および対象恒常性の形成を経て形成されるのがコア・アイデンティティであり,青年期に形成されるアイデンティティは,これを核にして結晶化したものであるとしている。そして,コア・アイデンティティが脆弱であるならば,さまざまな局面でアイデンティティの病理が顕在化せざるをえなくなると指摘している。また,谷（1997a, 2008a）も同様に,ジェイコブソン（Jacobson, E.）やカーンバーグ（Kernberg, O. F.）が指摘する乳幼児期における内的対象関係の統合と対象恒常性の形成に

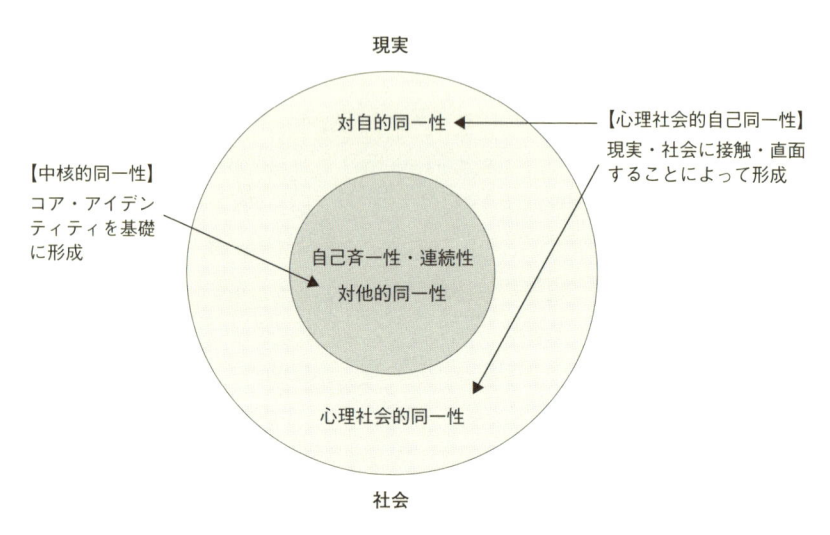

図3-2 アイデンティティ概念の層的構造（谷, 2008b）

よって形成されるアイデンティティを，マーラーのコア・アイデンティティの概念とも関連づけながら，「中核的自我同一性」とし，青年期におけるアイデンティティと区別している。そのうえで，「中核的自我同一性」は，アイデンティティ形成の中核部分を形成するために重要であり，それゆえ，その重篤な問題は境界例水準の精神病理と関係することを示唆している。

したがって，「自己斉一性・連続性」と「対他的同一性」から構成される「中核的同一性」は，コア・アイデンティティを基礎に形成されるものと考えられ，一方，「対自的同一性」と「心理社会的同一性」から構成される「心理社会的自己同一性」は，主に青年期の心理社会的危機において，現実・社会に接触・直面することによって形成されるアイデンティティと考えられる。これを図示したものが，図3-2である。

D. アイデンティティの層的構造を踏まえた研究

近年では，谷（2008b）のアイデンティティの層的構造を踏まえた研究が行われている。

畑野（2010）は，大学生を対象に，青年後期におけるコミュニケーションに対する自信とアイデンティティの関連性について，自身が作成したコミュニケーションに対する自信尺度（SCS：Self-Confidence in Communication Scale）とMEISを用いて検討している。畑野（2010）は，青年期においては社会との接続の中で現実・社会との関連が重要になるため，どのような他者との関係性の中で「心理社会的自己同一性」が形成されるのかを明確にする目的で，コミュニケーションに対する自信とアイデンティティの関係を検討した。SCSとMEISとの相関分析の結果，コミュニケーションに対する自信は，一部「中核的同一性」と関連があったものの，主に「心理社会的自己同一性」と関連していることを示している。つまり，コミュニケーションに対する自信は，現実・社会での他者との関係性であるため，主に「心理社会的自己同一性」と関連がみられたと考えられる。

原田（2012）は，青年期から成人期への発達的移行に伴う自己愛と自我同一性の関連の変化について検討した。その際，MEISで測定される自我同一性の4側面とともに，その上位概念としての「中核的同一性」と「心理社会的自己同

一性」にも注目して自己愛との関連を検討した。自己愛の「注目・賞賛欲求」と「自己関心・共感の欠如」を説明変数，自我同一性を目的変数とするモデルを仮定し，その際，「自己斉一性・連続性」・「対他的同一性」を観測変数として，それらの潜在変数を「中核的同一性」とし，「対自的同一性」・「心理社会的同一性」を観測変数として，それらの潜在変数を「心理社会的自己同一性」としてモデルを構成した。そして，青年期と成人期の調査対象者別に多母集団同時分析を行った。その結果，「注目・賞賛欲求」から「中核的同一性」，「自己関心・共感の欠如」から「中核的同一性」，「自己関心・共感の欠如」から「心理社会的自己同一性」の3つのパス係数において有意差が示され，それぞれ青年期より成人期の方が強い負の影響を及ぼすことが示された。このことから，「注目・賞賛欲求」や「共感性の欠如」という自己愛心性を解消することは青年期の発達的課題であり，そのような課題が解決されなかった場合，成人期のそれらの高さは自我同一性の形成に負の影響を及ぼすことが示唆された。

　稲垣（2013）は，自我同一性との関連から，思春期・青年期における自己愛的甘えの発達的変化について検討した。自己愛的甘えとは，土居（2001）の論述をもとに，「『甘え』が満たされず，甘えたくとも甘えられないがゆえに，一方的で要求がましい自己愛的要求を伴う『甘え』」と定義され（稲垣, 2005），測定尺度は稲垣（2007）によって作成されている。稲垣（2013）によれば，高校生では，自己愛的甘えが「中核的同一性」（自己斉一性・連続性・対他的同一性）とのあいだとのみ相関するのに対して，大学生・専門学校生では，「中核的同一性」のみならず「心理社会的自己同一性」（対自的同一性・心理社会的同一性）とも相関し，全体的にアイデンティティと関わっていることが示されている。このことから稲垣（2013）は，発達的にみれば，「甘えたくとも甘えられない」という「甘え」の不満や葛藤は，アイデンティティの中核部分である「中核的同一性」にのみに関わる時期を経て，やがて「中核的同一性」のみでなく，外界の現実・社会との関わりがより強くなるアイデンティティ概念の外的部分である「心理社会的自己同一性」とも関連をもつようになるといえると考察している。したがって，自己愛的甘えをどのように処理するかという問題が，アイデンティティの形成の問題にも関わっている可能性があるといえるであろう。

これらの研究にみられるように，先述したアイデンティティ概念の層的構造をふまえて，アイデンティティ概念を「中核的同一性」と「心理社会的自己同一性」にわけて捉えることによって，より精緻な知見が得られる可能性があるといえよう。今後は，そのような観点からの研究の蓄積によって，アイデンティティの発達を解明していくことが望まれるであろう。

引用文献

土居健郎（2001）．続「甘え」の構造　東京：弘文堂

原田　新（2012）．発達的移行における自己愛と自我同一性との関連の変化　発達心理学研究, **23**, 95-104.

畑野　快（2010）．青年期後期におけるコミュニケーションに対する自信とアイデンティティとの関連性　教育心理学研究, **58**, 404-413.

稲垣実果（2005）．自己愛的甘えに関する理論的考察　神戸大学発達科学部研究紀要, **13**, 1-10.

稲垣実果（2007）．自己愛的甘え尺度の作成に関する研究　パーソナリティ研究, **16**, 13-24.

稲垣実果（2013）．思春期・青年期における自己愛的甘えの発達的変化―自我同一性との関連から―　教育心理学研究, **61**, 56-66.

Markus, H., & Kitayama, S. (1991). Culture and the self: Implication for cognition, emotion, and motivation. *Psychological Review*, **98**, 224-253.

宮下一博（1987）．Rasmussenの自我同一性尺度の日本語版の検討　教育心理学研究, **35**, 253-258.

永井　撤（1991）．対人恐怖的心性の構造について―対人恐怖的心性の質問紙の作成―　聖セシリア女子短期大学紀要, **16**, 50-55.

中川泰彬・大坊郁夫（1985）．日本版GHQ精神健康調査票手引　東京：日本文化科学社

中谷陽輔・友野隆成・佐藤　豪（2011）．現代青年においてアイデンティティ（自我同一性）の危機は顕在化するのか　パーソナリティ研究, **20**, 63-72.

Rasmussen, J. E. (1964). The relationship of ego identity to psychosocial effectiveness. *Psychological Reports*, **15**, 815-825.

佐方哲彦（2004）．病理的なアイデンティティの形成メカニズム　谷　冬彦・宮下一博（編著）　さまよえる青少年の心―アイデンティティの病理　京都：北大路書房　pp. 11-24.

谷　冬彦（1997a）．青年期における自我同一性の漸成発達の構造に関する研究　新潟大学大学院現代社会文化研究科 博士論文（未公刊）

谷　冬彦（1997b）．青年期における自我同一性と対人恐怖的心性　教育心理学研究, **45**, 254-262.

谷　冬彦（2001）．青年期における同一性の感覚の構造—多次元自我同一性尺度（MEIS）の作成—　教育心理学研究, **49**, 265-273.
谷　冬彦（2002）．新たなる自我同一性ステイタス類型化の試み（Ⅱ）　日本心理学会第66回大会発表論文集, 246.
谷　冬彦（2005）．自我同一性研究の新たなる展望　梶田叡一（編）　自己意識研究の現在2　京都：ナカニシヤ出版　pp. 135-156.
谷　冬彦（2008a）．自我同一性の人格発達心理学　京都：ナカニシヤ出版
谷　冬彦（2008b）．アイデンティティのとらえ方　岡田　努・榎本博明（編）　シリーズ自己心理学第5巻　パーソナリティ心理学へのアプローチ　東京：金子書房　pp. 6-21.

参考書

①谷　冬彦（2008）．自我同一性の人格発達心理学　京都：ナカニシヤ出版
　エリクソン理論について，自我同一性の人格発達という側面から，数々の尺度研究によって，実証的検討を行っている。尺度を用いたアイデンティティ研究の例として，参考になるであろう。
②谷　冬彦・宮下一博（編著）（2004）．さまよえる青少年の心—アイデンティティの病理　北大路書房
　アイデンティティの観点から，青少年の心について発達臨床心理学的に考察している。尺度を用いたアイデンティティ研究についても，いくつか紹介しており，分かりやすく解説している。
③岡田　努・榎本博明（編）（2008）．シリーズ自己心理学第5巻　パーソナリティ心理学へのアプローチ　金子書房
　自己の心理学に関して，パーソナリティ心理学の側面から論じている。特に，第1章の「アイデンティティのとらえ方」には，尺度研究の結果から，アイデンティティ概念の層的構造について，詳しく論じられている。

(2) 面接法による研究

原田　新

　マーシャ（Marcia, 1966）がアイデンティティ・ステイタス・パラダイムを提唱して以降，マーシャ法を用いた膨大な面接法の研究が行われてきた。またその後，第2章の（2）でも述べられた通り，マーシャ法を拡張させる面接法や，アイデンティティ・ステイタスの発達的変化に関するさまざまな理論が提

唱され，それらに基づく研究も多数なされてきた。本節では，これまで行われてきた面接法の研究の中から，日本の代表的な研究を取り上げる。そして，「A. マーシャ法に基づく研究」「B. グローテヴァントら（Grotevant & Cooper, 1981; Grotevant et al., 1982）の面接法に基づく研究」「C. グローテヴァント（Grotevant, 1987）のアイデンティティ形成のプロセスモデルに基づく研究」に分けて紹介する。

A. マーシャ法に基づく研究

　まず，日本のアイデンティティ研究の中で，マーシャの面接法を導入した先駆的なものとしては，無藤（1979）があげられる。無藤（1979）は，マーシャ法に基づきながら，より日本人青年に適合したかたちへとマーシャ法の修正を行った。日本人大学生に対する予備面接の結果から，日本人青年のアイデンティティの確立には宗教の領域がさほど重要ではないことを指摘した。そのうえで，マーシャ法を他文化で適合させることを目的に改良を行ったマットソン（Matteson, 1974）を参考に，宗教に代わる領域として価値観の領域を設けた。また評定の仕方についても，危機とコミットメントの程度におのおの4段階評定を取り入れる点，アイデンティティ・ステイタスの判定にあたって微妙なニュアンスが生じた際には，たとえば「モラトリアム（同一性達成）」といった副評定（カッコ内）を添える点，という2点の修正を加えた。さらに本面接の結果から，同一性拡散の条件となるコミットメントの欠如に4つの様相が存在することを指摘し，同一性拡散を「危機前の拡散」「危機後の拡散」「プロテウス的拡散」「疑似同一性拡散」という4種類に細分化する修正を行った。そのうえで，アイデンティティ・ステイタスの4類型への分類の他，さまざまな観点からの分類結果を提示し，マーシャ法が日本人青年に対しても適用可能であることを示した。

　無藤（1979）を皮切りに，それ以降も，日本においてマーシャ法は微修正を加えられながら，実施されている。たとえば園田（1981）は，日本人女子青年に対する適切な面接領域，質問項目，評定基準について検討したうえで，女子青年を対象とした各ステイタスの特徴について調べる研究を行っている。この研究では，無藤（1979）と同様，職業，政治，価値観の3領域が取り上げられ

るとともに，その3領域の面接項目の中に，性役割観と成功することへの恐れ（fear of success）に関する項目が付け加えられている。また面接とともに，不安，自己評価，権威主義的態度，Locus of Control（統制の位置）等を測定する質問紙調査が実施され，4ステイタス間におけるそれら変数の得点比較が行われている。その比較検討の結果，不安得点では「モラトリアム」群，自己評価得点と権威主義的態度得点では「早期完了[注1]」群が最も高いことが示されている。また，「同一性達成」群＋「早期完了」群と「モラトリアム」群＋「同一性拡散」群との比較においては，不安得点と権威主義的態度得点では前者が有意に低く，自己評価得点では前者が有意に高いことが示されている。Locus of Controlではステイタス間に大差がみられなかったものの，残りの3変数についてはほぼ仮説通りの結果であった。園田（1981）はこれらの結果から，自我同一性を捉えるうえでは，男子では「Higher-Lower（達成・モラトリアム－早期完了・拡散）」の軸が重視されるのに対し，女子では「Stable-Unstable（達成・早期完了－モラトリアム・拡散）」の軸で表される「安定さ」が有効である（Marcia & Friedman, 1970; Schenkel & Marcia, 1972）との仮説が検証されたとしている。

　増沢（1986）は，マーシャ法における危機とコミットメントの定義があいまいであることを問題視し，エリクソンの理論および予備面接の結果をふまえて，危機とコミットメントのおのおのにおける指標と判断基準の明確化を行った。まず危機の指標として「独立」「自己発見」「自己像の不一致」「具体的選択」「本質的な生き方の選択」の5指標，コミットメントの指標として「具体的選択」と「基盤形成」の2指標を設定した。また，それら各指標における下位指標も設定したうえで，おのおのの指標に対して危機やコミットメントの有無を評定する際の判断基準も提示した。さらに本面接の結果から，5ステイタス（同一性達成，モラトリアム，早期完了，危機前の同一性拡散，危機後の同一性拡散）に関する細かな下位地位を導き出したうえで，同一性達成に至るまでのプロセスについての考察を行っている。

　以上の他にも，1970年後半～80年代にかけては，マーシャ法を用いた研究が散見される。しかし，同一性地位判定尺度（加藤，1983）が開発されて以降，アイデンティティ・ステイタスに関する研究では，この尺度を用いた質問紙研

究が激増し，主流となっているように思われる。ただし多くはないものの，近年でもマーシャ法に基づく面接研究も実施されている。梛場（2008）は，まず従来のアイデンティティ・ステイタスのアプローチでは，発達的観点からステイタスの移行について検討することが困難であると指摘した。そして，青年期のアイデンティティの発達過程およびその要因について検討することを目的に，岡本（2002）のアイデンティティのラセン式発達モデルの考え方を援用しながら，アイデンティティ・ステイタスのアプローチに過去，現在，未来という時間軸の観点を取り入れる方法を試みた。主に無藤（1979）の方法を踏襲し

表 3-2　過去におけるアイデンティティ・ステイタスの評定基準（梛場, 2008）

アイデンティティ・ステイタス	危機	模索／自己投入	人数	％
アイデンティティ達成	あり	模索した／自己投入している	13	59.1
モラトリアム	あり	模索している／自己投入しようとしている	5	22.7
早期完了	なし	模索しない／自己投入している	1	4.5
アイデンティティ拡散1	あり	途方にくれる／自己投入できない	2	9.1
アイデンティティ拡散2	あり	模索しない／自己投入していない	1	4.5

表 3-3　現在におけるアイデンティティ・ステイタスの評定基準（梛場, 2008）

アイデンティティ・ステイタス	危機	模索／自己投入	将来展望	人数	％
アイデンティティ達成1	あり	模索した／自己投入している	長期的なスパンで明確化	10	45.5
アイデンティティ達成2	あり	模索した／自己投入している	短期的なスパンで明確化	1	4.5
アイデンティティ達成3	あり	模索した／自己投入している	模索中	1	4.5
モラトリアム1	あり	模索している／自己投入しようとしている	模索中	1	4.5
モラトリアム2	あり	模索している／自己投入しようとしている	漠然としている	6	27.3
アイデンティティ拡散1	あり	途方にくれる／自己投入できない	考えられない	2	9.1
アイデンティティ拡散2	あり	模索しない／自己投入していない	考えていない	1	4.5

ながらも，領域として「進路・職業」と，「価値観・人生観」の2領域を設定する点，質問内容を過去および現在における危機と自己投入（コミットメント）について聞くことに加え，将来展望についても聞く点などの修正を行った。加えて結果の評定の際には，自己投入を，危機に対する模索の仕方，および解決の仕方という視点から複数の種類に分類するという修正も行った。このような自己投入と未来展望に関する修正・追加を行ったことで，従来のステイタスをさらに細分化する下位ステイタスが見出された（表3-2，表3-3）。さらに，全面接データを過去の下位ステイタスと現在の下位ステイタスの両方に分類し，それらを対応させることで，過去から現在へのアイデンティティ・ステイタスの移行に関するパターンを9種類提示している。

B. グローテヴァントらの面接法に基づく研究

日本におけるアイデンティティの面接研究は，当初はマーシャ法に基づくものが多かったといえるが，近年ではグローテヴァントら（Grotevant & Cooper, 1981; Grotevant et al., 1982）の面接法に基づく研究もみられるようになった。その代表的な研究としては，杉村（1998, 1999, 2001）があげられる。

まず杉村（1998）は，関係性の観点を重視したアイデンティティ研究の詳細なレビューを行ったうえで，以下の3点を指摘した。その3点とは，①自己と他者との関係のあり方がアイデンティティであるというパラダイムをもつ必要があること，②アイデンティティ形成は自己の視点に気づき，他者の視点を内在化すると同時に，そこで生じる両者の視点の食い違いを相互調整によって解決するプロセスであること，このことから，アイデンティティ形成の実際の作業である探求（exploration）は，人生の重要な選択を決定するために，他者を考慮したり，利用したり，他者と交渉することにより問題解決していくことと定義できること，③このプロセスの根底には，青年期の社会的認知能力の発達が想定できることである。

この杉村（1998）の考え方に基づいて，杉村（1999）はまずアイデンティティ探求における関係性の2つのレベルを提示した（表3-4参照。ただし，表3-4は杉村（2001）で表現上の修正を一部加えられたもの）。このレベルの高低は，青年期における社会的認知能力のレベル（たとえば，Fischer, 1980; Noam

表3-4 アイデンティティ探求における関係性の2つのレベル（杉村, 2001）

レベル	定　義
低レベル	このレベルの青年は，重要な人生の選択・決定のプロセスにおいて，自己と他者の視点を認識することができない，あるいは他者の視点を単にコピーしている。自己と他者の関係の表象をほとんど持たず，探求のプロセスにどのような他者が関与しており，彼らがどのような機能を果たしているのかを十分に理解することができない。
高レベル	このレベルの青年は，重要な人生の選択・決定のプロセスにおいて，自己と他者の視点を認識することができる。また，一部の青年は，両者の視点の間の食い違いを相互調整によって解決することができる。自己と他者の関係の表象を持ち，探求のプロセスにどのような他者が関与しており，彼らがどのような機能を果たしているのか理解することができる。

& Fischer, 1996; Selman et al., 1986）の発達に対応するとされる。そのうえで，杉村（1999）は関係性のレベルの高低に応じて，アイデンティティ形成のプロセスにどのような違いがみられるか，またその要因は何であるかについて検討することを目的に面接調査を行った。この面接では，グローテヴァントらの面接法の中から職業，友情，デート，性役割の4領域の各質問項目とともに，杉村が独自に加えた追加質問も用いられた。その追加質問では，①探求のプロセスに関与した他者と彼らの機能を特定すること，②探求のプロセスにおいて自己と他者の相互調整があらわれた場合に，その内容について追加して質問するという2点の工夫が加えられた。データの分析では，4領域それぞれについてアイデンティティ探求における関係性のレベルを評定したうえで，全領域で高レベルの女性5名と低レベルの女性5名を典型的事例として取り出し，それらの質的な比較を行った。その結果，まず両群に共通して，アイデンティティ形成のきっかけは両親，友人，恋人などの他者との関係性の中にあり，このような関係性がアイデンティティを形成するための不可欠な土壌として存在することが示された。しかし，その後のアイデンティティ形成のプロセスにおいては，両群における以下の2つの相違点が見出された。まず，高群の者は両親との関係性の中で現れた自己の視点を両親以外の他者との関係性の中で拡張していた一方，低群の者はアイデンティティの探求に両親以外の他者をほぼ利用していなかった点，次に，高群の者は友人や恋人との間で起こったさまざまな体

験を評価したり，意味づけたりする作業を行うことで，自己の視点をより深めていた一方，低群においてはこの特徴がみられなかったという点である。加えて，両群のこれらの違いを規定する要因としては，4領域のいずれかにおける両親との葛藤経験や，その葛藤の解決に向けた対処（両親との相互交渉の実施など）の経験が見出されている。

　その後杉村（2001）は，アイデンティティ形成のプロセスを明らかにするうえで，一時点での面接調査しか行っていなかった杉村（1999）の研究では不十分であることを指摘した。そのうえで，アイデンティティ探求における関係性のレベルを縦断的に測定し，その変化を記述することと，関係性のレベルの変化に関わる要因を明らかにすることを目的に，3時点にわたる縦断的な面接調査を行った。その際には，杉村（1999）と同様の面接法が，各対象者に対して大学3年生前期（Time1），4年生前期（Time2），4年生後期（Time3）の3回にわたって実施されている。この研究での関係性のレベルについては，もともと杉村（1999）で用いられた高低の2レベルを，さらにおのおの3つの下位レベルに分けた計6レベルが設定された。しかし，分析の結果からいくつかのレベルの頻度が少なかったことから，結局杉村（1999）と同様高低の2レベルのみが用いられている（表3-4）。4つの領域ごとに，Time1からTime2（以下，「1～2」と略記），Time2からTime3（以下，「2～3」と略記），Time1からTime3（以下，「1～3」と略記）の3つの期間における，低レベルから高レベル（以下，「低→高」と略記），高レベルから低レベル（以下，「高→低」と略記）のおのおのの移行の頻度を，二項検定を用いて分析した。その結果，職業の領域では「1～2」の時期，友情の領域では「1～2」と「1～3」の時期，デートの領域では「1～3」の時期に，「低→高」の移行が「高→低」の移行より有意に多くみられた一方，性役割の領域ではどの期間においても有意な変化はみられなかった。また，関係性のレベルの変化に関わる要因としては，「低→高」「高→低」の移行に共通して，「就職活動・職業決定」が最も多くみられ，「低→高」の移行では「友人・恋人との関係の変化」も比較的多くみられた。

C. グローテヴァント（Grotevant, 1987）のアイデンティティ形成のプロセスモデルに基づく研究

　以上は主に，マーシャやグローテヴァントらの開発した面接法に基づく研究であったが，それらとは別に，分析の枠組みとしてアイデンティティ形成のプロセスに関する理論を用いた研究も行われている。

　髙村（1997）は，青年が課題探究を行う過程に着目し，その過程でアイデンティティがどのように変容するのかについて検討した。課題への探求の時期として大学生の進路選択に焦点を当て，3回に及ぶ縦断的な面接調査を行った。それにより，集められた面接データをグローテヴァント（Grotevant, 1987）のモデルに照合することで，アイデンティティの変容の仕方について検討することを第1の目的とした。さらに，グローテヴァントのモデルでは説明できないケースについても，課題探究やアイデンティティ探求にどのような特徴がみられるのかについて検討することを第2の目的とした。分析の際には，グローテヴァントのモデルにおけるアイデンティティのプロセスを，Stage A，Stage B1，Stage B2，Stage C という段階に分類する微修正が行われた（図3-3）。そして，①課題探究を行っていること（Stage B1 についての報告があること），②課題探究を通して，何らかの自分自身に対する認知的，感情的評価を行っていること（Stage B2 についての報告があること），③決定後，課題探究を行うことによって，何らかの自分自身に対する認知的，感情的結果を得ていること（Stage B1，Stage B2 と Stage C の報告に連続性が認められること）という3つの基準が設けられ，それらを全て満たしたケースはグローテヴァントのモデルへの適合ケース，それ以外のケースは不適合ケースとされた。分析の結果，22ケース中11ケースは適合ケース，残りの11ケースは不適合ケースであった。さらに不適合ケースについても詳細に内容が検討された結果，①課題に対して主体的な探求が行われていない，②課題探究行動とアイデンティティの探求が分離している，③探求プロセスでの結果がアイデンティティ変容に結びつかない，④現在のアイデンティティに基づいた課題探究をしている，⑤進路選択という課題以外の課題探究によりアイデンティティが変容しているという，5つの特徴的なパターンが見出された。ただし，⑤に関しては，進路選択以外

90　第3章　アイデンティティ研究の実際

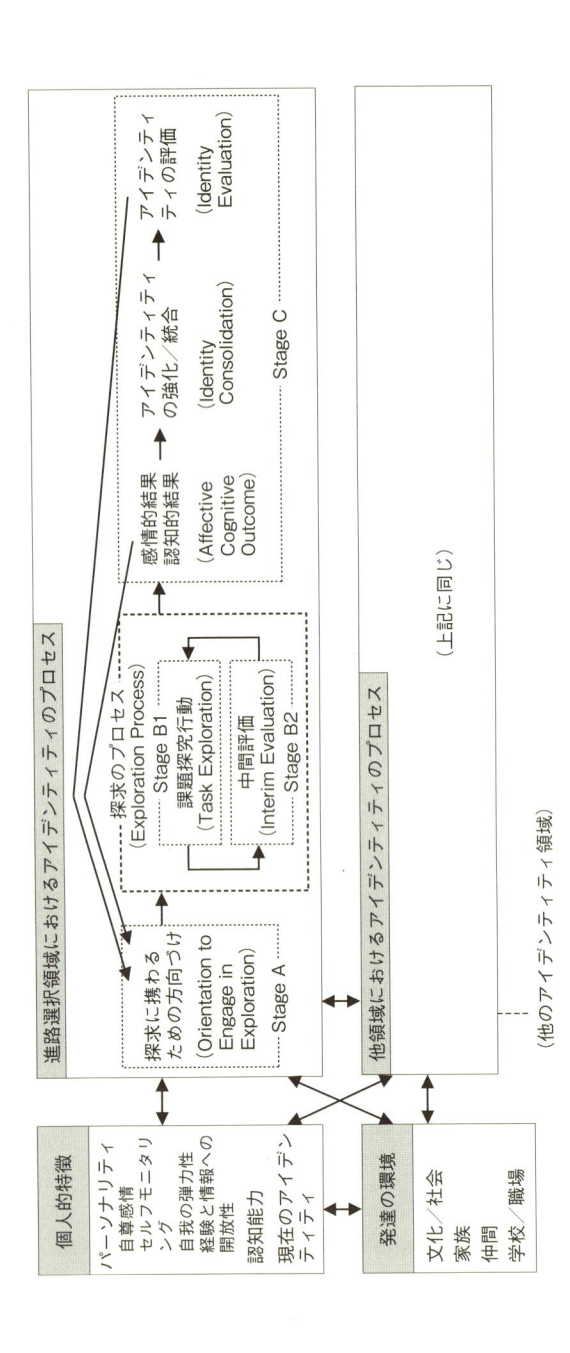

図3-3　アイデンティティ形成のプロセスモデル (髙村, 1997)

の課題でグローテヴァントのモデルに適合しているため,順調にアイデンティティ形成が進まないのは①〜④の場合であるとされている。

日本においては,面接法を用いたアイデンティティ研究自体が減少してきており,分析の枠組みとして,明確にアイデンティティ形成のプロセスの理論を用いた研究は,この髙村(1997)以外ではほぼ見当たらない。しかし,近年ではより詳細なアイデンティティ形成のプロセスに関する理論も提唱されている(Kerpelman et al., 1997など)。今後は,そのような理論も考慮した面接法に基づく研究の実施が望まれると考えられる。

注

1) フォークロージャー,早産等の訳語もある。

引用文献

Fischer, K. W. (1980). A theory of cognitive development: The control and construction of hierarchies of skills. *Psychological Review*, **87**, 477-531.

Grotevant, H. (1987). Toward a process model of identity formation. *Journal of Adolescent Research*, **2**, 203-222.

Grotevant, H. D., & Cooper, C. R. (1981). Assessing adolescent identity in the areas of occupation, religion, politics, friendships, dating and sex roles: Manual for administration and coding of the interview. *Catalog of Selected Documents in Psychology*, **11**, 52-53.

Grotevant, H. D., Thorbecke, W., & Meyer, M. L. (1982). An extension of Marcia's identity status interview into the interpersonal domain. *Journal of Youth and Adolescence*, **11**, 33-47.

加藤 厚(1983).大学生における同一性の諸相とその構造 教育心理学研究, **31**, 292-302.

椛場真知子(2008).青年後期におけるアイデンティティの発達過程及びそれに関与する要因について—過去と現在における「危機」「自己投入」の様相,及びアイデンティティ・ステイタスの移行を中心として— 青年心理学研究, **19**, 51-68.

Kerpelman, J. L., Pittman, J. F., & Lamke, L. K. (1997). Toward a microprocess perspective on adolescent identity development: An identity control theory approach. *Journal of Adolescent Research*, **12**, 325-346.

Marcia, J. E. (1966). Development and validation of ego-identity status. *Journal of Personality & Social Psychology*, **3**, 551-558.

Marcia, J. E., & Friedman, M. L. (1970). Ego identity status in college women. *Journal of*

Personality, **38**, 249-263.

増沢　高 (1986).「危機」と「傾倒」の明確化を中心とした「自我同一性地位面接」の修正と青年の自我同一性　日本教育心理学会総会第28回総会発表論文集, 348-349.

Matteson, D. R. (1974). *Manuals for use in interaction research and in the determination of identity statuses in youth: A supplement to Rapport fra Projekt for Ungdomsforskning.* Royal Danish School of Educational Studies, Copenhagen, Denmark.

無藤清子 (1979).「自我同一性地位面接」の検討と大学生の自我同一性　教育心理学研究, **27**, 178-187.

Noam, G. G., & Fischer, K. W. (1996). Introduction: The foundational role of relationships in human development. In J. E. Marcia, A. S. Waterman, D. R. Matteson, S. L. Archer, & J. L. Orlofsky (Eds.), *Ego identity: A handbook for psychosocial research.* New York: Springer-Verlag. pp. 303-317.

岡本祐子（編）(2002). アイデンティティ生涯発達論の射程　京都：ミネルヴァ書房

Schenkel, S., & Marcia, J. E. (1972). Attitudes toward premarital intercourse in determining ego identity status in college women. *Journal of Personality*, **40**, 472-482.

Selman, R., Beardslee, W., Schultz, L. H., Krupa, M., & Podorefsky, D. (1986). Assessing adolescent interpersonal negotiation strategies: Toward the integration of structural and functional models. *Developmental Psychology*, **22**, 450-459.

園田雅代 (1981). 女子大学生における自我同一性研究―理論的考察と実証的検討―　玉川大学文学部「論叢」, **21**, 319-368.

杉村和美 (1998). 青年期におけるアイデンティティの形成：関係性の観点からのとらえ直し　発達心理学研究, **9**, 45-55.

杉村和美 (1999). 現代女性の青年期から中年期までのアイデンティティ発達　岡本祐子（編）　女性の生涯発達とアイデンティティ：個としての発達・かかわりの中での成熟　京都：北大路書房　pp. 55-86.

杉村和美 (2001). 関係性の観点から見た女子青年のアイデンティティ探求：2年間の変化とその要因　発達心理学研究, **12**, 87-98.

髙村和代 (1997). 課題探求時におけるアイデンティティの変容プロセスについて　教育心理学研究, **45**, 243-253.

参考書

①鑪幹八郎ら（共編）(1984, 1995, 1997, 2002). アイデンティティ研究の展望Ⅰ, Ⅱ, Ⅳ, Ⅵ　京都：ナカニシヤ出版

　　アイデンティティに関する海外および日本の先行研究（Ⅰでは1950年～1981年, Ⅱでは1982年～1986年, Ⅳでは1987年～1991年, Ⅵでは1992年～1996年に実施さ

れた質問紙研究および面接研究）が詳細にレビューされている。
②岡本祐子（編）（2002）．アイデンティティ生涯発達論の射程　京都：ミネルヴァ書房
　生涯発達の観点から行われたアイデンティティの研究動向が紹介されるとともに，心理臨床，キャリア，家族，教育等の応用的な分野への展開について論じられている。その中で，本章では紹介されていない成人期に対するアイデンティティの面接研究も豊富に紹介されている。

(3) 伝記研究法によるアイデンティティ研究　三好昭子

エリクソン（Erikson, E. H.）はゴーリキー（Gorky, M.）（Erikson, 1950/1980），ヒトラー（Hitler, A.）（Erikson, 1950/1980），ジェームズ（James, W.）（Erikson, 1968/1982），フロイト（Freud, S.）（Erikson, 1964/1971），ルター（Luther, M.）（Erikson, 1958/2002, 2003），バーナード・ショー（Shaw, G. B.）（Erikson, 1959/2011, 1968/1982），ガンディー（Gandhi, M.）（Erikson, 1969/1973），ジェファーソン（Jefferson, T.）（Erikson, 1974/1979）など数多くの伝記資料を用いた研究を手がけており，その発達理論を構築するプロセスにおいて伝記資料の分析による知見が活かされたと考えられる（大野, 2008）。西平（1978a, 1978b, 1978c, 1979, 1981a, 1981b, 1983, 1990, 1996, 1999, 2004, 2010）は，エリクソンが青年の自我に内在する回復力に着目してルターの伝記資料を分析した心理歴史的（psycho-historical）方法をモデルにして，具体的な分析の手続きや手順を含む伝記研究の方法論を確立し，個別分析，比較分析，主題分析という分析の枠組みを完成させた。ここでは西平（1983, 1996）と大野（1998, 2008, 2010）の伝記研究法を用いたアイデンティティ研究を紹介する。

A. 個別分析

個別分析とは，歴史上のある一人の人物を分析対象とする方法である。

A) 夏目漱石の「夏目」アイデンティティ

西平（1981a, 1996）は小説家夏目漱石が1歳くらいから20年間にわたり人格的に未熟な養父母（塩原夫妻）に育てられ，その間に塩原夫妻の仲違いによって夏目家に戻されたり，実父が漱石を夏目家の一員として認めようとしなか

ったことに着目した。幼少期から好ましくない環境に育った漱石が，なぜあれほど倫理的な人間になりえたのかという問いを立て，その問いに対して漱石が塩原家を反面教師として「僕は夏目金之助（漱石の本名）なのだ」というアイデンティティをもち，由緒ある江戸の名主である夏目の名に恥じないような行動をとったという仮説を伝記資料によって論証した。養父母の性格と養育スタイル，実母の漱石への愛情と漱石の実母への思慕，父代償としての長兄からの影響，知的才能へのコンピテンスなどが江戸っ子気質の正義感へとつながり，漱石の性格特性，塩原アイデンティティの否認と相まって漱石の倫理観形成につながったことを示している。

B）ベートーヴェン（Beethoven, L. van）の自我に内在する回復力

「自我に内在する回復力」とは，エリクソン（1958/2002, 2003）がルターの分析を通じて論じた概念であり，青年が青年期危機的状況を乗り越えうる自我の状態のことである。西平（1996）はマーガレット・ミッチェル（Mitchell, M.）らの伝記資料の分析から，自我に内在する回復力をもちうる条件として①基本的信頼感の獲得，②有能感の獲得，③心理的離乳，④アイデンティティによる使命感という4つの要因を示した。そこで大野（1996）は，作曲家ベートーヴェンが32歳のときに，難聴による絶望から「ハイリゲンシュタットの遺書」を書きながら，なぜ自殺にいたらなかったのかという問いに対して，自我に内在する回復力によって危機を乗り越えたという仮説を検証した。大野はベートーヴェンが①やさしく誠実な母親に愛され乳幼児期の基本的信頼感を獲得していたこと，②児童期からの傑出した才能と評価によって人並み外れた高い有能感を獲得していたこと，③ベートーヴェンの才能を商品化しようと過酷に縛ってきた超自我的な父親の影響から脱して，音楽の才能も人望もある宮廷楽長だった祖父を理想視することにより，父親からの心理的離乳を果たしたこと，④技術的，技巧的，物理的な演奏家としての音楽家アイデンティティを越え，超越的，哲学的な作曲家としての芸術家アイデンティティを形成したことを伝記資料によって示した。つまりベートーヴェンは基本的信頼感をベースにした有能感に基づき，心理的離乳をとげ，自分の中にあると感じているものをすべて出しきるまでこの世を去ることはできないという歴史的アイデンティティの感覚

に裏打ちされた使命感をもっており，ベートーヴェンがこれら4つの要素からなる自我に内在する回復力によって危機を乗り越えたことを説得的に論証している。

C) 谷崎潤一郎の否定的アイデンティティの選択

エリクソン（1968/1982）はアイデンティティ拡散の諸相の一つとして「否定的アイデンティティ」（negative identity）をあげ，否定的アイデンティティを選択するに至る誘因として①アイデンティティの危機，②エディプス的な危機，③信頼の危機を指摘している。そこで三好（2008）は，作家谷崎潤一郎が青年期に放浪生活に身を投じ親不孝を繰り返したのはなぜかという問いを提起した。そして否定的アイデンティティを選択するにいたる誘因が当時の谷崎に存在し，罪悪感を否認しつつ主導性を発揮するために，「世の中に己のような悪人は又とあるまい。己こそ本当の背徳漢だ」（谷崎, 1917, p. 444）と，全体主義的に否定的アイデンティティを選択したという仮説を立て，それを伝記資料によって論証した。谷崎は青年期に至り創作家を志したものの，何者にもなれないという葛藤状況が続き，①古の聖賢の道を期待し儒教的・仏教的英才教育を施した恩師に背いて純文学を選択し，苦しい家計の中で就職を期待する両親に背いて進学し続け，収入の確約のない創作家を志す罪悪感，②美人でお嬢さん育ちである母親への強い愛着と，甲斐性のない父親への潜在的な敵意によるエディプス的な潜在的罪悪感，③自分のような背徳的な人間は神によって命を助けてもらえないのではないかという自身の生死に関わるような罪悪感を抱えていた。当時の谷崎にはこうした全体主義への変化の誘因が存在していたことを，三好は説得的な資料に基づいて示したのである。これは一つの典型例であり，全体主義的に否定的アイデンティティを選択する心理力動・メカニズムについては，谷崎のように行動化していない青年たちも共感的に理解できると考えられる。

D) ケストナー（Kästner, E.）のアイデンティティ形成と同一視との関連

エリクソン（1959/2011）は，アイデンティティ形成過程における同一視について，一般的に子どもは両親に同一視すること，エディプス葛藤など，何らか

の要因によって，一時的に親以外へ同一視する可能性もあること，親との共同体験を通して，子どもの絶対的かつ元型的象徴的親への同一化は，現実の（弱点もある）人間的な親へのより具体的かつ現実的な同一化となると述べている。そこで茂垣（2009）は，ドイツの政治風刺家であり児童文学者であるケストナーが，どのようにして幼少期の同一視からアイデンティティ形成に至ったのかについて伝記資料を用いて生涯発達的に検討した。ケストナーは腕の良い皮職人だった父親に同一視しなかったが，その背景には，ケストナーの母親が結婚前から夫を愛しておらず，息子を溺愛しつつ夫を軽んじていたことがあげられる。読書好きで優秀な少年だったケストナーは自宅に下宿していた小学校の教師との交流を深め，彼に同一視し，幼少期には学校の教師になりたいと考えていた。ところが，17歳のときに，自分が教えることを欲しておらず，学ぶことを欲していることに気がつき，大学へ進学し，文筆家となった。青年期に一時的に小学校教師への同一視が薄れたが，最終的にケストナーは将来の子どもに良い世界を残そうという教師的役割を根底にもつ文筆家アイデンティティを形成した。この研究は，幼少期の同一視がその後のアイデンティティ形成に影響すること，父親が息子の同一視の対象となるか否かにおいて，父親自身の家庭内での存在意義，特に母親の父親への態度が大きく影響する可能性を示した。

E）マックス・ウェーバー（Weber, M.）のアイデンティティ統合

　西平（1983, 1996）はドイツの社会学者・経済学者であるマックス・ウェーバーの伝記資料を用いて，個人のアイデンティティ統合と歴史的偉業との内的関連を追う心理歴史的方法の一例を示した。マックスは重い神経症に数年苦しんだ末，再起するとすぐに，40歳で『プロテスタンティズムの倫理と資本主義の精神』を一気に書き上げた。思想史的にも相容れないと思われた宗教と産業の2つのイデオロギーが，実は底流で互いに支持しあっていることを示唆した著作だった。「マックスにとって，2つの相矛盾した欲求体系が心の中で葛藤し，その調和統一なしには心理的な健康を保つことができなかったのではなかったか」という問いに対して，西平（1996）は両親が異質の遺伝的気質や価値観をもち，その両極性に翻弄されたことの現れがマックスの重篤な神経症疾

患であったこと，治癒のためには両親が融和統合する必要があったこと，それらの学問的投影が，プロテスタンティズムの倫理を象徴する母系と，資本主義の精神を代表する父系との融和統合だったことを論証した。営利追求は勤勉・節約によって遂行され，自らの繁栄と人々の繁栄につながっているという初期資本主義のイデオロギーは，実は，職業は天から与えられ，神に召されるもの（召命＝職業）であり，職業に勤勉であること自体が，宗教的行為であるという宗教改革のもつ信条でもあった。しかもこの信条は，産業革命による労働力の需要が高まるという社会的要請に合致した内容であり，マックス・ウェーバー個人の内的情動が歴史的大衆の情動の波長と一致し，超個人的な影響力をもったのである。このように，西平（1983, 1996）はエリクソンが『青年ルター』(Erikson, 1958/2002, 2003) で用いた心理歴史的方法を用い，偉大な社会科学者の業績を個人の内面の歴史と結びつけて示した。

B. 比較分析

個別分析の次に，さらに分析を進めるために，何らかの類似性・共通性と異質性・対照性をもつ2人の人物を比較し，人格・アイデンティティ形成の機序を追究する枠組みを比較分析という。

A) 福沢諭吉と橋本左内の歴史的アイデンティティ

橋本左内と福沢諭吉はともに天保5年（1834年）生まれであり，幕末騒乱の時代を，ほぼ同程度の下級藩士の子息として成長し，大阪にある緒方洪庵の蘭学塾「適々斎塾」で学ぶなど，非常によく似た生育史条件のもとに育ったといえる。ところが，左内は20歳をすぎて藩主の信頼を受け志士的活動に東奔西走し，安政の大獄によって25歳の若さで処刑された一方，諭吉は67歳の長寿を保ち，明治の思想・教育・政治・経済に大きな業績を残した。西平（1978a, 1983, 1996）は，同じような生育史条件のもとに育ちながら，なぜ両者がまったく異なる生き方をしたのかという問いに対して，歴史的アイデンティティが異なったからではないかという仮説を立て，これを伝記資料によって論証した。

橋本左内は封建的藩体制の一員としての自覚が強く，14歳のときに書いた「啓発録」にはすでに藩のため，藩主のために生きる覚悟が記されており，武士

道的・儒教的倫理観に支えられた歴史的アイデンティティをもっていた。これに対して福沢諭吉は君恩を肌で感じることもなく，後年にいたっては「門閥制度は親のかたき」とまでいうほどであり，藩意識や忠義に基づいて行動することはなく，明治維新の動乱の中にあっても自分の内的自発性に基づいて自由に行動しえた。西平（1983, 1996）は，このように対照的な歴史的アイデンティティをもつにいたった左内と諭吉の生育環境，両親の性格や教育方針，青年期のモラトリアムの様相を対比させ説得的に論じている。

B) 谷崎潤一郎と芥川龍之介の有能感の生成

　三好（2011）は，エリクソンの発達理論における第Ⅳ段階の人格的活力（virtue）である有能感（competence）について両極端な2つの事例から，有能感の生成要因を明らかにし，有能感がアイデンティティに基づいた生産性にどのように影響するのかを示した。明治時代の東京で，学童期から抜群の学業成績を収め，若くして小説家としての地位を確立した作家谷崎潤一郎と芥川龍之介だったが，確固とした有能感の感覚をもつ谷崎に対して芥川は，秀才の自覚はありながらも有能感の欠如の感覚をもち続けた。同じような経歴を重ねながら，なぜ有能感の様相が対照的であったのかという問いに対して，エリクソンの理論から人格的活力が生成される要因・生成されない要因についての仮説を立て，比較分析を行った。谷崎の場合は無条件に愛され，寛大にしつけられた結果，第Ⅳ段階以前の人格的活力を基盤として「どんな境遇に置かれたにしても，僕は僕に備わっただけの力しか出せないし，又それだけは必ず出せるものと思う」（谷崎, 1931, p. 319）というような確固たる有能感が生成された。それに対して芥川の場合は，相互調整的でない養育環境と支配的なしつけを受け，初期の人格的活力の生成が阻害され，全知全能を求めるような早熟な良心が形成された。その結果，芥川は何をしても早熟な良心を満たすことができず，有能感の生成が妨げられた。そして谷崎は作家としてのアイデンティティに基づいた生産性を発揮し続け，創作に喜びを感じ楽しんだのに対して，作家としてのアイデンティティを主体的に選択しえなかった芥川は，書くことが「嫌々」「書かねばならぬ」というように義務感によって生産に従事し続けたことを示した。

C. 主題分析

　複数の人物の個別分析から，共通する生涯発達心理学的な主題（テーマ）について分析する枠組みを主題分析という。

A) モラトリアム

　西平（1983, 1996）はエリクソンの問題意識に基づいて，より適切なアイデンティティ選択のために，一時的にアイデンティティ決定を延期するモラトリアムについての主題分析を行った。将来の独自の自己実現にそなえて，才能や人格の基礎を創造するという大きな目的をもって，この目的を最優先課題とし，他の課題はすべて抑制し後回しにするというモラトリアムを深々と享受した人物として，西平（1978b, 1983, 1996）は道元，津田梅子，ロマン・ロラン（Rolland, R.），アルベルト・シュバイツァー（Schweitzer, A.）らをあげ，彼らのモラトリアムの様相を記述した。そして逆にモラトリアムを享受できなかった人物としてチャーリー・チャップリン（Chaplin, C.），フランツ・カフカ（Kafka, F.）らをあげ，その原因をそれぞれ貧困，両親との心理的な相克として分析している。さらに生育史環境としてはモラトリアムを享受することができなかったにもかかわらず，自力でモラトリアムを勝ち取り創りあげる型として，退学によって学問的な自由を獲得した西田幾多郎と，不当逮捕され，退学処分，市外退去を命じられた期間を革命家への知的準備・蓄積期としたレーニン（Lenin, V.）をあげている。西平（1983, 1996）は人間が環境に制約されながらも，その受け止め方については主体的に決めることができることを示し，モラトリアムの概念を，より豊かに展開している。

B) 職業的アイデンティティの移行

　西平（1979, 1996）は多くの伝記を読んでいく中で，対象人物がいつ頃に自分の才能に気づき，いつ頃に職業を決定したのかという視点に着目し，図3-4を示した。横軸の「一つの目標に統合する」志向－「分化し多様化する」志向という次元と，その選択が全生活空間と調和しているか否かに関する縦軸の「調和し親和的」－「葛藤し違和的」という次元から，4つの領域（アイデンティ

100　第3章　アイデンティティ研究の実際

```
              調和し親和的
                  │
       M          │         P
    アイデンティティ │     アイデンティティ
    フリー型      │     統合志向型
                  │    ↗
                  │  ↗
分化し多様化する ──┼──── 一つの目標に統合する
              ↙   │
       D          │         F
    アイデンティティ │     アイデンティティ
    拡散型       ←│     拘束型
                  │
              葛藤し違和的
```

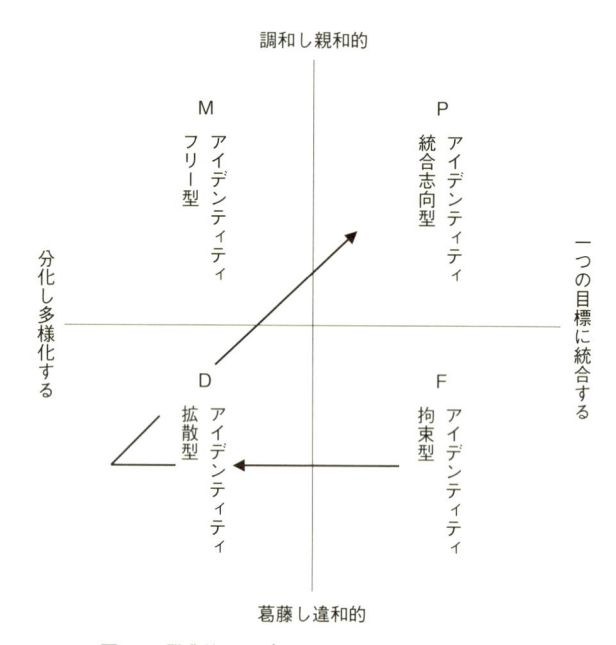

図 3-4　職業的アイデンティティの移行（西平, 1996）

注）アイデンティティ統合志向型（Progressive）・アイデンティティ拘束型（Foreclosure）・アイデンティティフリー型（Moratorium）・アイデンティティ拡散型（Diffusion）の概念は，西平が伝記研究を進めていく中で育まれてきたが，後にマーシャのアイデンティティ・ステイタスとの類似に気がつき，修正を加えている。マーシャは面接法により危機（crisis）・探求（exploration）とコミットメント（commitment）の存否の組み合わせから，アイデンティティ達成（identity achievement）・早期完了（foreclosure）・モラトリアム（moratorium）・アイデンティティ拡散（identity diffusion）を定義した。マーシャが現在のアイデンティティ・ステイタスを問題とするのに対して，伝記研究法においては職業的アイデンティティの移行が中心的な問題となる。なお，移行の経路には個人差があり，矢印の経路に限定されるわけではない。

ィ統合志向型・アイデンティティ拘束型・アイデンティティフリー型・アイデンティティ拡散型）に分けられる。西平（1996）はアイデンティティ統合志向型として3歳から音楽的才能をあらわし，天才的演奏家・作曲家として一生を終えたフレデリック・ショパン（Chopin, F.）らをあげている。この型は職業選択に関して迷いがなく，天性の才能をもち，全生活空間においてもすべての条件がその才能を育て磨くかのようにできており，移行がない。アイデンティティ拘束型も早い時期から1つの職業に統合して進んでいくが，父の厳命により

不承不承で自分の才能が向いていないことを感じたり，別の野心的な希望を抱いている型である。フランツ・カフカは早くから自分が文学に特異な才能をもっていることを自覚したが，商人である父親が経済的な収入を第一に考えて法律を学ぶことを強要したため，14年間にわたり損害保険協会に勤務しており，カフカの伝記は進路をめぐっての父親との相克に彩られている。
　アイデンティティフリー型とは，何ものにも拘束されず，自己の可能性を最大限追求しようとする，モラトリアム享受の型である。政治家，弁護士，学者，作家の道を確定せずに，全機能の成熟を見守っていたゲーテ（Goethe, J. W. von）らがこの型である。アイデンティティ拡散型とは，職業選択やアイデンティティ統合のために必要な信頼に基礎をおいた時間的展望をもてない型であり，その典型が型破りな俳句を詠んだ種田山頭火である。彼は虚無と絶望の中，自暴自棄の生活を送り，一生を旅に終えた。
　伝記資料は対象人物の全生涯を扱うことができるため，一生の間に，職業的アイデンティティがどのように移行していったかを捉えることができる。ウィリアム・ジェームズは，生理学，化学，地理学，医学といった自然科学から人間に関心が向かい，25歳を過ぎて初めて人間研究者としてのアイデンティティを確立しており，アイデンティティフリー型からアイデンティティ統合志向型への移行の典型である。また，拘束型から拡散型を経て統合志向型へ移行した典型としては，詩人であり彫刻家である高村光太郎があげられる。父親光雲の影響で子どもの頃からノミをもち，父親が教授をしている東京美術学校の学生となったが，ロダン（Rodin, F. A. R.）のような本格芸術に開眼し，父親によって導かれた道を否定しなければ職人芸に終わると感じ（アイデンティティ拘束型），その焦燥感から留学先のパリで退廃的生活がはじまり（アイデンティティ拡散型），智恵子との恋愛や芸術的な進歩によって道を見定める（アイデンティティ統合志向型）という過程をたどった。
　他に西平（1981, 1996）は，ナルシシズムについての主題分析を通して，アイデンティティ形成に対して創造的・生産的に作用するナルシシズムと，破滅的に作用するナルシシズムがあることを見出したり，人格形成過程の研究には人格の3次元（健全性X・偉大性Y・超越性Z）を仮定することが有効であることを指摘し，それらの形成条件についても検討している（西平, 1983, 1990,

1996, 2004, 2010)。このように主題分析まで一人の研究者が行うだけでなく，大学院における半期のゼミで伝記研究を行う中で，各学生の個別分析を通して共通の主題が見出される場合もある。

引用文献

Erikson, E. H.（1950）. *Childhood and society*. New York: Norton.（仁科弥生（訳）（1980）. 幼児期と社会 2　東京：みすず書房）

Erikson, E. H.（1958）. *Young man Luther: A study in psychoanalysis and history*. New York: Norton.（西平　直（訳）（2002, 2003）. 青年ルター 1, 2　東京：みすず書房）

Erikson, E. H.（1959）. *Identity and life cycle*. New York: International Universities Press.（西平　直・中島由恵（訳）（2011）. アイデンティティとライフサイクル　東京：誠信書房）

Erikson, E. H.（1964）. *Insight and responsibility*. New York: Norton.（鑪幹八郎（訳）（1971）. 洞察と責任　東京：誠信書房）

Erikson, E. H.（1968）. *Identity: Youth and crisis*. New York: Norton.（岩瀬庸理（訳）（1982）. アイデンティティ―青年と危機　東京：金沢文庫）

Erikson, E. H.（1969）. *Gandhi's truth: On the origins of militant nonviolence*. New York: Norton.（星野美賀子（訳）（1973）. ガンディーの心理 1, 2　東京：みすず書房）

Erikson, E. H.（1974）. *Dimensions of a new identity*. New York: Norton.（五十嵐武士（訳）（1979）. 歴史の中のアイデンティティ　東京：みすず書房）

三好昭子（2008）. 谷崎潤一郎の否定的アイデンティティ選択についての分析　発達心理学研究, **19**（2）, 98-107.

三好昭子（2011）. 有能感の生成と，その後のアイデンティティに基づいた生産性についての伝記資料による比較分析：谷崎潤一郎と芥川龍之介の伝記資料を用いて　発達心理学研究, **22**（3）, 286-297.

茂垣まどか（2009）. アイデンティティ形成と同一視の関連性：エーリヒ・ケストナーの，育ての父および小学校教師への同一視の伝記分析から　立教大学教職研究, **19**, 1-10.

西平直喜（1978a）. 講座アイデンティティ（1）　青年心理, **7**, 164-183.

西平直喜（1978b）. 講座アイデンティティ（2）　青年心理, **8**, 151-170.

西平直喜（1978c）. 講座続アイデンティティ（1）　青年心理, **11**, 167-186.

西平直喜（1979）. 講座続アイデンティティ（2）　青年心理, **12**, 153-172.

西平直喜（1981a）. 幼い日々にきいた心の詩　東京：有斐閣

西平直喜（1981b）. 子どもが世界に出会う日　東京：有斐閣

西平直喜（1983）. 青年心理学方法論　東京：有斐閣

西平直喜（1990）. 成人になること　東京：東京大学出版会

西平直喜（1996）. 生育史心理学序説：伝記研究から自分史制作へ　東京：金子書房

西平直喜 (1999). 女性の生涯発達の心理・歴史的考察―伝記資料によるライフサイクルの分析　岡本祐子（編）　女性の生涯発達とアイデンティティ　京都：北大路書房　pp. 31-54.
西平直喜 (2004). 偉い人とはどういう人か　京都：北大路書房
西平直喜 (2010). 伝記分析から見た成人期の人格的成熟　岡本祐子（編）　成人発達臨床心理学ハンドブック：個と関係性からライフサイクルを見る　京都：ナカニシヤ出版　pp. 30-39.
大野　久 (1996). ベートーヴェンのハイリゲンシュタットの遺書の「自我に内在する回復力」からの分析　青年心理学研究, **8**, 17-26.
大野　久 (1998). 伝記分析の意味と有効性―典型の研究.　青年心理学研究, **10**, 67-71.
大野　久 (2008). 伝記研究により自己をとらえる　榎本博明・岡田　努（編）　自己心理学1―自己心理学研究の歴史と方法　東京：金子書房　pp. 129-149.
大野　久 (2010). 伝記分析法を用いた質的研究法　岡本祐子（編）　成人発達臨床心理学ハンドブック：個と関係性からライフサイクルを見る　京都：ナカニシヤ出版　pp. 325-329.
谷崎潤一郎 (1917). 異端者の悲しみ（小説）　谷崎潤一郎全集第4巻　東京：中央公論社　pp. 377-452.
谷崎潤一郎 (1931). 佐藤春夫に与えて過去半生を語る書　谷崎潤一郎全集第20巻　東京：中央公論社　pp. 307-345.

参考書

①Erikson, E. H. (1958). *Young man Luther: A study in psychoanalysis and history.* New York: Norton.（西平　直（訳）(2002, 2003)．青年ルター 1, 2　東京：みすず書房）
　　伝記研究法の元となった心理-歴史的方法の原点を，『エリクソンの人間学』や『魂のライフサイクル』の著者が翻訳した。原書目次は章題のみだが，章題に副題が添えられ，小見出しがつけられ，さらにエリクソンの思想をふまえての用語解説もある。
②西平直喜 (1981). 伝記にみる人間形成物語1：幼い日々にきいた心の詩　東京：有斐閣
　　同年に同出版社から出版されている「伝記にみる人間形成物語2：子どもが世界に出会う日」も同様に，国内外の多方面にわたる多数の歴史的人物の伝記を資料として人格形成にアプローチした著書。わかりやすい語り口で方法論にも言及されている。
③西平直喜 (2004). 偉い人とはどういう人か　京都：北大路書房
　　人間のパーソナリティはどのように成熟し，偉大な人間になるのか？　伝記研究法によるこれまでの研究成果をまとめ，偉大性という角度から考察した著書。全生涯を展望したうえでアイデンティティを理解できるという伝記研究法ならではの利点が実感できる。

(4) 語り行為の力学に着目したアプローチの実際

大倉得史

　本節では第2章の (4) をふまえ，個体内部の自我機能の産物としての「実体的なアイデンティティ」という見方とは異なった観点からアプローチしている研究をいくつか紹介し，これからのアイデンティティ研究をどのような方向に展開させていけば良いのか，筆者なりにその可能性を模索してみたい。なお第2章の (4) と同様，論者が「アイデンティティ」を主題としていない研究——しかし，中身としてはアイデンティティ問題と深く絡むテーマを扱った研究——も含めて見ていくことにする。

A. 個性記述にこだわる

　ジョセルソン (Josselson, 1996) は，成人期以降の女性がどのように人生を歩んでいくのか，個性記述的な手法で分厚く描き出している。彼女によれば，「良妻賢母」にしろ，「抑圧された女性」にしろ，これまでの女性像は社会の作り出したステレオタイプに過ぎず，心理学は成人期以降の女性がどのように発達していくのか，ほとんど明らかにしていない。したがって，何らかの理論的命題を証明しようとする以前に，まずは女性たちが普段どんな生活を送り，時間とともにそのあり方がどのように変化していくのか，ライフストーリーを丁寧にみていく必要がある。こうした考えのもと，彼女は大学時代にアイデンティティ・ステイタス面接 (Marcia, 1966) を実施した30名の協力者を追跡し，その11年後，21年後にライフヒストリー・インタビューを行った。そして，4つのステイタスの女性たちは卒業後，それぞれ特徴的な道のりを歩んでいくが，中年期までにはかなり似通った状態——自分自身の多くの側面を受け入れ，自分なりの生き方を見出す——に至ること，すべての女性が求めていたのは，価値を見出した領域でうまくやれているという「有能感」と，重要だとみなした人々との「つながり」であったことを見出した。

　この研究を読むと，一人ひとりがまさに千差万別の人生を送っていることを実感させられると同時に，俗に「大人の落ち着き」ともいわれるような一種の安定感がどこから生まれてくるのか，その一般構造が手応えをもって了解でき

る気がする。この「手応えある了解感」は,「有能感」や「つながり」を質問紙によって測る調査などでは得られないもの,一人ひとりの物語を丁寧に見ていくことによって各概念に豊かな意味内容を肉づけしていくことでしか得られないものだろう。物語メタファーによる認識の特徴だといえる。

第1回目のインタビューをアイデンティティ・ステイタス面接から始めたために,最後までその枠組みを乗り越えられなかった点や,ライフストーリーが調査者と協力者の共同構築の産物であるという観点からの分析が不十分な点など,素朴な部分が残るものの,大変な労力をかけた意義深い研究であることは間違いない。これまでのアイデンティティ研究の多くは,一人ひとりの人間の生きる文脈を捨象した統計的手法を用いているが,そのような研究論文を何本も読む以上に人間理解が進んだという手応えを得られる研究である。このような本格的な個性記述的研究がもっと増えて良い。

B. 家族などへのインタビュー

ナラティブ・アプローチでは人々の語る物語を主たる題材とするが,その際ある困難が生じることがある。それは,その物語が「事実」であるかどうか分からないという問題である。ブルーナー（Bruner, 1987, 1990/1999）は基本的には物語が「そのように語られたこと」自体が重要であって,それが「事実」かどうかは問題ではないという立場に立つが,一方,この問題が物語の意味の把握を困難にすることは認めている。たとえば,ある人が「私たちは親密な家族だった」と語る場合,「事実」としてそうだったのか,何か他の意味があるのかは直ちに判断できない。これに対処するために,ブルーナーは一つの家族のメンバーそれぞれからライフストーリーを聴くことにした。

対象としたのは,道徳的で思慮深い60代の父親と,イタリア移民の2世で保守主義的な母親,20代から30代の4人の子どもたちから成る一家であった。ブルーナーは彼らのライフストーリーやちょっとした言葉遣いの中に,「家庭生活（home）」と「現実世界（real world）」との対比が頻出することを見出した。家族のメンバーはそれぞれ個性的な人生を送っていたが,「平穏」で「安全」な「家庭生活」から一歩出て,「現実世界」でうまくやっていくためには「抜け目なさ」が必要である,といったイメージは共有していた。ブルーナー

は個人のライフストーリーにはイタリア移民の伝統を引き継ぐ家族のライフストーリーが，そして家族のライフストーリーにはその時代・文化のストーリー（アメリカの移民の歴史）が浸透しているといった分析を行っている。この研究は，なぜアイデンティティ概念が個人のあり方を指すものとしても，文化のあり方を指すものとしても使われるのか，その原理を明らかにするとともに，そうした文化的規定を受けながら個人がどのように「固有の生」を送っていくのかを描き出している点で興味深い。

　また，荘島（2008）は，20歳で「性同一性障害」の診断を受け，性別適合手術（胸除去，ペニス建設）に向けて治療を受けていたハルというトランスジェンダー当事者と，その母親，妹に対してインタビューを行い，ハルの「不登校」や「性同一性障害」が家族にどのように受け止められ，生きられていたかを明らかにしようとしている（インタビューを拒否した父親については，その「語らない」という行為について考察）。そこでは，「病いの経験」が決してハル個人の中の問題としてあるのではなく，家族のメンバーを巻き込み，各人の物語のずれや対立を生み出しながら，新たな「病いの経験」を生み出していく様相が描き出されている。葛藤を抱えながらアイデンティティを模索する個人がいるとき，その個人のあり方そのものが家族に影響を与え，それに対する家族の反応が逆に個人のアイデンティティに深く影響していく。ジェンダー・アイデンティティをめぐる諸々の葛藤について，またアイデンティティ形成のプロセス一般について，示唆的な論文である。

　ブルーナーや荘島の研究は，個人の物語のみを見ているだけでは分かりにくい「事実」の次元を，複数の人物の視点を交錯させることであぶり出しながら，アイデンティティが他者や文化との関係の中で力動的に形成されていく様相を明らかにしたものだといえる。物語の「意味」（図）は，それがどういった「事実」を背景（地）にして語られたものなのかを確定しなければはっきりとは掴めない。その図と地の「立体化」のために，複数の視点から語られた物語を提示することは有効である。必ずしも家族でなくても良い。同様の「事実」を体験していると思われる複数の人々の語りや，協力者の生活世界に身を置いてみた「私」（調査者）の語り——エスノグラフィックな語り（山田, 2009）——が，協力者の姿をより立体的に浮かび上がらせることがある。あるいはまた，

異なる時点で得られた同一人による複数の物語の変遷過程から「事実」が示唆されることもある（浜田, 2006）。いずれにせよ，インタビュイーを単なる「事実についての情報提供者」とみなすのではなく，他者との相互交渉の中で物語を更新し続けるようなアクティブな存在者として位置づけ，その生のありようを立体的に描き出す工夫をしていく必要がある。

C. エスノメソドロジー的研究はアイデンティティのどの側面を明らかにするか

　人々の日常的な（言語的）相互行為を分析して，人々が日々の活動をどのように秩序づけているのかを探るのがエスノメソドロジーである（前田・水川・岡田, 2007）。たとえば，松嶋（2005）は少年更生保護施設の生活技能訓練を観察し，そこでの少年と指導員の何気ないやりとりが，その少年を「問題のある少年」と見せるように構造化されていたことを見出している。また，小学校の授業観察を行った保坂（1998）は，誰も答えようとしなかった教師の問いかけに対して，「じゃんけん」をして負けた方が答えるという行動をとった2人の子どもに話を聴き，そのような行動をとった「動機」が2人の子どもで微妙にずれていたことを見出した。彼女は，行動の「動機」は個人に内在するものではなく，社会文化的な文脈の中でその行動が理解可能になるように構成されたストーリー——そしてそのストーリーは（2人の子どもと観察者の）対話の力学の中で共同構築される——であり，それが個人のアイデンティティに深く関係するだろうと述べている。さらに，南（2000）は，海外帰国子女の文化的アイデンティティがいかに形成されていくかを授業観察やインタビューによって調査し，集団内における自明の前提を共有できないことがコミュニケーションのちょっとした（けれど本人には非常に大きな）障碍となり，それがその文化の中で「うまくやれている」という感覚（機能的成員性）の成立を妨げることを明らかにした（日常場面でこの機能的成員性が満たされていることがアイデンティティの基盤となる）。

　このように日常的な相互行為のミクロな分析を通して，アイデンティティが構築されていく様相を明らかにしていこうとするのが，エスノメソドロジー的研究の特徴だといえる。アイデンティティが個人の内側でのみ形作られるので

はなく，実際の他者とのダイナミックな相互行為の中で共同構築されていく様相を明らかにするという視点は重要なものであるが，その一方，これらの研究はあくまでアイデンティティの限られた側面のみを扱っていることに注意する必要がある。たとえば，松嶋の研究においては「問題のある少年」という他者からの「ラベル」がどのように構築されるかが示されているものの，その「ラベル」が当人によってどのように生きられているのか，当人は自らをどのような者とみなしているのかについては定かではない。また保坂は「動機」についてのストーリーが，南は「機能的成員性」が，それぞれアイデンティティと関係していることはほのめかすものの，個人のアイデンティティを構成する要素として他にどのようなものがあり，それらがどのように関連し合っているのかについては語っていない。私見では，エスノメソドロジーのミクロ分析というのは，基本的には「今，ここ」における各人の役割や機能（うまく機能できない場合に与えられる役割を含む）を論じるものであって，人生という長いスパンの中に自己をどう位置づけるかという通時的側面や，与えられた役割を個人がどのように感じ，体験しているかという主観的側面に十分迫りうるものではない。そのことをふまえておくと，エスノメソドロジー的研究で使われる「アイデンティティ」概念と，他の研究の「アイデンティティ」概念との異質さに，混乱させられることも少なくなる。

D. 対話的自己論との対話

溝上（2008）は，エリクソンのアイデンティティ論は，ポストモダンと呼ばれる現代社会のアイデンティティを十分説明しえないと主張する。ポストモダンのアイデンティティとは，いわば「そのとき，その場で」変幻自在に適応的な姿をとる，複数化・断片化・流動化した自己のあり方である。「本当の自分なんてないと思う。友達といるときの自分，家族といるときの自分，アルバイト先での自分など，自分はその都度『キャラ』を変えてうまくやっているし，それで十分だと思う」といった現代青年の感覚は，その一例だろう。この「バラバラな自己」を説明するために，溝上は自我の「一極集中的」なダイナミクスによってではなく，ハーマンス（Hermans & Kempen, 1993/2006）の対話的自己論のような「分権的」なダイナミクスによって自己が構成されていくとい

う見方を導入する必要性を説く。

　対話的自己論では、自己の世界を構成するさまざまな「私」、他者、モノを、すべて「ポジション」と呼ぶ。そして、私（I）は、それら各ポジションを自在に移動することができると考える。たとえば、大学4年生の「私」、昔気質の父、愛用のギター等々、それぞれのポジションからの「声」がポリフォニーを成して自己は構成されている（「大学4年生として私は進路を決めねばならない。愛用のギターは「音楽でやっていこう」と誘いかけてくるが、昔気質の父の言いそうなことを考えると、私は……」のように）。主我としての私（I）が、人生にまとまりと目的を与える一編の物語（ライフストーリーとしてのアイデンティティ）を編み上げるというマクアダムス（McAdams, 1985）の考え方よりもさらにラディカルに、多数の声が自己の中で反響（対話）しており、どの声（ポジション）にも絶対的優位性は与えられてはいないとみるのが、対話的自己論の特徴である。この理論のもとでは、むしろある特定のポジションの声が肥大化し、「I」がその他のポジションからの声を発せられなくなった状態が「不健康」でさえある（この理論の臨床的応用としての自己対面法は、積極的に各ポジションに声を与え、ポジション間の対話を促すことを目標とする）。

　この理論の登場により、アイデンティティ論は解体されてしまったとみる向きもあるかもしれないが、そうではない。それは第一に、自己の世界に取り入れられた「ポジション群」というのは、エリクソン（Erikson, 1959/2011）がアイデンティティの構成要素とみなした「同一化群」と同じものと考えて良いからであり（溝上, 2008）、第二に、対話的自己論でも各ポジションは「バラバラ」なままではなく、そこに対話が生まれる必要があるとみなされているからである。つまり、「バラバラ」であることを良しとしているアイデンティティと、「バラバラ」な状態に苦しむアイデンティティ拡散では、ポジション間の対話の様態が異なるだろうことを対話的自己論は示唆しており、単純な「バラバラ」容認の理論構成とはなっていないのである。

　細かい検討は別の機会に譲るが、アイデンティティ論と対話的自己論は決して相性が悪いわけではない。アイデンティティ研究に対話的自己論的な視点を取り込み、インタビューで協力者の語りを聴いていくときにも、それを単一の物語としてではなく、さまざまな声の多声的な反響として聴き取っていく手法

を工夫していく必要がある。

E.「私」（調査者）の声を織り交ぜる

　語り合い法（大倉, 2002, 2011）の最大の特徴は，調査者の「私」に感じられたこと，喚起された思いや体験などを（協力者に，読者に）積極的に提示していく点にある。もし語り合いの場での「私」が十分に協力者に寄り添うことができているならば，その「感じ」や「思い」は，その語りを紡ぐ協力者自身が自己の内部で聴いている「声」と重なってくる。

　西平（1998）は，ある青年との 10 年以上にわたる断続的な語り合いを「魂のアイデンティティ」を求める遍歴として綴っている。最初は「登校拒否の一事例」であったはずの青年との語り合いは，「その心を共に感じようとすればするほど，むしろ逆に，私の方が手の内を見せてしまうことに」（西平, 1998, p. 4）なっていく。西平は，語り合いの場で，実は自分は自分自身と向き合っていたのではないか，そしてその青年も彼自身と向き合うために会いに来ていたのではないかと振り返っている。このように語り合いの濃度が高まると，両者の世界がシンクロし，誰のものともつかないさまざまな声が反響するということが起こってくる。語られた声，語られなかった声を含め，それら諸々の声の反響を記述していくことで，その語り合いの現場に読者を引き込み，読者の内にも似たような多声的状況を引き起こせれば，協力者のありようがさらによく了解できるに違いない。

　逆にいえば，ある青年の「私が求めているのは，自分のやりたいことに自分が縛られない生き方，アイデンティティを必要としないアイデンティティだ」（小沢, 2002）といった物語が，まさにポストモダン的な「バラバラな自己」の典型例なのか，それとも実は「一貫した自己」の最後の砦を死守しようとした心の叫びなのか，それはこの青年の声なき声に耳を傾けてみないと判別できない。物語のみを提示しても，しばしばそこからは単一の声（字義的意味）しか聞こえてこない。先に「意味」と「事実」の図地構成には複数の物語を提示することが有効だと述べたが，そのもう一つの実践法が，協力者の語りに調査者自身の声を反響させることである。それによって，協力者の自己内対話（の等価物）を語り合いの場に，また読者との「対話」の場に，現出させることがで

きる（大倉, 2011）。

西平の「体験に即したフィクション」や，筆者の語り合い法などのように，協力者の語りに調査者の「私」の声を響き合わせていくスタイルの研究（他には原田・能智, 2012 など）が必要である。

F. 無意識の声に耳を傾ける

筆者の研究では，苦しいアイデンティティ拡散状態から抜け出すとき，重たい歯車がついに回転し出すかのごとく，世界に対する根本的な構えが変化することが示唆されている（大倉, 2002, 2011）。それは従来のアイデンティティ研究が述べてきたような「バラバラなものが統合される」といった変化ではないし，単に「人生や自己のあり方に対して（論理的な）意味づけができた」といった話でもない。「意味」が感じられるのは，あくまでその変化（有機体論的変化）の事後的な結果である。

この変化の本質を捉える鍵は，多声的状況の中でじっと沈黙を守っている無意識の声（あるいは他の声と断絶した身体の「声」）にある。無意識の声が沈黙を破り，他の声と対話を始めたとき，自己や人生の「かたち」が変わり始めるのだと考えられる（江口, 2000）。森岡（1999）は，歩行困難を訴える女性のセラピーで，断片的に語られる出来事と出来事のあいだに繰り返し現れる無意識的テーマを探っていき，やがてある家族のエピソードに行き着く。そこからさまざまな出来事がつながっていき，新たな物語が生み出されていった。

一体こうした過程で何が起こっているのか。そこでセラピストが行っている「クライエントの発話を映しつつ，微妙に異なるものへと移す」（森岡, 2005）という応答がどんな意味をもっているのか。セラピーの場に限らず，語られる物語の背後に潜む無意識の声に耳を傾け，自己世界を形作るさまざまな声の対話の原理を探っていくことが，これまでほとんど無意識的過程を扱ってこなかったアイデンティティ研究の今後の重要な課題であろう。

引用文献

Bruner, J. (1987). Life as narrative. *Social Research*, **54** (1), 11-32.
Bruner, J. (1990). *Acts of meaning*. Cambridge, MA: Harvard University Press. （岡本夏

木・仲渡一美・吉村啓子（訳）（1999）. 意味の復権—フォークサイコロジーに向けて　京都：ミネルヴァ書房）
江口重幸（2000）. 病いの語りと人生の変容—「慢性分裂病」への臨床民族誌的アプローチ　やまだようこ（編）　人生を物語る—生成のライフストーリー　京都：ミネルヴァ書房　pp. 39-72.
Erikson, E. H. (1959). *Identity and the life cycle*. New York: International Universities Press.（西平　直・中島由恵（訳）（2011）. アイデンティティとライフサイクル　東京：誠信書房）
浜田寿美男（2006）. 自白が無実を証明する—袴田事件，その自白の心理学的供述分析　京都：北大路書房
原田満里子・能智正博（2012）. 二重のライフストーリーを生きる　質的心理学研究, **11**, 26-44.
Hermans, H., & Kempen, H. (1993). *The dialogical self: Meaning as movement*. California: Academic Press.（溝上慎一・水間玲子・森岡正芳（訳）（2006）. 対話的自己—デカルト／ジェームズ／ミードを超えて　東京：新曜社）
保坂裕子（1998）. 教室学習場面における動機とアイデンティティの物語的構成—教室の解釈的参加観察研究　教育方法学研究, **24**, 39-48.
Josselson, R. (1996). *Revising herself: The story of women's identity from college to midlife*. New York: Oxford University Press.
前田泰樹・水川喜文・岡田光弘（2007）. エスノメソドロジー—人々の実践から学ぶ　東京：新曜社
Marcia, J. E. (1966). Development and validation of ego-identity status. *Journal of Personality & Social Psychology*, **3**, 551-558.
松嶋秀明（2005）. 関係性のなかの非行少年—更生保護施設のエスノグラフィーから　東京：新曜社
McAdams, D. P. (1985). *Power, intimacy, and the life story: Personological Inquiries into Identity*. Homewood, Illinois: The Dorsey Press.
南　保輔（2000）. 海外帰国子女のアイデンティティ—生活経験と通文化的人間形成　東京：東信堂
溝上慎一（2008）. 自己形成の心理学—他者の森をかけ抜けて自己になる　京都：世界思想社
森岡正芳（1999）. 精神分析と物語（ナラティヴ）　小森康永・野口裕二・野村直樹（編）　ナラティヴ・セラピーの世界　東京：日本評論社　pp. 75-92.
森岡正芳（2005）. うつし　臨床の詩学　東京：みすず書房
西平　直（1998）. 魂のアイデンティティ—心をめぐるある遍歴　東京：金子書房
大倉得史（2002）. 拡散 diffusion —「アイデンティティ」をめぐり，僕達は今　京都：ミネルヴァ書房

大倉得史（2011）．語り合いのアイデンティティ心理学　京都：京都大学学術出版会
小沢一仁（2002）．学び支援の自己理解教育実践「大学生の心理学」を居場所及びアイデンティティの視点から捉える　京都大学高等教育研究, **8**, 59-74.
荘島幸子（2008）．トランスジェンダーを生きる当事者と家族　質的心理学研究, **7**, 204-224.
山田富秋（2009）．インタビューとフィールドワーク　質的心理学フォーラム, **1**, 7-12.

参考書

①Hermans, H., & Kempen, H. (1993). *The dialogical self: Meaning as movement*. California: Academic Press.（溝上慎一・水間玲子・森岡正芳（訳）(2006). 対話的自己─デカルト／ジェームズ／ミードを超えて　東京：新曜社）
　　対話的自己論についての代表的著作。心理学，哲学，文学，人類学，社会学，科学論等の最先端の知見を参照しながら自らの理論を鍛え上げたハーマンスの思想の厚みを感じさせる。難解だが，訳者による解説が分かりやすい。

②西平　直（1998）．魂のアイデンティティ─心をめぐるある遍歴　東京：金子書房
　　アイデンティティ問題とはそもそも何だったのか。一人の青年と対話していった著者が，彼から突きつけられた青年期的な問いを生き直すようにしながら，この問題の最深部にまで思索を押し進めていく。

③大倉得史（2011）．語り合いのアイデンティティ心理学　京都：京都大学学術出版会
　　語り合い法という独自のアプローチを用いて，新たなアイデンティティ研究のあり方を模索した著書（2003年の博士論文のリライト）。無意識過程および方法論についての思索が（良くも悪くも）粘っこい。

第4章
アイデンティティ研究のこれから

(1) アイデンティティとは何かを問う研究

A. 発達心理学的研究
白井利明

　アイデンティティとは何か　エリクソン（Erikson, 1959/2011）によれば，まず，個人的アイデンティティ（personal identity）とは，自分自身が変化しても同じ人間であるという自覚〔連続性（continuity）〕と，自分が他の誰かではない自分自身であるという自覚〔斉一性（sameness）〕からなり，しかも他者からもそのようなものとみなされていることをいう。そして，それが社会的に定義されたものへと成長しつつあることをアイデンティティ（ego identity）という。

　また，今日のアイデンティティの実証研究の代表者である（杉村，2012），クローガー（Kroger, 2007）によると，アイデンティティとは自分は何かという問いに答えるものであるが，①自分自身が時間や状況とともに変化したり変化しなかったりすることをどう意味づけるか，②自分のことを自分で決定できることと他者とともにあるということとをどうつなげるのか，③自分の内から湧き起こることと外から要請されることとの兼ね合いをどうとっていくのか，という問いに答えるものである。さらに，クローガー（Kroger, 2007）によれば，アイデンティティの生涯発達的研究の問いとは，生涯で変化するのはアイデンティティのどのような側面であり，変化しないのはどのような側面なのか，というものである。

A）成人期までのアイデンティティ発達

　エリクソン（Erikson, 1959/2011）は，アイデンティティの生涯発達について論じている。乳児期では，一極性（unipolarity）対 早すぎる自己分化（premature self-differentiation）として出現する。幼児前期では，二極化（bipolarity）対 自閉（autism）である。幼児後期では，遊びによる同一化（play identification）対（エディプス的な）幻想による複数のアイデンティティ〔(oedipal) fantasy identities〕である。学童期では，労働による同一化（work identification）対 アイデンティティの早期完了[注1]（identity foreclosure）である。青年期はアイデンティティ（identity）対 アイデンティティ拡散（identity diffusion）であり，成人前期では，連帯（solidarity）対 社会的孤立（social isolation）である。ただし，アイデンティティはそれ自体のみで発達していくものではない。その時期の他の構成要素と密接に関わり，個人の性質や社会の本質によって発達の程度，つまり構成要素の比率が変わってくる。青年期が終わる頃に初めて，アイデンティティがその段階に特有なものとなる。つまり，青年期の終わりまでに，相対的に葛藤のない心理社会的調整としてある種の統合を見出さなければならない。そうでなければ，アイデンティティは不完全なものとなって，人は葛藤をかかえて苦しむことになる。

　幼児は初期経験を何度も再構成する中で育っていく。幼児はライフサイクルの共同体（a community of life cycles）の中で生きており，ライフサイクルが幼児の欲動（drive）を方向づけると同時に，肯定的なフィードバックで欲動を昇華させもするのである。自分の中にある「混沌とした必要な怒り＝熱狂」（the chaos of needful rage）を昇華していくプロセスがアイデンティティの再構築の中核を占めるといえる。

　クローガー（Kroger, 2007）によれば，エリクソン（Erikson, 1968/1973）は，アイデンティティの感覚は，自分の生物学的特徴と自分自身の固有な欲求・関心・防衛，自分がいる文化的環境という3つの要素が相互に関わり合って作られるとしている。つまり，自分の生物的および心理的能力や関心と適合しているような，共同体の中での自分の役割や居場所（niches）を見出すことが最適なアイデンティティの発達である。それゆえ，大人の生活のもつ職業的・対人的構造で身を立てることが必要な青年期に，アイデンティティの問いの解決が

求められるのである。ただし，青年期は最初の解決にすぎない。その後も，自分の生物的・心理的・社会的環境の変化に伴い，アイデンティティは再構築されていくのである。

B) アイデンティティ発達のメカニズム

アイデンティティの実証的研究は，マーシャ（Marcia, 1966）が提唱したアイデンティティ・ステイタス・モデルによって大きく普及することになった。このモデルによれば，アイデンティティ・ステイタスは，コミットメント（commitment）と危機（crisis）もしくは探求（exploration）によって判定される。コミットメントとは，自分なりの目標や信念があることをいう。危機もしくは探求とは，コミットメントのあり方について悩んだり，いくつかの可能性を吟味したりする経験をいう。

アイデンティティはどのようなメカニズムで発達するのであろうか。ボスマとクンネン（Bosma & Kunnen, 2001）はトランザクション・モデル（transaction model）を使って説明した。トランザクションとは個人と文脈との相互作用のことをいう。もし個人と文脈が何の問題もなくしっくりいっているなら，今のコミットメントのままでよいということになる。しかし，個人と文脈のあいだにミスマッチもしくはコンフリクト（競合関係）があると，図4-1に示されるように，まず同化（assimilation）が試みられる。同化とは，状況に対する自分の見方や解釈を変えることであり，可能なら状況そのものを変えることをいう。それでコンフリクトが解決すれば，やはり今のままのコミットメントでよいことになる。ところが，それでうまくいかないと，調節（accommodation）が必要となる。調節とは，自分が今もっているアイデンティティを再評価することである。調節が行われれば，コミットメントが変化する。調節が行われなければ，今あるコミットメントが弱くなり，アイデンティティの感覚は得られなくなる。

今日のアイデンティティの研究ではコミットメントの形成と評価という点からアイデンティティ発達のプロセスが捉えられている。図4-2に示されるように，探求は，広がりのある探求（exploration in breadth）と深い探求（exploration in depth）の2つに分かれる（Luyckx, Schwartz, Goossens,

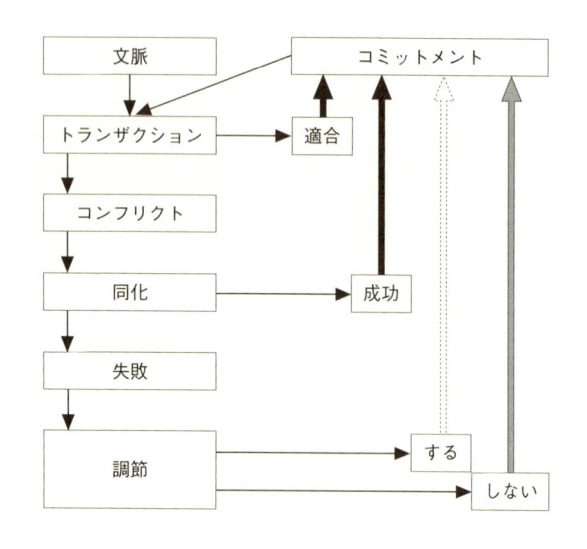

118　第4章　アイデンティティ研究のこれから

図4-1　コミットメントの発達的変化のメカニズム
(Bosma & Kunnen, 2001 をもとに杉村, 2012 が紹介したものを一部改変)

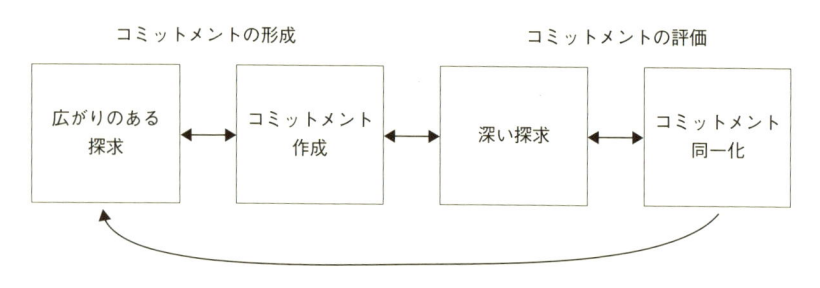

図4-2　コミットメントの形成と評価
(Luyckx, Schwartz, Goossens, Beyers, & Missotten, 2011, p. 82)

Beyers, & Missotten, 2011)。広がりのある探求は，さまざまな選択肢について自分自身についても環境に関しても情報を収集するものであり，深い探求は，内面的なメカニズムを指し，情報を探し，現在のコミットメントを評価するためにコミットメントについて他者と語ることをいう。

コミットメントの作成（commitment making）とは，さまざまな領域において強い選択をすることをいう。コミットメント同一化（identification with commitment）とは，図4-2でいうと個人とコミットメントが適合した状態にあたる。これらは4次元モデルと呼ばれており，プロセスを志向するモデルの一つでもある。他にアイデンティティ形成の3次元モデル（Crocetti, Rubini, & Meeus, 2008）があるが，ここでの3次元とはコミットメント，深い探求，コミットメント再考（reconsideration of commitment）の3つをいう。コミットメント再考とは，現在のアイデンティティの選択を止めて，可能な別の選択肢を評価検討する過程である。このように，さまざまなモデルが提唱されているが，いずれもアイデンティティの達成で終わりとするのではなく，アイデンティティが安定的なものへと作り替えられていく過程を捉えようとしている。

C) 成人期のアイデンティティ発達

成人前期とは20代から30代の頃をいうが，ここでは青年期に決定したアイデンティティを成人役割への移行の中で吟味・修正していく時期である（Kroger, 2007; Kroger, Martinussen, & Marcia, 2010; Marcia, 2002; 杉村，2008）。この時期では，コミットメントを調節することよりも，自分のコミットメントの方に文脈を合わせていく同化が強くなる傾向がある。そのため，むしろ新しい経験や人生の選択肢への開放性（openness）がアイデンティティの探求と達成に大きく関係するといわれている。

成人後期である中年期は，これまで築いてきたアイデンティティの改訂を行う時期である（Josselson, 1996; Kroger, 2007）。内省が深まり，過去に関心が向き，それを引き受けようとする態度が生まれてくる。たとえアイデンティティの状態が変化しなくても，周囲とうまくやっていくことができるようになるのである。

成人期のアイデンティティ発達の筋道は，いくつかの縦断研究が行われて，

そのかたちを示し始めている。その代表例として，ジョセルソン（Josselson, 1996）の研究がある。彼女は，1972年にアメリカの大学に在籍し21歳だった女性30名に対して面接調査した。この30名はランダムに選ばれている。その後も，33歳，43歳のときに調査を実施した。それぞれのアイデンティティ・ステイタスの人なりに探求があり，中年期には一定の安定をみていた。つまり，アイデンティティ・ステイタスが向上しなくても，周囲とうまくやっていけるようになっていったのである。

　ジョセルソン（Josselson, 1989）は，この縦断研究から，成人前期は変化がない安定期であるとしている。大学時代のアイデンティティ・ステイタスは，40代になるまで同じままであり，また外的環境が再編成を強制することがなければ，スタイルは同じままである。分離個体化が適度なペースで，しかも新しいアイデンティティの要素を認めてくれるような意味ある他者と一緒であることがアイデンティティ発達の必要条件であるとした。

　ジョセルソンの縦断研究は，1972年に21歳だった女性がその後の人生をアメリカでどのように過ごしたかを示した。1960年代の女性の地位向上運動を体験している世代である彼女たちが仕事をもちつづけることは，男性社会，つまり達成やヒエラルキーを優先する社会からもたらされる非人間的な側面（労働の疎外）を克服しなければならないことを課題にしていた。コテ（Côté, 2000）も指摘しているように，ジョセルソンが女性のアイデンティティは関係性を重視すると主張することもまた，個を重視する個人主義を標榜する西洋文化と対決することを意味していた。

　エリクソンは，かつて彼の著作『青年ルター』（Erikson, 1958/2002, 2003）において，個人のアイデンティティの危機を解決することが歴史を切り開いていく方向に重なることを示したが，ジョセルソンの縦断研究もまた，アメリカの女性たちが自己のアイデンティティを改訂していく作業が現代のアメリカの社会と文化に深く根ざしていることを示したといえよう。このことはわが国でアイデンティティを研究する際にも避けられないが，杉村と溝上（Sugimura & Mizokami, 2012）はそれを試みている。

　長期にわたり質的にも量的にも縦断的に追跡した研究として，ファジュコフ（Fadjukoff, 2007）がある。彼女はフィンランドの人たちを対象にした縦断

研究の成果を発表している。ファジュコフら (Fadjukoff, Pulkkinen, & Kokko, 2005) は，27歳，36歳，42歳の男女のアイデンティティ・ステイタスの変化を検討した。その結果，第1に，家族や職業の領域では中年期に変化が大きかったこと，第2に，拡散のステイタスから達成のステイタスへの変化パターンが最も多いことを見出した。さらに，ファジュコフら (Fadjukoff, Kokko, & Pulkkinen, 2007) は，同じデータを使って，家族生活に早く移行した者が高いアイデンティティ・ステイタスを得るかどうか検討したところ，仕事への移行が遅い場合やフルタイムへ移行した場合が高いステイタスであることを明らかにした。ファジュコフら (Fadjukoff & Pulkkinen, 2006) は，アイデンティティ形成と個人的コントロール感の関連を検討した。個人的コントロール感とは，個人の発達の主観的に重要な領域をコントロールする個人の感覚のことである。相互の関係を遅延効果モデルを使って検討したところ，36歳のアイデンティティ・ステイタスが高いほど42歳の個人的コントロール感が高いという結果を得た。つまり，アイデンティティが個人的コントロール感を規定しており，その逆ではなかったのである。ファジュコフらの研究は，個人が主体的にライフイベントに関わることで，成人期のアイデンティティがどのように形成されていくのかを示した。

わが国では白井が長期にわたる縦断研究を行い，量的研究のみならず質的研究も実施している。彼は19歳から42歳までのアイデンティティと時間的展望の発達を追跡調査しており，現在も継続中である。その研究の成果として，たとえば，白井ら (Shirai, Nakamura, & Katsuma, 2012) は，20代における未来指向がアイデンティティを形成していくことを描いている。

D) 今後の課題

以上の概括をふまえて，今後の検討課題を示す。第1に，それまでの発達的経験がどのように改訂されていくのかを明らかにすることである。連続性の問題については，自分が変化することと不変のままでいることは逆ではない。身体も自己も環境も変化する中で，自分が不変のままであれば，それはおそらく不変とは認識されないであろう。外界の変化に合わせて変化し続けることが不変であるとすれば，どのように自ら変化することで不変を作り出すのか，そ

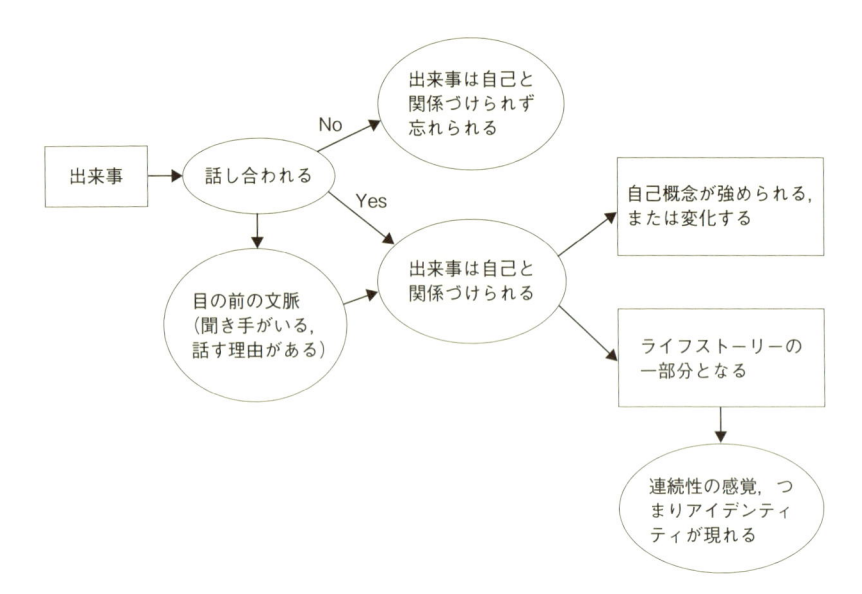

図 4-3 出来事がライフストーリーの一部となることの発達的説明モデル
(Pasupathi, Mansour, & Brubaker, 2007, p. 89)

れが問われなければならない。そのことに関して重要なアプローチとして，ナラティブからのアプローチがある。そこでは，図4-3に示されるように，出来事は語られることで自己と結びつき，そして一つのまとまりのあるライフストーリーとなって自己の連続性がもたらされるとされる（McLean, Breen, & Fournier, 2010; McLean & Pasupathi, 2010; Pasupathi, Mansour, & Brubaker, 2007）。新しい体験や新奇なテーマが蓄積されると，自己定義記憶を回想し他者に語る。自己定義記憶とは個人にとって重要な自伝的記憶のことである。他者から教訓と洞察が得られ，それを自分で解釈することによりアイデンティティが更新され自己定義記憶として残る。こうした筋道で自己の連続性がつくられるのである。ここで重要なことは，語りの中で回想が立ち上がり（野村，2005），過去と現在と未来が統合されて連続性が作り上げられていることである（白井，2011a）。他方で，さらには個人がそれまでの発達との関連や結びつきをつくっていく過程にまで迫ることが求められる（白井，2011b）。岡本(2010)は「中年期危機の病理性と乳幼児以来の自我形成や，中年期までの自我

の関連性について考察された研究は，筆者の臨床事例にもとづく考察のほかはあまり見られない」(p. 10) としている。これも明らかになれば，自分自身のアイデンティティを自分で改訂し，そして発達の主体となっている過程を解明できるであろう。

第 2 に，アイデンティティを他者との関係性や文脈の変化との関連で検討することである。内界と外界の関係は一筋縄ではない。他者と同じであることが自己を安定させることもあるし，自分が他者と違うことで自分が自分でありうることもある。他者との分化と結合は反対概念ではなく，同時に成立するからである。ジョセルソン（Josselson, 1996）は，女性のアイデンティティでは有能感（competence）と結合（connection）が大切になるといい，岡本（2007, 2010）は個としてのアイデンティティと関係性としてのアイデンティティと名づけた。そして，個と関係性は二分法の関係にあるのではないことはいうまでもない。杉村（2005）は，アイデンティティ形成とは，自己の視点に気づき，他者の視点を内在化しながら，そこで生じた自己と他者のあいだの食い違いを相互調整によって解決する作業であるとした。自己と他者は相互に規定し合いながらも，現実状況における行為を媒介することで，両者はずれたり反目し合ったりすることがある。こうしたダイナミズムを捉えることも今後の課題である。

注

1) フォークロージャー，早産等の訳語もある。

引用文献

Bosma, H. A., & Kunnen, S. E. (2001). Determinants and mechanisms in ego identity development: A review and synthesis. *Developmental Review*, **21**, 39-66.

Côté, J. (2000). *Arrested adulthood: The changing nature of maturity and identity*. New York: New York University Press.

Crocetti, E., Rubini, M., & Meeus, W. (2008). Capturing the dynamics of identity formation in various ethnic groups: Development and validation of a three dimensional model. *Journal of Adolescence*, **31**, 207-222.

Erikson, E. H. (1958). *Young man Luther: A study in psychoanalysis and history*. New York: Norton.（西平 直（訳）(2002, 2003). 青年ルター 1, 2. 東京：みすず書房）

Erikson, E. H. (1959). *Identity and the life cycle*. New York: International Universities

Press. (西平 直・中島由恵 (訳) (2011). アイデンティティとライフサイクル 東京：誠信書房)

Erikson, E. H. (1968). *Identity: Youth and crisis.* New York: International Universities Press. (岩瀬庸理 (訳) (1973). アイデンティティ―青年と危機 東京：金沢文庫)

Fadjukoff, P. (2007). *Identity formation in adulthood.* Jyväskylä, Finland: University Jyväskylä. (https://jyx.jyu.fi/dspace/bitstream/handle/123456789/13394/978951393 0073.pdf?sequence=1) (2013 年 3 月 27 日閲覧)

Fadjukoff, P., Kokko, K., & Pulkkinen, L. (2007). Implications of timing of entering adulthood for identity achievement. *Journal of Adolescent Research,* **22**, 504-530.

Fadjukoff, P., & Pulkkinen, L. (2006). Identity formation, personal control over development, and well-being. In L. Pulkkinen, J. Kaprio, & R. J. Rose (Eds.), *Socioemotional development and health from adolescence to adulthood.* New York: Cambridge University Press. pp. 265-285.

Fadjukoff, P., Pulkkinen, L., & Kokko, K. (2005). Identity processes in adulthood: Diverging domains. *Identity: An International Journal of Theory and Research,* **5**, 1-20.

Josselson, R. (1989). Identity formation in adolescence. In S. C. Feinstein (Ed.), *Adolescent psychiatry* (Vol.16). Chicago, IL: Chicago University Press. pp. 142-154.

Josselson, R. (1996). *Revising herself: The story of women's identity from college to midlife.* New York: Oxford University Press.

Kroger, J. (2007). *Identity development: Adolescence through adulthood* (2nd ed.). Thousand Oaks, CA: Sage Publications.

Kroger, J., Martinussen, M., & Marcia, J. E. (2010). Identity status change during adolescence and young adulthood: A meta-analysis. *Journal of Adolescence,* **33**, 683-698.

Luyckx, K., Schwartz, S. J., Goossens, L., Beyers, W., & Missotten, L. (2011). Processes of personal identity formation and evaluation. In S. J. Schwartz, K. Luyckx, & V. L. Vignoles (Eds.), *Handbook of identity theory and research.* New York: Springer. pp.77-98.

Marcia, J. E. (1966). Development and validation of ego-identity status. *Journal of Personality and Social Psychology,* **3**, 551-558.

Marcia, J. E. (2002). Identity and psychosocial development in adulthood. *Identity: An International Journal of Theory and Research,* **2**, 7-28.

McLean, K. C., Breen, A. V., & Fournier, M. A. (2010). Constructing the self in early, middle, and late adolescent boys: Narrative identity, individuation, and well-being. *Journal of Research on Adolescence,* **20**, 166-187.

McLean, K. C., & Pasupathi, M. (Eds.) (2010). *Narrative development in adolescence:*

Creating the storied self. New York: Springer.
野村晴夫（2005）．老年期の語り，意味，自己　遠藤利彦（編）　心理学の新しいかたち　第6巻　発達心理学の新しいかたち　東京：誠信書房　pp. 239-259.
岡本祐子（2007）．アイデンティティ生涯発達論の展開　京都：ミネルヴァ書房
岡本祐子（2010）．成人発達臨床心理学の視点　岡本祐子（編）　成人発達臨床心理学ハンドブック—個と関係性からライフサイクルを見る　京都：ナカニシヤ出版　pp. 1-10.
Pasupathi, M., Mansour, E., & Brubaker, J. R.（2007）. Developing a life story: Constructing relations between self and experience in autobiographical narratives. *Human Development*, **50**, 85-110.
白井利明（2011a）．自己と時間　日本発達心理学会（編）　子安増生・白井利明（編）　発達科学ハンドブック　第3巻　時間と人間　東京：新曜社　pp. 196-208.
白井利明　（2011b）．成人前期と中年期のアイデンティティ発達に関する研究課題　大阪教育大学紀要（第Ⅳ部門）, **59**（2）, 97-115.
Shirai, T., Nakamura, T., & Katsuka, K.（2012）. Time orientation and identity formation: Long-term longitudinal dynamics in emerging adulthood. *Japanese Psychological Research*, **54**, 274-284.
杉村和美（2005）．女子青年のアイデンティティ探求—関係性の観点から見た2年間の縦断研究　東京：風間書房
杉村和美（2008）．アイデンティティ　日本児童研究所（編）　児童心理学の進歩　2008年版　東京：金子書房　pp. 111-137.
杉村和美（2012）．クローガーのアイデンティティ形成論　梶田叡一・溝上慎一（編）　自己の心理学を学ぶ人のために　京都：世界思想社　pp. 169-179.
Sugimura, K., & Mizokami, S.（2012）. Personal identity in Japan. In S. J. Schwartz（Ed.）, *Identity around the world. New directions for child and adolescent development*, **138**, 123-143.

参考書

①Kroger, J.（2000）. *Identity development: Adolescence through adulthood*. Thousand Oaks, CA: Sage Publications.（榎本博明（監訳）（2005）．アイデンティティの発達—青年期から成人期—　京都：北大路書房）
　青年期以降のアイデンティティの発達を概説したテキストである。初心者にも読みやすいし，海外の研究がコンパクトに整理されていて，研究の到達点や課題が分かる。
②岡本祐子（2007）．アイデンティティ生涯発達論の展開　京都：ミネルヴァ書房
　中年期危機における個の発達と関係性の発達の葛藤と相互調整のあり方を明らかにした。成人期のアイデンティティの発達を実証的，かつ臨床的に描いた。
③杉村和美（2005）．女子青年のアイデンティティ探求—関係性の観点から見た2年間の

縦断研究— 東京：風間書房
　青年期のアイデンティティ探求のメカニズムを関係性の視点から実証的に解明した。海外の研究動向を十分に吸収し，その最前線に立っている。
④宮下一博・杉村和美（2008）．大学生の自己分析—いまだ見えぬアイデンティティに突然気づくために— 京都：ナカニシヤ出版
　アイデンティティの全体像を分かりやすく，しかも青年が自分自身を見つめることを通して理解できる。

B. 臨床心理学的研究　　　　　　　　　　　　　　　　　　　　　　　石田　弓

　アイデンティティとは何か　　アイデンティティとは，「本当の自分」や「正真正銘の自分」あるいは「自己の存在証明」などを意味しており，自己に対する主体的な是認・納得と，自分の所属する集団・社会の中に，その自分が受け入れられたときに確立される（岡本，1999）。また，青年期の心理社会的危機であるが，生涯を通じて発達・変容していくものでもある。したがって，アイデンティティは，私たちが生涯を通じて，社会の中で心の健康を維持しながら，自分らしく生きていくための基盤となるが，どの発達段階でもその形成や維持に支障をきたすおそれがあり，ひとたびアイデンティティの危機に陥ると深刻な社会不適応を引き起こすことにもなる。

　ここでは臨床心理学的な視点に立ち，現代の日本の社会に生きる人々の心の健康や病理との関連で，アイデンティティとは何かを問うための研究の今後について考えてみたい。

A）現代の日本の社会における「自分探し」の弊害
　「自分は何者か」という問いは，人類に普遍的な課題であるが，エリクソン（Erikson, 1950/1977）以来，「アイデンティティ」という言葉が社会一般に知れわたり，より意識されるようになった今日では，「自分らしさ」の探求は日常化し，人々の生き方に大きな影響を与えている。しかも，価値観が多様化した現代の日本の社会では，ライフスタイルに関する選択肢が増えており，多くの若者が個性的で独自性のある生き方を志向しながら，アイデンティティの課題に

取り組んでいる。また，こうした課題は青年期特有のものではなく，成人期や老年期でも「自分らしく生きること」への探求が止むことはない。現代の日本はかつてないほど「アイデンティティ」が渇望されている時代であり，巷では「自分らしさ」というキャッチコピーで溢れかえり，「自分探し」は一種の流行にもなっている。

　しかし，「本当の自分」や「正真正銘の自分」といったものが，本当に存在するのだろうか。本来，人は自己に関するあいまいな部分を抱えて生きているが，「アイデンティティ＝本当の自分」などと定義されると，「何者であるか」の正解を出さなければならないような印象を与えるため，「自分らしさ」に囚われて自意識過剰（アイデンティティ拡散の一種）に陥り，ひきこもる若者や，就職超氷河期の中で「自分らしさ」を活かせる仕事が見出せず，いつまでも役割実験が終わらない「永遠の青年」，あるいは「自分らしさ」がよく解らない不全感や無力感から，「自分探し」を諦めてしまう若者などを生み出すことにつながってはいないか。青年期におけるアイデンティティの確立は，その後の人生を適応的に生きていくために重要であるが，現代の日本における心の病理には，「何者かでなくてはならない」という強迫的な「自分探し」の弊害も存在しているように思われる。「アイデンティティ」という言葉が人々に与えるイメージの問題についても検討してみる必要性を感じる。

　一方，村澤（2005）は，エリクソンにおいては社会に共有された価値規範がアイデンティティ形成の前提となっていたが，価値の流動化した社会においてはそれが成り立たないと述べている。また，白井（2012）は，ある一つの自己定義に基づくアイデンティティの獲得が，脱産業社会（知識・情報・サービスの生産が軸に形成される社会）でも必要かどうか疑わしいと述べている。エリクソンが生きた時代や社会とは相当に異なる現代の日本では，社会の価値規範が流動的になっているため，自己の単一性や連続性，不変性あるいは独自性を基盤とするアイデンティティよりも，状況に合わせて変化することのできる自己の柔軟性が，社会適応のために必要ではないかということである。リフトン（Lifton, 1969/1971）の「プロテウス的人間」もこのことを示唆しており，単一の自己ではなく，多面性をもち，社会の激しい変化に順応できる自己が，今の時代には適しているのかもしれない。しかし，本来，アイデンティティと

は「さまざまな社会的自己とその同一性（複数）が形成されてゆく」（小此木，2002）ものであり，社会的状況や文脈に応じた柔軟性や多様性を有するものである。同時に多様な役割を担うことと，自己が次々と流動的に変化することは別次元のものである。価値規範が流動化し，変化が激しい世の中であるからこそ，「揺るがない自己の感覚」を形成していることが，心の健康や社会適応の維持に不可欠なのではないだろうか。とはいえ，次々と生産される新しい価値を絶え間なく取り入れていくほうが，社会での「ウケ」（他者の承認）がよく，自己愛の即時的充足にもつながりやすい。現代の日本における「自分探し」の流行は，こうした傾向が強くなっているように思われる。

　心理臨床の現場で出会う人々が抱えている心の問題をみていると，時代や社会がアイデンティティに与える影響は無視できない。アイデンティティが社会適応の基盤にあるのであれば，時代や社会の変化に伴う「自分探し」のあり方の変化にも注意を向ける必要がある。

B）大脳生理学的視点からみたアイデンティティ

　ここで一度，アイデンティティと関連の深い心理的障がいに目を向けると，境界性パーソナリティ障がい（Borderline Personality Disorder：BPD）や解離性同一性障がい（Dissociative Identity Disorder：DID）がある。前者では「著明で持続的な不安定な自己像または自己感」といったアイデンティティの障がいがあり，後者では「2つまたはそれ以上の，はっきりと他と区別される同一性または人格状態の存在」が問題となる（American Psychiatric Association, 2000/2003）。特にDIDでは，アイデンティティが何であるかを脳の次元でも考えさせられる。アイデンティティは心理社会的な概念であるが，ここでは心の機能を根底から規定する大脳生理学的視点から考えてみたい。

　この視点における研究として，岡野（1995）の「マルチ・チャンネル・モデル」が興味深い。これはDIDにおける人格（アイデンティティ）の多重化を説明するための知見の一つであるが，心はもともと多重的であり，常に「複数の意識」が同時に存在するという立場をとっている。この複数の意識ができ上がっていく過程は，日常生活で「自分とは誰か」という感覚を築いていく過程と歩調を合わせているという。私たちは日常のさまざまな状況に応じていくつも

の役割をこなしているが，これらの役割は異なる意識を形成しながら同時に存在し，状況に応じて一つだけが選択されるのである。そして，個々の役割は脳内の「一定の神経細胞（ニューロン）のサーキット」が担当し，一定の記憶や思考のパターンを司る膨大な神経細胞のネットワークを作り上げているため，私たちの心はこの種の神経細胞群からなる大きなネットワークを脳にいくつももっていることが想定される。しかも，通常は複数のアイデンティティを統合する力が存在しており，特定のネットワークがいくつかのネットワークに共有されているため，記憶内容も個々のアイデンティティに共有されるが，DIDではこの統合する力が損なわれているため，複数のアイデンティティは交流がもてず，解離してしまうと考えられるのである。

　以上をふまえると，アイデンティティは一定の記憶や思考のパターンをもった脳内の神経細胞における活動を反映するものであり，このパターンの基盤にある大脳生理学的構造の安定性が，アイデンティティの形成の程度を左右しているのかもしれない。また，こうした構造は外界との関わりの中で類似した体験が繰り返され，それに随伴する感情（肯定的なものも否定的なものもある）によって強化されることで，一つの役割にまで発展していくのかもしれない。そして，社会との関わりが広がる中で，同時に意識化でき，状況に応じて柔軟にシフトする複数のアイデンティティが形成されていくのであるが，これらに共有される特定の神経細胞のネットワークの存在こそが，アイデンティティにおける「斉一性」や「連続性」の感覚の基盤にあることが考えられる。

　もちろん，臨床心理学の領域では，以上のような脳の機能を直接検証していく研究は難しいが，心の健康や病理との関連からアイデンティティの本質をより実証的なかたちで明らかにするためには，大脳生理学的な次元にも関心を向けていく必要があると思われる。

C）生活環境の変化によるアイデンティティの危機

　一方，アイデンティティを確立している健康な人々に生じるアイデンティティの危機もある。昇進・配置転換，転校・転勤，結婚・離婚，出産・育児，解雇・退職など，生活環境における地位や役割などが変化するような場合に，人は「自分を見失う」ことがあるが，そこではアイデンティティの混乱が生じて

いる可能性がある。変化がそれほど大きくなければ、次第に新たな役割に馴染んでいき、多様なアイデンティティの一つとして自己に統合されていくが、変化が大きい場合や変化を受け入れがたい場合には、新たな役割を自己に統合できず、心の健康を損ねることも珍しくない。所属する社会からの承認を受けて、一定期間その役割を生きることで主たる自己を定義し、自尊心を高めてきたのであるから、その役割の大きな、あるいは急な変化は自我違和的な体験となり、しかもそれが強いられたように感じる場合は、馴染みのない役割への反発や複数の役割間の葛藤が生じやすい。

また、偶発的・突発的な事故や事件、病気あるいは災害などによって、健康な身体や大切な人間関係を失うことで、「これまでの自分」を維持できなくなることもある。こうした境遇に苦しむ人々と出会うと、アイデンティティの維持が安全で安定した生活環境や親しい人々（重要な他者）との関係性に依存していることを再認識させられる。こうしたことは普段それほど意識されることはないが、ひとたび失ってしまうと「自分らしさ」の喪失体験にもつながるのである。そして、これらのアイデンティティの混乱は、大脳生理学的な変調も引き起こすためか、うつ病や不安障がいなどの精神疾患にもつながりやすい。

しかし、多くの人々が人生のどこかで何らかの変化や喪失に直面している。そこで心の健康を維持・回復できるかどうかを左右するものに「レジリエンス（resilience）」がある。「精神的回復力」や「心の復元力」と訳されるが、その高さを規定する要因の一つとして、小塩ら（2002）は「自尊心の高さ」をあげている。自尊感情はアイデンティティとも関連が深いことから、レジリエンスとアイデンティティの関連――たとえば、アイデンティティそのものに潜在するレジリエンス的な要素――について研究を深めることで、役割変化や喪失体験をきっかけに不適応に陥る人々を支援するための手掛かりが得られるかもしれない。

また、こうした危機を克服するには、自我違和的な役割にコミットする中で、自分に対する肯定的感情を経験したり、不幸な偶然に対しても自分にとっての「必然とも思われる意味」を見出すことで、自己の現実を受け容れながら、新たなアイデンティティを獲得していくことが不可欠となる。ただし、こうした問題を抱えている人々の中には中年期や老年期にある人々も多いため、各発達段

階に固有の心理社会的課題の影響も視野に入れた研究が必要となる。

D)「ナラティヴ・アプローチ」と新たなアイデンティティの獲得

　以上のように，心の問題を抱えた人々を理解し，支援していく中でもアイデンティティが何であるかを考えていくことができると思われる。ここでは，そのための有用な方法として「ナラティヴ・アプローチ（Narrative Approach）」を取り上げたい。

　これは「クライエントに自分自身のこれまでの生き様や病気の経過―病気をどう認識し闘ってきたか，今どう思っているか―などを自分の言葉で物語（narrative）として語ってもらい，それを重要な情報ととらえて医療を進める方法」（塩飽, 2006）と説明されるが，こうした試みはアイデンティティの危機を克服していく際にも力を発揮すると思われる。そこでは，過去から現在における自分の生き様に納得を見出し，未来に向けて「いかに生きていくか」を方向づけるような「自分の物語」が生成される。つまり，「苦痛を伴う受け容れがたい出来事」も含めたさまざまな体験を，「私」を主人公とした「自分の物語」の中に統合していくことで，「他の誰でもない私が，この運命を生き抜くことの意味」が見出されるのである。この過程では，セラピストに見守られながら自身が直面する現実に向き合い，これを自分のものとして主体的に引き受け，社会との関わりの中で自己を新たに定義し直していくことで，逆境の中から未来に向かって歩み出すための道筋がみえてくる。これはつらく長い道のりになることも少なくないが，自分が生きていくための意味や意義を見出していく作業は，まさに探究（exploration）であり，後の人生にポジティブな変化をもたらすと考えられる。そして，これは「アイデンティティの回復」よりも，むしろ「アイデンティティの変容」あるいは「新たなアイデンティティの獲得」と言ったほうが相応しいのかもしれない。また，自己の体験の意味をポジティブに変容させる力をもったこのアプローチは，大脳生理学的次元での好ましい変化をも生じさせる可能性がある。

　なお，アイデンティティ研究では，大学生を対象に尺度を用いた発達心理学的な研究が多いが，アイデンティティの概念が「臨床的な場に密着」（鑪, 1979）したものであるとすれば，「語り」の主体は心身の問題を抱えた人々であ

り，その全生活史における「語り」をもとにした事例研究がより望ましいと思われる。しかも，クライエントによる「語り」は単なるデータではない。「語り」によって生成される新たな意味を通じて心理的な成長や変容が促される点で，ナラティヴ・アプローチは臨床心理学的な研究に必須の方法といえる。

E)「マインドフルネス」の視点からみたアイデンティティ

冒頭でもみたが，価値観が多様化・流動化した現代の日本の社会で，単一性や不変性をもった「本当の自分」を獲得していくのは，思いのほか難しいのかもしれない。理想とする「自分らしさ」にこだわりすぎると，かえって柔軟性を欠いた生き方になりかねない。また，人生では予期せぬ出来事によって自分を見失いそうになることもある。こうした状況で，第三世代の認知行動療法と呼ばれる「アクセプタンス＆コミットメント・セラピー（Acceptance & Commitment Therapy：ACT）」で重視されている「マインドフルネス（mindfulness）」という心のもち方が，アイデンティティの形成や変容を支援していくための一助になるかもしれない。精神分析の概念であるアイデンティティを認知行動療法の立場から検討することに違和感があるかもしれないが，あえてこの視点から考えてみたい。

「マインドフルネス」とは，約2600年前にブッダ（仏陀）が推奨したものであり，熊野（2011）は「今の瞬間の現実に常に気づきを向け，その現実をあるがままに知覚し，それに対する思考や感情にはとらわれないでいる心の持ち方，存在の在り様」と定義している。そして，この立場から3つの「自己」について論じている。第一は「私」を主人公とした生涯を通じて連続性のある「物語」から成る「概念としての自己」である。これはアイデンティティに通じる重要な自己であるが，思考や言葉によって作り上げられた「自分の物語（自己イメージ・自己概念）」に縛られると，柔軟に生きていけなくなるおそれがある。一方，第二の「今，ここで」の体験を意味する「プロセスとしての自己」は，環境との相互関係に基づいて行動する自分であり，その精神状態は状況ごとに連続性をもたないため，「刻々と変化する自己」といえる。問題は，このことの自覚がないまま，その時々の思考や感情と一体化し，それが自分であると思い込んでしまうと，気分の波や一時的な考えに振り回され，一貫性のある行動をと

れなくなってしまうところにある。そこで，第三の「今，ここで」の自分の心の動きを少し離れたところから観察する「場としての自己」によって，刻々と変化し続ける自分を感じながらも，それを一過的な私的出来事として距離を取り，巻き込まれずに俯瞰しながら行動を客観的に選択することができれば，自分が作り上げた「物語」にすぎない自己概念を「本当の自分」であると思い込み，行動の柔軟性が阻害されることから自由になるのである。そして，この第二，第三の自己を強化し，マインドフルネスを実践していくと，ずっと変わらず存在していて，思い通りにコントロールでき，常に満足を与えてくれるような「本当の自分」など存在しないことを知るという。

　しかし，このことは「語り」によるアイデンティティ形成の重要性を否定するものではない。大切なことは，不確かさのある自分の記憶をもとに，「言葉」で表現された「自分の物語」を「本当の自分」であるかのように思い込むのではなく，「自分らしさ」に囚われがちな自分を少し離れたところからながめることで，より柔軟に自分にとって価値のある行動を選択できるようになるところにある。ナラティヴ・アプローチにおける「自分の物語」も，マインドフルネスの視点からすると言語や思考によって生成される「概念としての自己」であり，これに囚われると不適応が生じやすくなると考えられるのである。

　とはいえ，ナラティヴ・アプローチもマインドフルネスも，辿り着く先はそれほど異ならないのではないだろうか。なぜなら，「語り」によって見出される自分は「不変の私」や「一貫した私」なのではなく，社会や他者との関わりの中で揺らぎやすく，矛盾や葛藤を抱えていつも一貫してはいない自分を「受容しながら生きていく私」だからである。仏教における「無我の境地」ではないが，「語り」が目指すものもまた「あるがままの自分」の受容であり，そこから「納得の人生」が生まれるのである。

　もちろん，マインドフルネスとナラティヴ・アプローチでは「自分探し」の方法が大きく異なり，欧米化した自我をもつ現代の日本人にとってマインドフルネスの実践は決して容易でない（ただし，欧米では瞑想や坐禅への関心が高まっている）。しかし，「自分らしさ」に囚われたり，自分を見失ったり，「自分探し」に疲れたりしないためにも，マインドフルネスの智慧（自分に関する一過的な思考や感情，欲求，迷いから距離を取り，ただ観察・受容する心）がも

たらす恩恵は大きく，「語り」を深めていく中でも「東洋的な自己」のあり様が活かされてよいと思われる（西洋と東洋の融合は，ユング心理学的にもどこか似ていないだろうか）。そして，変化し続ける自分の「あるがまま」を観察・受容し，自分にとって価値のある生き方を自分のペースで選択していく過程を，事例研究を通じて検討していくことで，アイデンティティの形成や変容におけるマインドフルネスの有用性が明らかになっていくと考えられる。

引用文献

American Psychiatric Association (2000). *Quick reference to the diagnostic criteria from DSM-IV-TR.* Washington, D.C.: American Psychiatric Association.（高橋三郎・大野　裕・染矢俊幸（訳）(2003). DSM-Ⅳ-TR　精神疾患の分類と診断の手引　新訂版　東京：医学書院）

Erikson, E. H. (1950). *Childhood and society.* New York: Norton.（仁科弥生（訳）(1977). 幼児期と社会　東京：みすず書房）

熊野宏昭 (2011). マインドフルネスそしてACTへ　二十一世紀の自分探しプロジェクト　東京：星和書店

Lifton, R. J. (1969). *Boundaries: Psychological man in revolution.* London: Deborah Rogers.（外林大作（訳）(1971). 誰が生き残るか　プロテウス的人間　東京：誠信書房）

岡本祐子 (1999). アイデンティティ　鑪幹八郎・一丸藤太郎・鈴木康之（編）　教育相談重要用語300の基礎知識　東京：明治図書　p. 60.

岡野憲一郎 (1995). 外傷性精神障害　心の傷の病理と治療　東京：岩崎学術出版社

小此木啓吾 (2002). アイデンティティ　小此木啓吾（編集代表）　精神分析事典　東京：岩崎学術出版社　pp. 2-3.

小塩真司・中谷素之・金子一史・長峰伸治 (2002). ネガティブな出来事からの立ち直りを導く心理的特性―精神的回復力尺度の作成―　カウンセリング研究, **35**, 57-65.

村澤和多里 (2005). パラサイト・シングルとアイデンティティ　白井利明（編）　迷走する若者のアイデンティティ―フリーター，パラサイト・シングル，ニート，ひきこもり―　東京：ゆまに書房　pp. 178-180.

塩飽　仁 (2006). 特集「ナラティヴ・アプローチと描画」の序にかえて　臨床描画研究, **21**, 2-4.

白井利明 (2012). 自己形成のすじみち　白井利明・都筑　学・森　陽子　新版やさしい青年心理学　東京：有斐閣　pp. 19-38.

鑪幹八郎 (1979). 「自我同一性」に関する若干の考察　鑪幹八郎・上里一郎（共編）　シンポジアム青年期1　自我同一性の病理と臨床　京都：ナカニシヤ出版　pp. 5-27.

参考書

①熊野宏昭 (2011). マインドフルネスそしてACTへ 二十一世紀の自分探しプロジェクト 東京：星和書店
　Acceptance & Commitment Therapy (ACT) で重視されている「マインドフルネス」の視点からみた「自己」のあり方について，またACTを進めていくうえでの基本的な考え方や方法について分かりやすく解説されている。

②岡野憲一郎 (1995). 外傷性精神障害 心の傷の病理と治療 東京：岩崎学術出版社
　外傷性精神障がいとして，PTSDや境界性パーソナリティ障がい，および解離性同一性障がいの原因やメカニズム，および治療のあり方について詳しく解説されている。特に解離性同一性障がいにおけるアイデンティティの理解は興味深い。

③白井利明（編）(2005). 迷走する若者のアイデンティティ―フリーター，パラサイト・シングル，ニート，ひきこもり― 東京：ゆまに書房
　現代の日本の社会を生きる青少年が陥りがちな心の問題としてのフリーター，パラサイト・シングル，ニート，ひきこもりの実態と，その根底にあるアイデンティティの問題について理解を深めることができる。

C. 関係性の中で生きる人間のアイデンティティ　　　　　　藤井恭子

　アイデンティティとは何か　　自分の個人史を越えた時間軸の中に，そしてそれに交錯する他者との関わりの中に，自分を定位し，そこに根を下ろして生き，その自分に自己一致の感覚をもてること。

　人間のアイデンティティの生涯発達は，関係性の中で生まれ，統合されていく過程であると考える。そこで本項では，生涯全体における重要な関係性として，親子，友人，異性を取り上げ，それぞれの関係性に基づくアイデンティティの発達についてまとめていくことにする。ただし，それらは生涯発達全体を通して一貫した趣をもつものではない。たとえば青年期における親子関係と，成人期以降の親子関係とでは，いわば立場が逆転する。青年期のそれが「育てられる側」であるのに対して，成人期以降では「育てる側」となる。そこで，各関係性に基づくアイデンティティについて，青年期までのアイデンティティの発達と，成人期以降のそれとに分けて論じてみたい。

A) 親子関係とアイデンティティ

①「育てられる側」のアイデンティティ―親との関係の中ではぐくまれる青年のアイデンティティ―　青年がアイデンティティを模索・獲得する過程の中で，親との関係における大きなテーマとしては，まずは「心理的離乳」があげられる。これは1歳半ほどで達成される物理的離乳との対比から生まれた言葉である。児童期までの親とのタテ関係を脱し，依存と自立の相反する欲求のあいだで生じる葛藤を経て，ヨコの関係を再構築するプロセスを意味する。「脱衛星化」もほぼ同義であるが，親という惑星の定めた軌道（価値観や規律）に則ってぐるぐるまわっていた衛星としての子どもが，やがて青年期を迎えて軌道を逸れ，自らが惑星になろうとする試みである。心理的離乳については，日本でも西平（1990）が深い論究を行い，3つのプロセスとしてまとめている。これによれば，心理的離乳の初期段階では，親からの分離・自立が強い欲求として起こり，そのために疾風怒濤と評されるような親との強い対立が生じる。第二反抗期と呼ばれる時期である。これは，心理的離乳というかつてない課題を青年が果たしていくうえで大切な原動力となるもので，以前は自立の前提条件として必須とされてきた。ところが最近のデータを見る限り，反抗とされるような言動を示す青年は中学生段階であっても半数を切っており，青年期には誰しも反抗期を経験するというのは今やほぼ否定されている。

　これについては，ボスマとゲリッツ（Bosma & Gerrits, 1985）が15～19歳の青年を対象にして，アイデンティティ・ステイタスの高い青年の家族は，青年の自立性を重んじ，反対意見に対してもオープンなかたちで傾聴するような会話の姿勢がみられたことを報告している。また，日本でも宮下・渡辺（1992）が，高校生時代に父親との良好な関係を保っていた男子大学生ほど，アイデンティティが発達していたことを明らかにしている。これに類する結果を示す研究が最近では多く内外で発表されており，先進諸国の青年に共通する流れであるといえるだろう。愛着と自立を共存させるような家族機能が青年のアイデンティティの達成においてはむしろ促進的に働くことが分かる。

　一方で，親自身のアイデンティティのあり方も青年側のアイデンティティ達成に影響を与える。たとえばアダムス（Adams, 1985）は女子青年とその両親を対象として，それぞれのアイデンティティ・ステイタスを測定したうえで，

両者の関係を検討した。これによって彼は，アイデンティティ・ステイタスの高い親をもつ女子青年は，親からの愛情や支持を高く認知しており，親と同様にアイデンティティ・ステイタスが高いことを実証した。一方，拡散や早期完了の親からは拒否やコントロールをより多く経験していた。また，ジョーンズ (Jones, 1991) は 80 組の母娘を対象として，母親の世代性と娘のアイデンティティ達成とを測定し，やはり両者には正の関連性がみられたと述べている。こうした枠組みでの研究からは，親側のアイデンティティ達成の問題が青年側のそれに強く影響を与えていることがいえよう。

②「育てる側」のアイデンティティ―産み育て，巣立たせる親のアイデンティティ―　この分野の研究は，主に女性を対象として研究が進められてきた母親アイデンティティの問題と，エリクソンのいう「世代性」に絡む問題（詳細は本章第 2 節 A を参照）とに分けられるだろう。前者についてはさらに妊娠・出産期の母親アイデンティティと，「空の巣」期のそれとに分けられる。

まず妊娠・出産期においては，ゴッテスマン（Gottesman, 1988）が，20 ～ 37 歳の妊婦を対象に検討を行い，自我の発達のレベルと母親アイデンティティの形成とのあいだに有意な関連性があることを示した。青年期までのアイデンティティ達成のレベルが，親としてのアイデンティティを獲得していくうえで基盤となることが想定される。また，出産後の母親を対象にしたプリドハムら (Pridham, Lytton, Chang, & Rutledge, 1991) では，出産時にいかに援助を受けたかといったことや心理社会的環境などの出産体験が，母親役割への積極的関与や母親アイデンティティの形成にとって重要であることを指摘している。

その後の「空の巣」期においては，母親アイデンティティの喪失・展開が大きなテーマとなる。岡本 (1994) の指摘するような二度目の大きなアイデンティティ危機が訪れ，その再構築を迫られる。ゴンザレス (Gonzalez, 1990) の研究からは，アイデンティティ達成の母親は子どもの巣立ち（心理的離乳）という大きなライフイベントに対して，その生活の変化に満足し，アイデンティティを再構築する力をもっていることが分かる。

一方で，成人後期の危機である世代性はその人格的活力（徳）である世話 (care) を基盤として達成されるものである。俗に「育児は育自」といわれるように，子育ては親の発達をも促す。自分の努力と物事の結果とのあいだに関連

を見出しやすい勉学や仕事などの課題と比べ，子育てや介護は必ずしも努力が実るわけではなかったり，努力の成果がすぐにはみえなかったりする。その営みは多大な忍耐を要求されるし，自分自身のために費やす時間を奪われる。だが，だからこそ他者をはぐくみ育てることを通して自分のアイデンティティを問い直し充実させるような展開が生じるのである。これについてたとえば柏木（1995）は，子育てに携わっている母親はそうでない父親に比べて，「柔軟さ」「自己抑制」「視野の広がり」「運命・信仰・伝統の受容」「生き甲斐・存在感」「自己の強さ」といった6つの側面すべてにおいて達成の度合いが高いことを指摘している。

　しかし，こうした親アイデンティティの獲得・発達が個人としてのアイデンティティにどのように影響するのかについての研究は，それほど多くはない。女性のアイデンティティ発達プロセスは，他者との関係から分離・独立したものではないことをハルペン（Halpen, 1994）は指摘している。しかし男女を問わず，家族などとの関係の中で葛藤に直面し，自分自身をみつめ定義づけるなど，アイデンティティは他者との関係の中で達成されたり問い直されたりと生涯を通じて発達し続けるものであると考えられる。成人期男性における父親アイデンティティの達成や問い直しの問題は特に，あまり熱心に研究が進められてきているとはいえない。複数役割を獲得し，その両立の狭間で直面する葛藤を乗り越えていくことは，女性だけでなく男性の生涯発達においてもプラスの効果をもたらすのではないか。男性のライフサイクルにおける「育てる側」の役割の獲得や発達がアイデンティティ形成に与える影響について検討するような，今後の研究の発展が必要であろう。

B）友人関係

①現代青年の友人関係はアイデンティティの模索の支えとなっているのか
　古くから，青年期の友人関係は青年のアイデンティティ形成に強い影響を与えるという指摘が多くなされてきた。たとえばアトウォーター（Atwater, 1992）は，青年期は他の発達段階以上に，友人との関わりを希求し，自己の安定や成長に関連づけられ，知的・情緒的成熟に伴い，互いの違いを受容しつつ，相手との信頼・自己開示・相手への忠誠に基づいた，親密で有意義な友人関係が維

持されていると指摘した。また，アイデンティティの研究者として知られるウォーターマン（Waterman, 1993）は，「青年期において重要な他者（significant others）が青年の人生の選択の幅を広げ，アイデンティティ探究の際のコミットメント（commitment）に，より重要な意味づけを与える」と述べ，青年期の友人関係がアイデンティティ形成に重要な役割を果たすとしている。これについてエンジェルスタイン（Engelstein, 1989）は実証的研究を行い，アイデンティティ達成と親友との親密性のあいだに正の相関の傾向があることを示している。

　このような見解は，今でもある意味においては生きている。しかし，友人との関係は青年のアイデンティティの模索に対して全面的に肯定的な影響を及ぼすのではなく，"逆縁の菩薩"とでもいうような友人とのネガティブな経験を通して自分をみつめ直す，という側面の方が昨今の日本ではクローズアップされてきているのではないだろうか。

　こうした青年期の友人関係の変化は，学園紛争後の 1970 年代以降に「希薄化」という言葉で象徴的に扱われるようになってきた。お互いのアイデンティティに踏み込まぬように浅くスマートなやさしいつきあいを良しとするとされている。こうした友人関係の変化の背景として，「連帯感と自己の有能性を確認し，自分の善性を確立する」というかたちでのアイデンティティなど不要であり，モラトリアムを抜け出す必要のない自明のこととして捉える心性が指摘されてきた（岡田, 2006）。比較的否定的に現代青年の友人関係をみなす向きが強い。最近でも「KY（空気が読めない）」という言葉で示されるように，友人との関係の中でいかにその場の空気を読み，ノリを重視し，そこから外れぬようにするのかに心血を注ぐ青年の姿がよく指摘される。一方で，友人との関わりを恐れ，関係の構築が難しい引きこもりタイプの青年像も多く指摘される。この相反するかのような青年像は，心性としてみれば，実は一人の青年の中に共通のものであり，表裏一体のものとして考えた方が妥当である（藤井, 2009）。

　友人関係は対等かつ自由なものであり，立場や関係がかなり明確な親子関係や対教師関係などとはその関係性がまったく異なる。自分と相手の関わり次第で関係性が変わり，場合によっては崩壊することすらありうる不安定な要素を内包しており，それゆえにさまざまな葛藤に直面せざるをえない。なおか

つ「お友達とけんかしてはいけません」「どんなお友達とも仲良くしなさい」と育てられることの多い現代青年にとって，友人といかに関係を展開するかはもちろん，いかに維持していくかは解決困難な課題となる。関係の展開のためには葛藤を外在化し，解決する必要があり，これにはヤマアラシ・ジレンマ（Bellak, 1970）に代表されるような，傷つけあう可能性が含まれるからである。

　本来友人とは孤独から救い上げてくれる存在である一方で，孤独を教えてくれる存在でもある。また，アイデンティティ達成のためには，自分との対話のために孤独を引き受ける必要がある。しかし，こうした孤独のポジティブな側面はほとんど焦点が当てられることはなく，現代青年にとっては，孤独のもつ重みや，「他者から孤独な人間＝ネクラで可哀そうな人間」として烙印を押されることは忌避すべきネガティブなものでしかない。だが落合（1989）が示したように，他者から分離した独立存在という気づき（個別化）は，他者への理解・共感への気づきと別個の次元として存在し，それらの共存する孤独のありようが，実は他者と真に関わるうえで大切なのである。こうした点からすると，現代青年のもつ友人関係はアイデンティティ形成に負の影響を及ぼすことが多いと考えられてきた。

　一方で 90 年代後半から社会学を中心として起こった，現代青年の友人関係のもつ特徴を肯定的に捉え直す動きと並行して，2000 年代に入って心理学においても実証研究が行われるようになってきている。落合・佐藤（1996）の「浅い－深い」「広い－狭い」という二次元で友人関係を捉える枠組みに，大谷（2007）は「状況に応じた切替」という 3 つ目の次元を加えて捉え直すべきだとして検討・提言している。また，KY を回避しようとする青年のもつ自己は，必然的に場面によって異なる多面的なものになる（キャラを使い分ける）のだが，勝家（2012）からはそれらが一概に悪いとはいえないことが分かる。青年がもつ自己意識は，一元的であろうが多元的であろうが，それらの自己が本来の自分に一致しているという感覚をもっていれば，必ずしも友人のあいだで居心地の悪さを感じるわけではなかった。

　現代青年にとって友人関係は，この関係に独自の緊張感や重みをもつものであるが，それゆえにアイデンティティ形成における危機として肯定的な影響をもたらすという，逆説的な新しいかたちへと変化しているのかもしれない。

②成人にとって友人関係はアイデンティティに影響しないのか　これまでの内外の研究において，アイデンティティと友人関係の関係をテーマとして取り上げているのは，青年期のものがほとんどであり，成人期を対象としたものはほとんどみられない。成人期においては，夫婦関係や親子関係など，他の関係性にくらべて友人関係そのものがあまり重きを置かれずにきているのが実情であろう。だが，最近の日本の現状をみるに，特に女性にとって結婚や出産などの環境変化をもたらすライフ・イベントがそれまでの友人関係の維持を困難にすることや，あるいは「ママ友」と呼ばれる子どもを通じた同性の友人関係の構築・維持の難しさはさまざまなところで指摘される。

藤井（2012）では，20代から50代までの女性を対象として，その友人関係におけるヤマアラシ・ジレンマと自尊感情の関連についての発達的変化を検討した。すると，30代までは自尊感情が低い人の方がジレンマは生じやすいのだが，40代になると自尊感情が高い人の方がジレンマは生じやすく，他の年代と比較してピークになるという結果が明らかとなった。成人期にある40代の女性は，子どもの友人関係と自分のそれとがリンクする傾向にあり，子ども同士の関係を構築するためにはまず母親同士の関係がうまくいっていなければならなかったりする。この関係においては，相手との距離を適度に保ち，しなやかにその都度の葛藤を処理していくことなどが求められるのではないだろうか。それまでの人生において，キャリアや家庭生活などを通して培われた自尊感情の高さは，こうした「ママ友」との間では，かえって相手とのつきあいを妨げるのかもしれない。青年期に比べ，格段に高い社会的スキルを要求されるのが成人女性の友人関係だといえるだろう。

角田（2008）の表現した女性たちの姿は，それを象徴的に表している。友人との関係の中で，強い孤独を抱えながら，自分の生き方の見直しを迫られる。つまり，成人女性にとって友人関係とは，自分の生き方を問い直さざるをえないような，アイデンティティを揺るがす契機となりうるということである。まして"二度目の思春期"とも呼ばれる「プレ更年期」「更年期」という身体的変化の大きい時期だからこそ，友人からの影響を大きく受けたりアイデンティティが揺らいだりといった心理面への影響も生じやすい。だがこうした成人期の友人関係とアイデンティティの関連を捉えた心理学の実証研究はほとんどな

い。女性特有の関係性であるにせよ，社会的要請の大きいテーマであるといえるだろう。

C) 異性関係

①青年は誰を愛しているのか　異性との関係におけるアイデンティティの問題としてエリクソンが指摘したのは，親密性の獲得である。エリクソンの個体発達分化[注1]図式をみると明らかなのは，青年期「アイデンティティ 対 アイデンティティ拡散」の危機の解決を前提として，成人前期に「親密性 対 孤立」の危機がテーマとして取り上げられていることである。エリクソン（Erikson, 1950/1977）は，他者，ひいては自分自身との真の「親密性」が確立されるのは成人期以降であるとしたが，それは自らの適切なアイデンティティの感覚（reasonable sense of identity）の確立が前提条件となるがゆえである。つまり，アイデンティティが未達成の場合には，異性を中心とした他者と親しくなろうとしても，その関係の維持・発展は難しいと考えられるのである。

だが，青年期には生物学的成熟も基盤となって，異性との個人的な関係を築こうと試みられる。こうした青年期の恋愛の特徴が，アイデンティティの模索・確立という大きなテーマと格闘する青年期特有の心理メカニズムとして説明される。エリクソン（1950/1977）は，「青年期の恋愛は，その大部分が，自分の拡散した自画像を他人に投射することにより，それが反射され，徐々に明確化されるのを見て，自己の同一性を定義づけようとする努力である」として，他者への好意の背後に自らのアイデンティティの不明瞭さが存在することを指摘している。

中西ら（1985）や西平（1990）においても，アイデンティティの拡散状況の特徴の一つとして，親密さの問題を指摘している。異性との親密さが求められるような場面において，相手との適切な距離がうまく取れなくなるのである。親しくなろうと相手にしがみついて融合し，場合によっては飲み込み・飲み込まれの感覚を覚える。その恐怖から今度は極端に相手との距離を取り，孤立する。熱狂的に親密になろうと企てては失敗を繰り返し，抑うつ状態になり，親密になる必要もない相手と無理に親密になろうと試みたりする。だが，こうした関わりにおいては，真に深く相手と愛し愛される関係を築くことは困難であ

る。

　まるで映画「千と千尋の神隠し」に出てくるカオナシのようである。カオナシは，アイデンティティの象徴である顔がなく，その状態をただ捉えただけの名前がつけられている，いわばアイデンティティ拡散を表す存在である。この世のものでもあの世のものでもない，二つの世界の間にかかる橋の真ん中で，ぼんやりとした足元で誰にも相手にされず浮かんでいたカオナシは，唯一その存在に気づき優しく油屋に招き入れてくれた千に対して，熱狂的な好意を抱く。だが，コミュニケーションの術をもたないカオナシは，手から出した砂金に群がる周囲の人々を次々と飲み込んでいく。そうして他者の声を借りてようやく声を出したカオナシは，同じように千と親しくなろうと迫るが，アイデンティティをほぼ達成しかけている千にとっては砂金など無用のものであって，断られてしまう。そうなるとカオナシの捨て身の好意は，その強さの分だけ今度は攻撃へと変わる。千を追いかけ食いつくしてしまおうとする。アイデンティティ未達成の人間が異性他者と親密になろうとすると，こうした距離感覚の失調状態に陥り，相手を飲み込み食いつくしてしまう。

　大野（1995）はこの現象を「アイデンティティのための恋愛」と呼び，「親密性が成熟していない状態で，かつアイデンティティ統合の過程で，自己のアイデンティティを異性他者からの評価によって定義づけ，また補強しようとする恋愛的行動」と定義づけた。長く蓄積されたレポートの分析から大野（1995）は，その特徴をまとめ，それぞれの特徴が生じる背景について次のように考察している（大野, 2010）。アイデンティティのための恋愛に陥る青年は，自分のアイデンティティに自信がもてないため，相手からの賞賛を自分のアイデンティティの拠り所としている。相手から賞賛し続けてもらわないと自分の心理的基盤が危うくなり，同様に相手の自分への評価が非常に気になる。そのため，相手から嫌われることは単なる恋人を失うことにとどまらず，相手からの評価によって必死に補強してきた脆弱な自信が基盤から揺さぶられる経験となり，大きな不安と混乱の原因となる。また，自分自身にある程度の自信がもてない状況で人と仲良くなろうとするため，相手が自分の心の中に必要以上に入り込んでくる，もしくは相手に取りこまれ，自分がだんだんなくなるように感じ，息苦しくなってしまうのである。さらに，つまるところ彼らの主な関心は相手

ではなく自分自身であり，本当の意味で相手を愛しているわけではない。相手の存在を自分を映す鏡として使い，「相手に映った自分の姿」に最大の関心があるため，お互いに相手を幸せにしようとする努力よりも，自分に関心をもってもらうことに集中してしまう。その結果，次第に満たされぬ思いが蓄積して，関係に疲れたり重くなったりすることになる。

現に，宮下・臼井・内藤（1991）によると，大学生の恋愛における失恋までの交際継続期間は，交際が成立していない場合と物理的条件による失恋の場合を除くと，1年未満で交際が終了してしまう割合が，半数を超えている。おそらくこの背景には，大野（1995）のいう青年期特有の心理が存在していると考えられる。

このように，自らのアイデンティティを基盤とした親密性がいまだ獲得されていない段階において異性他者と親密な関係を築こうとすると，えてして関係への強烈な没入と熱狂が生じ，裏腹に短期的な終結へとつながりやすい。これこそが，青年期の恋愛の最大の特徴といえるだろう。すなわち，異性他者との安定した関係を望むならば，まずは自らのアイデンティティありき，ということになる。

こうした発達の経路はエリクソン（1950/1977）の理論に基づくものであり，首肯できる部分も多い。しかし，ギリガン（Gilligan, 1982）以降，アイデンティティの発達経路の性差について，多くの検討が展開されてきた。彼女は，「女性は他人との関係を通して自分が他人に知られていくうちに，自分を知るようになるということからもわかるように，親密性は女性のアイデンティティ形成に伴っている」と述べ，女性のアイデンティティが男性のアイデンティティと質的に異なっていることや，その形成過程においても相違がみられることを強調した。後にエリクソン（1968/1973）自身，「内的空間説」を提唱して，女性のアイデンティティ形成においては，他者と親密な関係を結ぶことが重要であるとして理論を展開させている。しかしながら社会状況も変化し，男女ともに職業や家庭における同じ役割を担うことが増えた。それに伴い現在では，杉村（1999）も指摘するように，男性と女性のアイデンティティ形成における中核的な領域を二分法で分けるのではなく，関係性は両者にとって重要なアイデンティティの基本的な要素であるとすべきであるという言説が主流となっている。

②夫婦関係がもたらすアイデンティティ　成人前期の主要なテーマとしてエリクソンが述べた親密性とは,「具体的な関係や提携を結び,たとえそのような関わり合いが重大な犠牲や妥協を要求しても,それらの関係を守り続ける道義的な強さを発揮する能力」を意味している。この親密性の獲得に絡み,結婚生活をベースとした関係の中で,夫・妻アイデンティティ（親密な異性他者のパートナーとしてのアイデンティティ）を獲得することになる。

　それが子どもの誕生に伴い,夫婦の二者関係から子どもを含めた三者関係へと変化し,今度は親アイデンティティの構築が求められる。その後,子どもの巣立ちに伴い,夫婦がそれぞれの個人としてのアイデンティティと夫・妻アイデンティティについて,見直しと再構築が求められることになる。この夫婦としてのアイデンティティは,老年期にはさらに重要さを増す。老年期になると職業からのリタイアをはじめとして,それまでの社会的な関係に基づくアイデンティティが失われたり狭められたりといったことが起こる。こうした時期には,私的な関係へと重心が移行する。特に平均寿命が長くなった現代においては,子育て期を終えてからの結婚生活の持続期間は長くなり,中には互いの介護役割を担う必要が出てくる場合もある。つまり,これまでのお互いの人生との関わりを振り返らざるをえなくなるのである。これによって,岡本 (1994) が提唱するように,アイデンティティは三度揺らぐことになる。

　このように,成人期以降の夫婦としてのアイデンティティは家族機能の変容に伴って,そのあり方も重みも変化する。この問題について,日本では宇都宮 (1996) がウィトボーンとウェンストック (Whitbourne & Weinstock, 1979) の「関係性」についての枠組みをもちいて検討を行っている。この研究からは,残念ながら,結婚生活の持続期間の長さは夫婦の関係性の質を保証するものではないことが分かる。配偶者とともに生きている自己への気づきを基盤として,人格的意味づけの重要性を認知し達成することが,成熟した関係性には求められる。それによって,自分自身のこれまでの生き方をも肯定することにつながり,最終的にはライフサイクル全体をみわたした個人としてのアイデンティティを獲得することになるだろう。

D) おわりに

　本節では,青年期以降の重要な対人関係として親子,友人,異性との関係を取り上げ,それらの関係の中でどのようにアイデンティティが構築され,展開するかについて述べてきた。それらを俯瞰してみえてくるのは,おのおのの関係におけるアイデンティティはそれぞれ別個にあるのではなく,すべてが網の目のように絡み合いながら全体としてのアイデンティティを構築するということである。

　中でもフランツとホワイト（Franz & White, 1985）によって提示された「生涯発達に関する複線（two-path）モデル」は,そもそも「個人化（個体化）」と「愛着（関係性）」という二つの中核的要素からなる。そして,それぞれの発達経路があるという捉え方がなされ,これ以降アイデンティティをめぐる新たな生涯発達プロセスとして認められるようになってきた。この理論では,性差を超えて,二つの発達経路は同等の価値をもち,相互に影響を受けながら発達していく。個としてのアイデンティティは重要な他者との関係性の中から現れるものであるが,個と関係性のバランスと統合がアイデンティティの最終的な成熟した姿なのかもしれない。

　さらには,個人がもつ直接的な関係だけでなく,遠い先祖や出会うことのない子孫,民族・歴史・世代特有の問題などから強く影響を受け,人間は存在している。アイデンティティが達成されると,単なる二人の親から生まれた存在,身近な他者につながる存在であることを乗り越え,はるか遠くまでの時間軸と空間軸の広がりを感じるようになる。エリクソンの生涯発達理論がそれまでのものに比べて格段に画期的であったのは,人間の発達を社会の関係性の中で捉えようとする点であった（心理社会的理論）。人間は一人で発達を遂げるのではなく,多くの他者との関係の中でアイデンティティの危機に直面し,模索し,達成していく。その多面性と複雑さゆえにアイデンティティ理論は人間の成熟の真髄を捉えたものといえるのだろう。

注

1) 漸成発達等の訳語もある。

引用文献

Adams, G. R. (1985). Family correlates of female adolescents' ego-identity development. *Journal of Adolescence*, **8** (1), 69-82.

Atwater, E. (1992). *Adolescence* (3rd ed.). New York: Citadel Press.

Bellak, L. (1970). *The porcupine dilemma: Reflections on the human condition.* New York: Citadel Press. (小此木啓吾 (訳) (1974). 山アラシのジレンマ　東京：ダイヤモンド社)

Bosma, H. A., & Gerrits, R. S. (1985). Family functioning and identity status in adolescence. *Journal of Early Adolescence*, **5** (1), 69-80.

Engelstein, N. (1989). The relationship between identity formation and intimacy with the best friend in adolescence and early adulthood. *Dissertation Abstracts International*, **49** (9-B), 4034-4035.

Erikson, E. H. (1950). *Childhood and society.* New York: Norton. (仁科弥生 (訳) (1977). 幼児期と社会　東京：みすず書房)

Erikson, E. H. (1968). *Identity: Youth and crisis.* New York: Norton. (岩瀬庸理 (訳) (1973). アイデンティティ―青年と危機　東京：金沢文庫)

Franz, C. E., & White, K. M. (1985). Individuation and attachment in personality development: Extending Erikson's theory. *Journal of Personality*, **53**, 224-256.

藤井恭子 (2009). 友人関係の発達　宮下一博 (監修)　松島公望・橋本広信 (編)　ようこそ！青年心理学―若者たちは何処から来て何処へ行くのか　京都：ナカニシヤ出版　pp. 54-64.

藤井恭子 (2012). 女性の友人関係におけるヤマアラシ・ジレンマの生涯発達　日本教育心理学会第 54 回総会発表論文集, 313.

Gilligan, C. (1982). *In a different voice: Psychological theory and women's development.* Boston: Harvard University Press. (岩男寿美子 (訳) (1986). もうひとつの声　東京：川島書店)

Gonzalez, P. C. (1990). Ego development and ego identity in mothers at mid-life. *Dissertation Abstracts International*, **51** (5-B), 2643.

Gottesman, M. M. (1988). The relationship between maternal age, level of ego development, and progress in maternal identity formation. *Dissertation Abstracts International*, **48** (9-B), 2604.

Halpen, T. L. (1994). A constructive-developmental approach to women's identity formation in early adulthood: A comparison of two developmental theories. *Dissertation Abstracts International*, **55** (3-B), 1201.

Jones, P. Y. (1991). Maternal contributions to identity formation in young adult women: The search for explanatory process models. *Dissertation Abstracts International*, **51** (9-B), 4598.

柏木惠子（1995）．親子関係の研究　柏木惠子・高橋惠子（編）　発達心理学とフェミニズム　東京：ミネルヴァ書房　pp. 18-52.

角田光代（2008）．森に眠る魚　東京：双葉社

勝家さち（2012）．大学生の友人関係における自己意識からみた状況に応じた切替の機能の検討　愛知教育大学平成23年度初等教育教員養成課程教育科学選修卒業論文（未公刊）

宮下一博・臼井永和・内藤みゆき（1991）．失恋経験が青年に及ぼす影響　千葉大学教育学部研究紀要（第1部），**39**, 117-126.

宮下一博・渡辺朝子（1992）．青年期における自我同一性と友人関係　千葉大学教育学部研究紀要（第1部），**40**, 107-111.

中西信男・水野正憲・古市裕一・佐方哲彦（1985）．アイデンティティの心理　東京：有斐閣

西平直喜（1990）．成人になること　東京：東京大学出版会

落合良行（1989）．青年期における孤独感の構造　東京：風間書房

落合良行・佐藤有耕（1996）．青年期における友達とのつきあい方の発達的変化　教育心理学研究，**44**, 55-65.

岡田　努（2006）．現代青年の友人関係は変わったか　白井利明（編）　よくわかる青年心理学　京都：ミネルヴァ書房　pp. 86-87.

岡本祐子（1994）．成人期における自我同一性の発達過程とその要因に関する研究　東京：風間書房

大野　久（1995）．青年期の自己意識と生き方　落合良行・楠見　孝（編）　講座生涯発達心理学第4巻　自己への問い直し：青年期　東京：金子書房　pp. 89-123.

大野　久（2010）．青年期の恋愛の発達　大野　久（編）　シリーズ生涯発達心理学④エピソードでつかむ青年心理学　京都：ミネルヴァ書房　pp. 77-105.

大谷宗啓（2007）．高校生・大学生の友人関係における状況に応じた切替：心理的ストレス反応との関連にも注目して　教育心理学研究，**55**, 480-490.

Pridham, K. F., Lytton, D., Chang, A. S., & Rutledge, D. (1991). Early postpartum transition: Progress in maternal identity and role attainment. *Research in Nursing & Health*, **14** (1), 21-31.

杉村和美（1999）．現代女性の青年期から中年期までのアイデンティティ発達　岡本祐子（編）　女性の生涯発達とアイデンティティ　京都：北大路書房　pp. 55-86.

宇都宮博（1996）．人生後期における夫婦の関係性ステイタスに関する研究　広島大学大学院教育学研究科修士論文（未公刊）

Waterman, A. S. (1993). Developmental perspective on identity formation: From adolescence to adulthood. In J. E. Marcia, A. S. Waterman, D. R. Matterson, S. L. Archer, & J. L. Orlofsky (Eds.), *Ego identity: A handbook for psychological research*. New York: Springer-Verlag.

Whitbourne, S. K., & Weinstock, C. S. (1979). *Adult development: The differentiation of experience*. New York: Holt, Rinehart & Winston.

参考書

①岡本祐子（編著）（2010）．成人発達臨床心理学ハンドブック—個と関係性からライフサイクルを見る—　京都：ナカニシヤ出版

　ライフサイクルの中で最も長い時間を占める成人期について，その心理的な発達・変容を整理し，「個」と「関係性」の観点からアイデンティティについて論じられている。また，成人期以降に特徴的な発達臨床的な問題および援助について理解を深められる。

②宮下一博（監修）　松島公望・橋本広信（編）（2009）．ようこそ！青年心理学—若者たちは何処から来て何処へ行くのか—　京都：ナカニシヤ出版

　青年期について広くまとめたテキストであるが，特に家族，友人，恋人・結婚相手との関係をトピックとして取り上げている。研究的見地や援助者という立場から青年を理解するためだけでなく，青年自身への直接的な提言という形をとっているスタンスでまとめられており，興味深い。

③高橋惠子（2010）．人間関係の心理学—愛情のネットワークの生涯発達—　東京：東京大学出版会

　母子関係を中心としながら，人生の中で重要とされる人間関係を複数取り上げ，文化的観点からも論じられている。人間関係そのものの生涯にわたる発達について，「愛着」概念を超えて「愛情」というネットワークという視点からまとめられている。

D. アイデンティティにおける人格的活力（徳）の研究：思想家エリクソンの理論地平

西平　直

　アイデンティティとは何か　「アイデンティティ」は「同一性」か。むしろエリクソン（Erikson, E. H.）は「アイデンティティ」を同一性ではないと語ったのではないか。少なくとも「アイデンティティ」を不変の同一性として固定してしまったら，エリクソンが大切にした「生きた感覚」が消えてしまう。たとえていえば，「同一性」は乾燥した棒状の寒天に似ている。持ち運びには便利だろうが干からびた寒天は美味しくない。寒天の味わいは一度水に溶けたあと，あらためて固まりゆくゼリー状の弾力性にある。「アイデンティティ」という言葉も「同一性」と固定して理解すれば便利だろうが，それでは味わいがな

い。そのつど，一度溶かし再び固まりゆくプロセスが必要なのである。

A) ビルドゥングスロマンの地平：アイデンティティ理論の土壌

ではエリクソンの言葉が柔らかな弾力性をもつのはいかなる場面か。臨床家エリクソンを考えれば，それがクライエントと向かい合うアクチュアルな臨床場面であることは間違いないのだが，思想家エリクソンを考えた場合，重要なのは「ビルドゥングスロマン」である。「ビルドゥングスロマン（Bildungsroman）」は従来「教養小説」，「自己形成小説」などと訳されてきた。ゲーテ（von Goethe, J. W.）の『ヴィルヘルム・マイスター（修業時代・遍歴時代）』を典型例とした，一人の主人公の内的成長を描いた小説。英国のモーム（Maugham, W. S.）の『人間の絆』など他の文化圏にもみられるがやはりドイツ語圏に多い。小説としての特徴は明確であって，①主人公は男性であり，②自分の人生を自分で決めることができる（自分の職業を選択しなければならない）社会階層に属し，③少年期から社会人になるまでの時期が中心に語られる（幼児期への関心は弱い）。

つまり「私」として孤立した自我が「現実世界」の中でいかに職業を選びとり，有用な市民として活躍する場所を見出していくか。しかもそれは貧困との戦いではなく，伝統との対決でもなく，運命への反逆でもない。ひたすら純粋に「自らを向上させたい」という理想に導かれながら人格を完成させ，自己完成に向かう成長物語なのである[注1]。

エリクソンの思想的な土壌はそうした「ビルドゥングスロマン」にある。精神分析でもなければ発達心理学でもない。実はそう言い切るためには膨大な論証が必要になるが，少なくとも思想家エリクソンを理解するためには，一度そうした広がりの中で考えないことには，事の本質がみえてこないのである。

重要なのは「ビルドゥング」が，限定によって完成するという点である。主人公は，自らの可能性を全面的に開花させることを願い，多様な大人に出会い多様な可能性を試すが，しかしいずれ「断念する」時が来る。断念して一つの職に就く。その葛藤はしばしば「芸術家」として生きることを諦めて「市民的職業」に生きることとして描かれる。ある時期までは許されるが，ある時期が来たら，自分を一面に限定しなければならない。ある時期が来たら市民的職業

の中に自分を限定しなければならない。自分のためではなく，他者のために生きなければならない。

　そう思ってみれば，まさにそうした「物語」こそ，エリクソンの人生（正確には，エリック・ホンブルガーと名乗っていた頃のドイツの一青年の成長物語）であり，「モラトリアム」と「アイデンティティ」という用語によって展開されたエリクソンの理論の中心主題である。「ある時期までは許される」という心理的・社会的条件としての「モラトリアム」。現実的な社会の中で職を得るという仕方で，一面では自己限定でありつつ，しかしそれを通して自己実現することとしての「アイデンティティ」。

　「アイデンティティ」という言葉の出自がこうした自己完成を目指す成長物語であったことを理解してみれば，その言葉のうちに「徳」が含まれ，歴史や宗教が含まれ，いわば一人の若者の人生行路の総体が含まれていることに何の不思議もない。

B) エリクソンの用語「virtue（人格的活力・徳）」

　さて，エリクソンがある時期，そのライフサイクル論の中で，「virtue」という言葉を用いたことはよく知られている。個体発達分化図式（epigenetic chart）に沿って8つの「項目（hope, will, purpose, competence, fidelity, love, care, wisdom）」を並べ，しかし後年 virtue という言葉が誤解を招く恐れがあると取り下げてしまい，basic strength へと変更したこともすでに知られた事実である[注2]。

　日本語でも「徳」という言葉に付きまとう道徳主義や説教臭さを嫌って，「人格的活力」という訳語を当てる試みもなされたが，この言葉の提起した問題それ自身が深く議論されることはなかった。むろん，エリクソンが掲げた8項目に関してさまざまな批判があり，実はある時代に限定された人間像（西洋近代の男性）であるとか，その発生順序に根拠がないとか，あるいは，「望み（hope）」「愛情（love）」「知恵（wisdom）」などの項目について『新約聖書・パウロ書簡』が出自であるとか，むしろフランクリン（Franklin, B.）の『自伝』の生活規範を下敷きにしたとか，興味深い課題は多いのだが，ここでは，あらためてエリクソンの文脈に立ち戻って virtue という言葉の用例を確認してお

く[注3]。
　まず『洞察と責任』に収録された論文「人間の強さと世代のサイクル」の中の一節。

> 私たちの問いはこうなる。人が心にもつ強さを失う場合，いかなる virtue が失われるのか，また，いかなる強さによって，生き生きした精気を持つことができるのか（Our question, then, is: what "virtue goes out" of a human being when he loses the strength we have in mind, and "by virtue of" what strength does man acquire that animated or spirited quality.）（Erikson, 1965/1971, p. 113）。

　「強さを失うこと」と「virtue を失うこと」。別の論文は virtue という言葉が「強さの活性化（an activation of strength）」であるともいう。「"by virtue of"（…のおかげで）」という成句をわざわざ用いていることからも推測されるように，エリクソンは virtue という言葉が「根拠・理由・土台」の意味でも使われている点に注目を促す。
　実はこの文章には続きがあって，「生き生きした精気（animated or spirited quality）」を受けて（日本語の場合はそれに掛る修飾語として），「それなしにはその人の道徳が単なる道徳主義に陥り，その人の倫理が単なる弱々しい善になってしまう」という。つまり「人間の強さ」は「活気づけられ・精気に満ちていること」と理解され，それなしには道徳や倫理が，形式主義や律法主義に堕してしまうというのである[注4]。
　そしてそうした理解の例証として「酒の気が抜けた状態」をもちだす。古英語はそうした状態を「virtue が無くなった」と表現した。

> 私がこうした強さを，戦う兵士を思い起こさせる virtue という言葉で呼んだのは，これらの強さなしには，すべて他の価値や善がヴァイタリティを欠いてしまうことを示すためであった。こうした用語法の正当性は，この語がかつて，或るものの内在的な強さ（an inherent strength）とか，活動的な性質（an active quality）という意味を含み，例えば，薬や酒は，気が

抜けてしまう時，virtue が無くなった，と表現されたのである（a medicine or a drink, for example, was said to be "without virtue" when it had lost its spirit.）（Erikson, 1968/1973, pp. 232-233.）。

たとえば，気が抜けたビール。同じ成分には違いないのだが，あの心地よい「喉越し」がない。気が抜けている（it had lost its spirit)，それを古英語では virtue を失っていると表現した。とすれば，その virtue は，ビールの成分ではなく，そうした成分を「活気づける（activate)」もの，あるいは，virtue によって「生き生きして・精気に満ちた状態（animated or spirited quality)」が保たれる。

エリクソンがこの言葉に託したのは，そうした一種の「力」である。人を生き生きさせる力，あるいは強さ。それがないと同じ「徳目」でも生き生きとした輝きがない。形骸化した道徳主義になってしまう。ということは，エリクソンの virtue は「徳目」ではない。徳目を生き生きと輝かせる「人格的活力」，あるいは日本語の伝統に倣えば「氣」なのである。

さて重要なのは思想家エリクソンがそうした virtue に「倫理」の基盤をみようとしていた点である。

> 人間の道徳性がたやすく倒錯し堕落しやすいことを論じることが我々の目的ではない。我々の目的は（中略）核となる virtues を決定することである。なぜなら，道徳家たちがそうであるように反道徳家たちもまた，人間の本性の中に力強い倫理のための基盤があることをたやすく見逃してしまうからである（Erikson, 1968/1973）。

virtue が人間の倫理の基盤になる。それは「健康であるために必要な力」であり，「肯定的諸目標（positive goals)」である（Erikson, 1968/1973）。

ちなみに，この virtue という言葉の履歴はそれ自体が一つの興味深い精神史であって，西洋精神史ではマキアヴェリ（Machiavelli, N.）の「ヴィルトゥス」やアリストテレスの「アレテー」などが思い起こされ，漢字文化圏で言えば一方で「徳は得なり，身に得るなり」と解され，しかし他方では「日本書

紀」に徳を「いきほひ」と読ませる。重要なのはそれらが，微妙なニュアンスの違いはあるとしても，人間の「力・強さ」であると同時に社会が要請する徳目（肯定的目標）でもあった点。たとえばマキアヴァリの「力量」は襲ってくる「運命」に対して立ち向かう「強さ・機知」。「徳目」などという言葉からは想像もできない「闘う力・生き抜く力」でありつつ，しかし単なる「荒々しさ（粗野な力）」ではなく，冷静な状況判断を含み，自らを抑える力も含んでいた。

こうした言葉の伝統を受けてエリクソンは virtue という言葉を選び，しかし誤解を恐れて取り下げてしまったというわけなのである。

C)「葛藤・折り合い」としてのアイデンティティ：「自我の強さ (ego strength)」

さて，あらためて「アイデンティティ」，その典型としての「若者のアイデンティティ」の問題である。アイデンティティは「若者の内側からの願い」だけでは成り立たない。若者が一人でいくら主張してもアイデンティティは成立しない（若者がいくら自ら牧師であると自認してもアイデンティティとは呼ばない）。社会の側から「承認」される必要がある（資格を与えられ人々から牧師として認知されなければならない）。しかし他方，社会の側が命名（資格付与）しただけではアイデンティティは成り立たない。社会の側がいくら資格を与えようとも，若者自身が自らそれを引き受けるのでなければ，アイデンティティは成立しない。そうした意味における〈内側から〉と〈外側から〉の「合致・葛藤・折り合いのつけ方」が問題の焦点なのである。

エリクソンは当初アイデンティティの「達成」を楽観的に考えていた。〈青年が自分の力を発揮すること〉と〈社会の側が必要としていること〉との幸福な一致。青年にとってはタイミングよく職が与えられ，社会にとっては必要なときに後継者が現れる。それは，新大陸アメリカがまだ希望に満ちていた時代，若いエリクソンが移住した先のアメリカ社会に受け入れられていく幸せな体験に根ざしていたことは間違いない。芸術家として放浪していた青年が偶然の誘いから精神分析を知り，「子どもに関わることができる精神分析家」として訓練を受け，諸般の事情から移住したその先で，実は「子どもに関わることができる精神分析家」を必要としていたと歓迎される，そうした幸せな体験[注5]。

しかし時代は変わり，エリクソンも「アイデンティティの達成」について語

(1) アイデンティティとは何かを問う研究　　155

らなくなる。「アイデンティティの混乱や危機」については語っても，その「達成された姿」については，ほとんど語らない。話の中心は（先のビルドゥングスロマンでいえば）「自己限定」における葛藤。「自己限定を通して自己実現する」という，その限定における葛藤が，アイデンティティ問題の中心になったのである。

　エリクソンは，「アイデンティティを達成し青年のモラトリアムが終わる」などと安易なことを語ったわけではない。迷いのない純粋なアイデンティティなどエリクソンは想定していなかった。迷い続け，葛藤し続ける。にもかかわらず，その内なる葛藤を，かろうじてつなぎ止める「しなやかさ」。そうしたダイナミズムを「アイデンティティ」という言葉で問題にしようとした。葛藤は続く，にもかかわらず，その内なる葛藤をつなぎ留める「柔軟な強靭さ」が，「アイデンティティ」という言葉に託されたのである。

　ところで周知の通り，エリクソンはそうした自らの考えを精神分析の言葉によって表現した。その経緯は彼の伝記に即してきわめて興味深いのだが，医者でもなく正規の大学教育も受けたことのない彼は，精神分析協会に所属するという仕方で社会から認知してもらうことに成功した。重要なのは，彼が精神分析の言葉を借りて「自らの考え（観察の事実や体験の現実）」を表現しようとしたという点，つまり精神分析の理論が先にあったのではなく，体験が先にあり，それを精神分析の言葉に乗せて表現しようとしたという点である。そして当然それでは間に合わず，言葉の意味を自分なりに練り直し，あるいは，新しい言葉を作り出すことになった。

　そこに「アイデンティティ」や「モラトリアム」といった人口に膾炙することになる言葉が誕生したのであるけれども，ここではむしろ誤解を与えることになった「自我の強さ ego strength」という言葉をみておく。この「強さ」という言葉はエリクソン理論にとってきわめて重要であるにもかかわらず，最も誤解されやすい言葉である。とりわけ「自我」と結びついた「自我の強さ」は，「自我の固さ・堅固さ」と誤解され，あるいは，自己中心的な「エゴの強さ」と誤解されてしまうことによって，その意味合いは十分理解されなかった。

　「自我の強さ」は「固さ」ではない。むしろ揺れても戻るしなやかさである。硬いよろいを着た「負けない強さ」ではなくて，倒れてもまた立ち直る柔軟

性。しなることができ，たわむことができる弾力性。

　フロイト（Freud, S.）の理論において，自我（ego）は，調整役として，常に葛藤を抱えている。その原風景は，〈欲望（エス）〉と〈道徳規則（超自我）〉との間に挟まれ，両者の仲を取り持つ調整役。「自我の強さ」とはそうした葛藤に耐える「ねばり強さ」である。白黒はっきりさせる潔癖主義とは反対に，自分の内側に白も黒も抱え込み，混乱しながら，しかし破裂してしまわない。しなやかに揺れ続ける。多少凹んでも，また元に戻る回復力を備えている（この点は「レジリエンス（resilience）」に近い）。

　エリクソンも同様に理解するのだが，しかし彼の場合，そうした理解の出自は精神分析ではなく，若き日の自らの体験なのである。それは二作目の本格的な著作『青年ルター』（Erikson, 1958/2002, 2003）に明らかであって，そこではルター（Luther, M.）の信仰の問題がこう語られる。「〈自らの罪が罪のまま義と認められ受け入れられる〉という背理を受け入れること（葛藤を葛藤のまま受け入れること）」。信仰の問題にアイデンティティ理論を当てはめたのではない。むしろ，ルターの体験した信仰の葛藤とその克服が，自らのアイデンティティ概念の原風景であることを確認したのである（Erikson, 1958/2002, 2003）。

　「アイデンティティ」という言葉は，そうしたエリクソンの原風景と精神分析の言葉を重ね合わせることによって生じてきた。virtue という言葉も同じ経緯であるのだが，しかしこの言葉は，精神分析の守備範囲をはみ出してしまったため受け入れられない。当時の米国精神分析正統派は，価値や倫理の問題には関わりをもたないという点において，他派（たとえばフロイト左派）とは一線を画し，きわめて厳格に（排他的に）自己限定していたのである。

D）アイデンティティにおける徳

　エリクソンが語る virtue は「健康なパーソナリティ」に必要な性質であった。それは「活動的な性質（an active quality）」と語られ，「或るものの内在的な強さ（an inherent strength）」と語られ，あるいは「生き生きして・精気に満ちた状態（animated or spirited quality）」とも語り直されていた。

　日本語でいえばごくシンプルに「生き生きとする・生き生きしている」ことである。「徳（virtue）」なしには人は「生き生きしている」ことができない。

(1) アイデンティティとは何かを問う研究　　157

　「生き生きしている」ためには，ある種の「強さ」が必要である。しかしその「強さ」は「柔軟性」である。干からびてしまったら脆（もろ）くなり，硬直化すると破綻しやすくなる。柔軟であるから「しなやかな強さ」が生まれ，伸び縮みする弾力性があるから「生き生きする」。

　つまり「生き生きしている」から「葛藤をもちこたえ折り合いをつけることができる」。異質なものを排除することなく自らの内に共存させることができる。葛藤をなくすのではなく，葛藤を引き受けながら自分自身を変えていき，変わっていきながら，しかし自分であるという感覚を保つことができる。ということは，その〈自分である〉は，〈「自分でない」と「自分である」〉を同時に内に含みこんでいることになる。そうしたダイナミズムが「アイデンティティ」という言葉の核心であるように思われる。

注

1) ビルドゥングスロマンについては，たとえば，柏原（1977）。ドイツ語「ビルドゥング（Bildung）」は他の言語に翻訳しにくい。日本語では「形成」「陶冶」「教養」「人間形成」などジャンルによって異なる訳語を当てられ，英語の場合も，education か formation，場合によっては cultured, civilized, educated など多様。

2)「個体発達分化」については「漸成発達」等の訳語もある。「個体発達分化図式」などについてはエリクソン（1959/2011）ならびに西平（1993）「第2章」を参照。

3) これらの項目を人類に共通の「本分・もちまえ」として理解し，たとえば，日本人の名前に多い「望」「誠」「愛」「育」「知」などの漢字を重ね合わせて検討することは今後の課題となる。

4) この文脈における「形式主義」「道徳主義」などの問題については別の機会に論じた（鈴木・西平，近刊）。

5) エリクソンの伝記についてはフリードマン（Friedman, 1999/2003）を参照。またエリクソンの娘による証言も貴重である（Erikson, B. S, 2005）。

引用文献

Erikson, B. S.（2005）. *In the shadow of fame: A memoir by the daughter of Erik H. Erikson*. London: Penguin Books.

Erikson, E. H.（1958）. *Young man Luther: A study in psychoanalysis and history*. New York: Norton.（西平　直（訳）（2002, 2003）．青年ルター 1, 2　東京：みすず書房）

Erikson, E. H.（1959）. *Identity and the life cycle*. New York: International Universities Press.（西平　直・中島由恵（訳）（2011）．アイデンティティとライフサイクル　東京：誠信書房）

Erikson, E. H.（1965）. *Insight and responsibility*. New York: Norton.（鑪幹八郎（訳）

(1971). 洞察と責任　東京：誠信書房）
Erikson, E. H. (1968). *Identity: Youth and crisis.* New York: Norton.（岩瀬庸理（訳）(1973). アイデンティティ―青年と危機　東京：金沢文庫）
Friedman, L. J. (1999). *Identity's architect: A biography of Erik H. Erikson.* New York: Scribner.（やまだようこ・西平　直（監訳）(2003). エリクソンの人生（上・下）　東京：新曜社）
柏原兵三（1977）．ドイツ教養小説の系譜　しんせん会（編）　教養小説の展望と諸相　東京：三修社
西平　直（1993）．エリクソンの人間学　東京：東京大学出版会
鈴木　忠・西平　直　生涯発達とライフサイクル　東京：東京大学出版会（近刊）

参考書

①Frager, R., & Fadiman, J. (1984). *Personality and personality growth.* 2nd ed. New York: Harper & Row.（吉福伸逸（監訳）(1989)．自己成長の基礎知識1・2・3　東京：春秋社）幅広くパーソナリティ理論を解説した入門書。トランスパーソナル心理学の視点がこの柔軟な広がりを可能にした。第1巻は「深層心理学（フロイト，ユング，アドラー，ホーナイ，エリクソン）」，第2巻は「身体・意識・行動・人間性の心理学（ライヒ，パールズ，ジェームズ，スキナー，ロジャーズ，マズロー）」，第3巻は「東洋の心理学（ヨーガ，禅仏教，スーフィズム）」。

E. 理論的研究　　　　　　　　　　　　　　　　　　　　　　　　　　小松貴弘

　アイデンティティとは何か　　一般に，言葉の意味や概念の適用範囲は，それが用いられる文脈によって微妙に，あるいは大幅に異なる。「アイデンティティとは何か」を考えるうえでは，その問いがどのような文脈で発せられているか，どのような視点から問われているのかを，明確にする必要がある。
　本項では，主として理論的な観点からアイデンティティ概念を検討する。そして，今後期待される理論的研究の大まかな方向性を示したい。なお，アイデンティティという術語の用法としては，大きく分けて，「主体が自分自身のあり方，属性，社会との関係を捉えるあり方」としての用法と，「他者から見て，ある個人あるいは集団を他の個人や集団と区別する際の捉え方」としての用法があるが，本項では主として前者のアイデンティティ概念を，特にエリクソン（Erikson, E. H.）の概念を基本として検討の対象とする。

A) 語義の検討

アイデンティティという言葉の原義は，「同じであること」「一致していること」である．つまり，少なくともAとBという二つの項があって，そのAとBが「同じである」「一致している」という関係にあることを意味する言葉である．「そのものの本質」「そのものらしさ」といった意味は，この原義からの転用であると考えられる．

つまり，アイデンティティとは，ものの名前や性質を指す言葉ではなく，何かと何かの関係を記述する言葉である．したがって，アイデンティティの問題を考えるときには，本来，そこで何と何の関係が問題になっているのかを押さえる必要がある．

心理学におけるアイデンティティ論をめぐっては，アイデンティティと自己が厳密に区別されずに用いられている例が時おりみられる．しかし，原義に立ち戻って考えれば，アイデンティティは，自己そのものを指す言葉ではなく，「自分と自分との関係のあり方」を指す言葉として捉えることが妥当である．読書することにたとえて表現すれば，アイデンティティとは，本に書かれている中身そのものではなく，その本をどのように読むかという読み解き方のことである．この区別は，後にみていくように，アイデンティティ概念を検討するうえで重要である．

B) エリクソンのアイデンティティ概念

エリクソンのアイデンティティ概念の全体像を論じることは容易ではない．ここでは，エリクソンのアイデンティティ概念について，本項での検討に関わる論点に焦点を絞って検討したい．本項で主として取り上げるのは，エリクソンのアイデンティティ概念が，①力動的な臨床概念であること，②自分が自分をみつめるという再帰性を備えていること，③社会のあり方との結びつきが深いこと，以上の3つの論点である．

①力動的な臨床概念　エリクソンは，アイデンティティという概念を演繹的にパーソナリティの問題に適用したわけではない．精神分析臨床の現場で出会った問題を定式化する方法として，帰納的に，アイデンティティという概念を導入したのである．要約すれば，エリクソンが見出したのは，対人関係の中

で，そして社会の中で，自分が生きていく場所を見失い，心理的不適応状態に陥っている人々の姿であったといえるだろう。そうした人々が直面している中核的な問題を，エリクソンはアイデンティティの問題として捉えたのであった。そこにはすでに，個人内の病理という視点には収まらない，社会との関係の問題という視点が含まれていたといえる。

こうした意味で，エリクソンのアイデンティティ概念は，セラピー論の視点を含んだ臨床的な概念であり，個人と社会との関係のあり方の変動を視野に収めた力動的な概念である。したがって，それは本来，個人のパーソナリティの状態を静的に記述するために用いられる概念ではなかったといえる。

②自分が自分をみつめる再帰性　よく知られたアイデンティティの定義の一つとして，エリクソン（1959/2011）は，主体の時間的連続性と社会的斉一性が確立していることをあげている。つまり，エリクソンは，過去・現在・未来における自分の「一致」と，社会の中での自分のあり方と自分に関する他者の認知との「一致」を問題にしたのである。ここで大きく問題となるのが，その「一致」を判断する主体が，他ならぬ自分自身であるという点である。ここに，たとえば社会学者のギデンズ（Giddens, 1991/2005）が近代の特徴の一つとして指摘した，根拠や立脚点が外部（神や自然や伝統）にではなく，それ自身にあるという「再帰性」の問題が現れてくる。

自分のアイデンティティを自分自身が問う状況では，特殊な困難が生じる。そこで問われているのは，自分から「距離を置いて」眺めることのできる対象同士の関係ではなく，自分と自分との関係である。頼りにできる足場としての基準は外部に存在しない。頼りにできるのは，自分は自分をどのようにみているのかという，自分自身についての自分の捉え方，すなわち自己理解である。そして，自己理解の足場は，さしあたり自分自身でしかない。ここに，解決の困難な不確実性が生じてくる。

しかし，この困難さには，肯定的な契機も含まれる。自分が自分を問うというこの再帰的（反省的）な状況が，いわば「みる自分」と「みられる自分」という差異を必然的に生み出し，その差異から生じるズレが，主体に自己探求を促して，成長発展を駆動する力となると考えられるからである。そういう観点から見れば，エリクソンのアイデンティティ概念には，それ自体が一種の弾み

車として前進して行くような力動性が内在していると捉えることができるだろう。

　③社会のあり方との結びつき　　後にみるように，上述の点は，エリクソンのアイデンティティ概念に対する批判の的の一つでもある。つまり，エリクソンの概念には，統合を志向する方向性が，理念的価値づけを伴って，あらかじめ論点先取的に想定されているようにみえる部分があり，その想定自体が問い直されるべきではないかという批判である。確かに，エリクソンの概念には，グランドプランのアイデアにもみてとることができるように，目的論的な含みがあるように理解できる部分がある。そこには，対立が止揚されてより高次のものが生成されるという近代的な意味での弁証法的発展という論理もうかがわれる。そもそも，自分のあり方を自分が問うという心のあり方そのものが，近代社会に特徴的であるといえるだろう。

C) アイデンティティ概念と近代社会

　西洋近代は，人間の理性的な知の働きが中心的な位置を占めた時代である。人間は，自然と運命に翻弄されるばかりの存在ではなくなり，知と意志の力で自分自身の人生を自律的に切り開くことのできる存在と自らを捉えるようになった。人間は，環境に受け身的に従うのではなく，環境に働きかけ，環境を利用し，環境をつくり替える存在となった。社会移動や職業選択もしだいに自由が増した。人間の自由の増大と環境および社会の流動性の増大は，相伴って進行した。

　前近代的社会においては，伝統社会の中で，人の生涯はその道のりがおおむね定まっていた。そのような社会においては，「自分は何者か？」という問いは，一般的には，ほとんど意味をもたなかっただろう。アイデンティティの問題には，自分が変化していく可能性，他の道を進んでいく可能性を考えることができることが前提になるのである。そしてそれは，社会が近代へと変容して初めて本格的に可能になったと考えられる。ここで確認しておきたいことは，アイデンティティの問題は，原理的に，そもそものはじめから社会的条件と不可分の関係にあること，アイデンティティの問題が「不要」になるとすれば，それは自分の変化可能性を考えることができなくなることと同義であるという

ことである。

　エリクソンがアイデンティティ論を展開したのは，近代がいよいよ高度化し，その流動性がますます増大した時代であった。ヨーロッパで生を受け，放浪する青年期を過ごし，精神分析に出会い，アメリカに渡って活躍したエリクソン自身，そうした時代の体現者の一人であったともいえるだろう。自分が生まれ育つ環境が変動すること，そうした変動を生きる苦しみと悲しみは，エリクソン自身が経験したことでもあったのだろう。

　青年が社会へと積極的に生産的に関わるためには，それまで自ら身につけ，周囲とのあいだに築き上げてきた資源を統合し，まとめあげ，動員することが不可欠であろう。それは，自分にとって重要なものとそうでないもの，他を犠牲にしても当面没入する課題などを，自ら選り分け，選び取ることである。そういう意味では，アイデンティティの不可欠の一部である自分のあり方は，与えられるものでも，あらかじめ用意されているものでもなく，自分で方向づけ，築き上げようと努めるものである。しかし，そのためには，そもそも，社会が自分の働きかけに応えてくれる可能性が，少なくともそれに賭けてみることができる程度に信じられていなければならないだろう。そして，そのような面で社会を信頼できるかどうかは，個人の側の資質のみの問題ではなく，社会の側が実際にどうあるかに大きく左右されるといえる。

D）アイデンティティにみられる関係性と多重性

　エリクソンのアイデンティティ論は，その後の研究者たちによって直接的および間接的に，さまざまに批判を受け，吟味されてきた。ここでは，そのような議論を代表するものとして，アイデンティティおよび自己を関係性および多重性の視点から捉える議論を取り上げる。

　広く知られているように，エリクソンのアイデンティティ概念には，社会との相互作用の契機が本質的な要素として含まれている。たとえば，アイデンティティ研究の流れにおいても，アイデンティティ形成における「個」の確立の契機と「関係」を形成する契機とをバランスよく捉えようとする動きがある（たとえば，谷，2008）。

　社会的相互作用の契機に焦点を当てていくと，個人と社会との関係という問

題設定そのものに疑問が投げかけられる。社会構成主義〔たとえば，ガーゲン(Gergen, 1999/2004)〕の立場は，その一例である。個人がまず先にあって，その個人と個人が結びつき合って社会を形成するという考え方に疑問が突きつけられ，社会的な相互作用の中に参入していくことで主体ははじめて「個人」になるといった考え方が，とりわけ社会学の方面から提唱されてきた。このような立場からすれば，アイデンティティの問題の焦点は，その個人のアイデンティティのあり方に影響を及ぼし，規定してきた社会的相互作用のあり方の問題として捉え直される。

　このような立場の延長として，「個人」の「単一性」にも疑問が投げかけられてきた。つまり，主体は身体物理的存在としては単一であるとしても，社会的相互性の多様性に応じて，その自己は多様でありうるのではないかという疑問である。このような考えの系列が，自己の多重化の議論へとつながっている。

　「自分というものは必ずしも一つとは限らないのではないか」という考え方は，現代においてはそれほど違和感なく受け入れられるようになってきているのではないだろうか。アイデンティティ研究の流れにおいては，エリクソンに直接的な影響を受けたリフトン（Lifton, R. J.）の業績がその先駆けといえる（たとえば，Lifton, 1976/1989）。リフトンは現代の青年のアイデンティティのあり方の特徴として，「変幻自在の自己」という概念を提唱した。しかし，ここで重要なこととして押さえておかねばならないのは，リフトンの研究の原点は，戦争によるトラウマ体験の研究にあることである。「変幻自在の自己」には，極限状況を生き延びるための，解離の心的機制の働きや，選択の回避・麻痺といった側面があることは，決して見落とされるべきではない。

　心の哲学の領域では，たとえば河野（2011）が，ギブソン（Gibson, J. J.）の認知心理学を参照した「心のエコロジカルモデル」を提唱する中で，アイデンティティの「単一性」に疑問を投げかけている。アイデンティティは環境との相互作用の結果として多様なあり方をしていることが自然であって，アイデンティティのあり方が単一で一貫している人がいるとすれば，それは限られた環境の中で限られた対人関係をもって生きている場合に限定されるのではないかと指摘している。また，狭い意味での研究文献ではないが，平野（2012）は，主体は分割不可能な「個人」ではなく，分割可能な「分人」として捉えられる

方が適切ではないかという興味深い提言を行っている。

　ここでエリクソンのアイデンティティ論に立ち戻れば，そこで示されているのは，主体が人生を生き生きとしたものと感じるには，互いに相容れない，ときには鋭く対立するさまざまな自己のあり方に，場合によっては大きな苦しみを伴いながらも，何らかのかたちで一定のまとまりをもたらすことが不可欠なのだという考えである。そこには，私たちに「自分」という自己意識がある限り，そうした方向へ心が動こうとすることを避けることはできないという考えも含まれているだろう。

　これに対して，そこにまとまりをもたらそうとすることそのものが近代的な発想であり，根拠のない幻想なのではないか，あるいは「個」として自律している自分という意識は錯覚であり，私たちは自覚している以上に関係における相互作用に規定されて生きているのではないか，という鋭い批判意識を，関係性や多重性をめぐる多くの議論が含んでいる。

　とりわけ，多重性をめぐる議論の背景には，自分の経験や意識を互いにつながりをもたないものとして切り離す，あるいは切り離されたままにしておく心の働きとして捉えられる，解離をめぐる問題があるように思われる。多重性をめぐる議論においては，そうした解離の問題を視野に収めることを忘れてはならないだろう。そのうえで，そのあり方と是非についての議論と研究が積み重ねられることが望まれる。

　もう一つ，ここで忘れてならないのは，これまでにみてきたように，私たちの自己そしてアイデンティティのあり方は，単に個人の心のあり方の問題ではなく，私たちが生きている社会状況と切り離すことができないことである。そうした意味で，アイデンティティのあり方と社会状況との結びつきのあり方の研究を通して，アイデンティティ概念の精緻化が目指されるべきであろう。

　以下に，本項の締めくくりとして，アイデンティティの問題を考えるうえで，現代社会のあり方との結びつきの点でとりわけ重要だと筆者が考える，トラウマと解離をめぐる問題について私見を述べたい。

E）アイデンティティ概念と現代社会

　トラウマは，それを経験した者の安心感と自己統制感を大きく脅かす（たと

えば，宮地，2013)。安心感はエリクソンの個体発達分化[注1]図式の第Ⅰ段階と，自己統制感は第Ⅱ段階と，それぞれに結びつきが深く，個人のアイデンティティのあり方は，それらが脅かされることで直接的および間接的に大きく揺さぶられ，深刻な場合には回復が困難なほどに損なわれる。

　トラウマの問題は，直接的に体験されるものに限定されない。メディアを通じて伝えられる事故，災害，犯罪，戦争，環境破壊などの報道は，私たちの安心感や自己統制感を少なからず揺るがすものである。このような社会状況が私たちの生き方に及ぼす影響を考えるうえで，アイデンティティ概念は重要な視点を提供してくれる。現代社会のあり方から見たアイデンティティ概念の吟味と，アイデンティティ概念からみた現代社会のあり方の検討が，相互循環的に必要であろう。

　トラウマは，多くの場合，さまざまな水準と領域の解離の働きを作動させる。解離は，アイデンティティ概念の統合へのベクトル，「同じであること」「一致していること」を目指すベクトルと，逆向きの心の働きである。解離は，苦痛と困難に直面する葛藤状況を回避する積極的ならびに消極的手段となりうる。精神分析家のスターン（Stern, 1997/2003）は，解離とは，想像力を十分に働かせないことだと指摘している。その結果として，解離はその個人の経験の幅と可能性を多かれ少なかれ狭めてしまうのである。解離が幅広く用いられると，自分が生きていると経験している世界が唯一の世界であり，それを変えることはできないという感覚がもたらされる。

　より大きな視野から，あるいはメタレベルから自分をみるということは，現在の自分とは別の可能性を考えるということである。現実が苦しい以上に，別の可能性を考えることの方が，もっと苦しくて恐ろしいかもしれない。また，社会学者の大澤（2012）は，現在の私たちが生きている歴史的・社会的状況を「不可能性の時代」と捉えて，私たちにとって，理想や空想の価値を信じることが困難になり，現実の「向こう側」を考えることが難しくなっていることを指摘している。しかし，そのような状況であるならば，いや，そうであるからこそ，困難を乗り越え，解離を乗り越える，私たちの想像力が問われるのではないだろうか。

　アイデンティティ概念には，可能性を考える，そこにまだ到来していないも

のを思い描くという，創造的なベクトルが含まれている。アイデンティティ概念を手放すことは，私たちが私たちの人生を切り開くことができる可能性を手放すことに等しい。そうした意味で，アイデンティティ概念は，私たちの生き方，社会のあり方を構想する原動力でもあるといえるのではないだろうか。

　私たちが自分をみつめ，他者と関わって生きる限り，そこには，原理的に，アイデンティティの問題が立ち現れる。私たちが生きていくうえでの心理的な困難さ，他者との関係のあり方の困難さをよりよく理解するために，望ましい社会のあり方を構想するために，アイデンティティ概念の吟味と洗練が，絶えず求められ続けるのである。

注

1) 漸成発達等の訳語もある。

引用文献

Erikson, E. H. (1959). *Identity and the life cycle.* New York: International Universities Press. (西平　直・中島由恵（訳）(2011). アイデンティティとライフサイクル　東京：誠信書房)

Gergen, K. J. (1999). *An invitation to social construction.* London & New Delhi: Sage Publications. (東村知子（訳）(2004). あなたへの社会構成主義　京都：ナカニシヤ出版)

Giddens, A. (1991). *Modernity and self-identity: Self and society in the late modern age.* Cambridge: Polity Press. (秋吉美都・安藤太郎・筒井淳也（訳）(2005). モダニティと自己アイデンティティ　東京：ハーベスト社)

平野啓一郎 (2012). 私とは何か――「個人」から「分人」へ　東京：講談社

河野哲也 (2011). エコロジカル・セルフ　京都：ナカニシヤ出版

Lifton, R. J. (1976). *The life of the self: Toward a new psychology.* New York: Basic Books. (渡辺　牧・水野節夫（訳）(1989). 現代，死にふれて生きる――精神分析から自己形成パラダイムへ　東京：有信堂)

宮地尚子 (2013). トラウマ　東京：岩波書店

大澤真幸 (2012). 夢よりも深い覚醒へ　東京：岩波書店

Stern, D. B. (1997). *Unformulated experience: From dissociation to imagination in psychoanalysis.* New York: Routledge. (一丸藤太郎・小松貴弘（監訳）(2003). 精神分析における未構成の経験――解離から想像力へ　東京：誠信書房)

谷　冬彦 (2008). 自我同一性の人格発達心理学　京都：ナカニシヤ出版

参考書

①西平 直 (1993). エリクソンの人間学 東京：東京大学出版会
　エリクソンの理論と思想の全体像を哲学の視点をふまえて綿密に読み解く試みに挑んだ著作である。エリクソンの思索の原動力となっていたエートスが卓抜に描き出されており，アイデンティティ概念を理論的に研究するうえで必読文献である。

②浅野智彦 (2001). 自己への物語的接近―家族療法から社会学へ 東京：勁草書房
　本文では取り上げられなかったが，アイデンティティの問題を別の角度から照らすアプローチとして物語論がある。とりわけ「自己物語」をめぐる議論は，アイデンティティの問題の困難さがどこにあるのかを考えるうえで参考になる。

③Ishiguro, K. (2005). *Never let me go*. London: Faber and Faber. (土屋政雄（訳）(2006). わたしを離さないで 東京：早川書房)
　ある特殊な状況設定を背景に，主人公の一人称により回想される物語が，読者に重い問いを突きつける文学作品であると同時に，アイデンティティや解離の問題という視点から読んでも深く考えさせられる，示唆に富んだ作品である。

(2) アイデンティティによって人間の人生を描き出す研究

A. 次世代との関わりや世代継承（死の問題も含む）とアイデンティティ

　　　　　　　　　　　　　　　　　　　　　　　　　　　　　　　林　智一

　アイデンティティとは何か　アイデンティティには二つの側面がある。昨日の自分と今日の自分は同一であるという一貫性，連続性をもった"自分は自分である"という感覚がその一つである。一方，アイデンティティには，発達の各段階を経ながら新たに危機を迎えては再体制化され変容し，成熟していくというもう一つの側面がある。そこには，両親や祖父母，子，孫といった多様な世代の他者との関わり合いも当然，影響している。その中で，われわれは自己のアイデンティティをいかに形成し，維持し，また変容させているのだろうか。本項では，主に中高年期におけるアイデンティティ研究について，世代の連鎖や世代継承，そして個人のライフサイクルの終焉としての死という観点から概観する。

A) 中年期の心理社会的危機

親として子を生み，養育したり，職場で後進を育成，指導したりといった，次の世代を生み，育て，はぐくむというテーマが優勢となるのは，成人期以降，特に中年期であろう。エリクソン（Erikson, 1963/1977）の個体発達分化[注1]の図式における中年期に優勢となる危機は，「世代性（generativity）vs. 停滞」である。世代性とは「次の世代を確立させ導くことへの関心」であり，それに失敗すると擬似的な親密さを求める強迫観念的要求に退行し，しばしば停滞感と人格的貧困感に陥ることになる（Erikson, 1963/1977）。

また，個人のライフサイクルは死によって完結するが，自己のライフサイクルの中で生み，育て，はぐくんだ次の世代は，また新たな世代を生み出していく。こうして，人類のライフサイクルは祖先から子孫へと連続していく。エリクソン（Erikson, 1982/1989）は，これを「世代継承」や「世代連鎖」と呼んだ。

B) 世代性の7つの構成要素とアイデンティティ

中年期の主要テーマである世代性をさらに詳細にみてみよう。マクアダムスとデ・セント・オービン（McAdams & de St. Aubin, 1992）は，図4-4のように，世代性が7つの心理社会的要素から構成されると考えた。まず，世代性に対する動機の根本として「文化的要求」と「内的欲求」が存在し，それらが結合して次世代への意識的「関心」を生み出す。人間の善についての「信念」とともに，「関心」は世代的「関与」を刺激する。それは「信念」および「関心」と相互に影響し合うものである。そして，創造性を発揮したり，世代継承をしたり，他者の世話をしたりするといった世代的「行動」は，「文化的要求」あるいは「内的欲求」によって直接，動機づけられている。最後に，これら6つの複雑な関係が，個人の世代性に関する筋書きとしての「物語」によって決定される。なお，この世代性についての「物語」は，より大きな人生の物語の一部であり，それがその人のアイデンティティを形成するという（McAdams, 1985）。

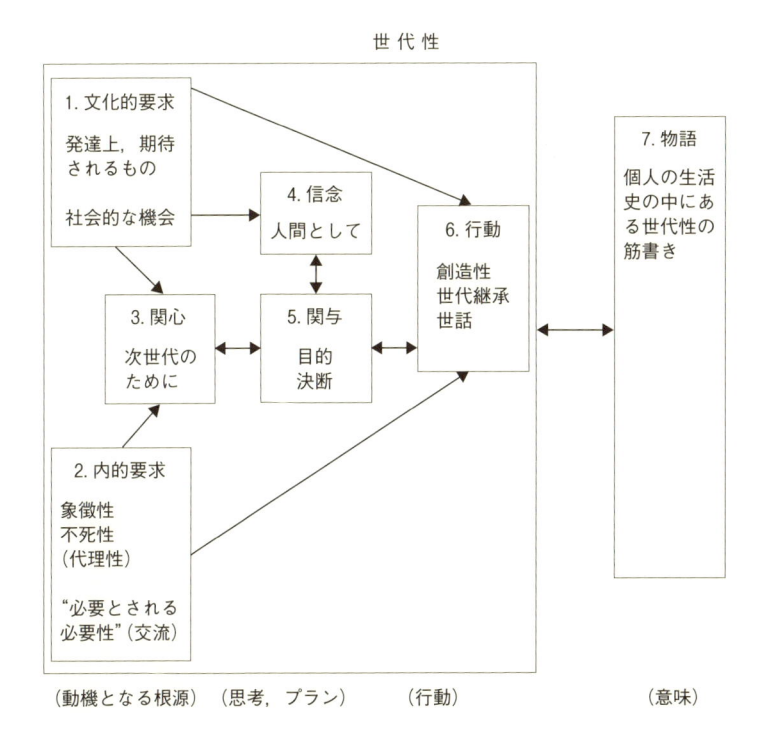

(2) アイデンティティによって人間の人生を描き出す研究　169

世代性

```
┌─────────────────┐
│ 1. 文化的要求    │
│ 発達上，期待     │
│ されるもの       │──┐        ┌──────────┐
│ 社会的な機会     │  │──────→ │ 4. 信念   │        ┌──────────┐      ┌──────────┐
└─────────────────┘  │        │ 人間として│        │ 6. 行動   │      │ 7. 物語   │
                     │        └──────────┘        │ 創造性    │      │ 個人の生活│
                     ↓              ↕              │ 世代継承  │←───→ │ 史の中にあ│
              ┌──────────┐   ┌──────────┐         │ 世話      │      │ る世代性の│
              │ 3. 関心   │←→ │ 5. 関与   │←──────→└──────────┘      │ 筋書き    │
              │ 次世代の  │   │ 目的      │                            └──────────┘
              │ ために    │   │ 決断      │
              └──────────┘   └──────────┘
                   ↑
┌─────────────────┐
│ 2. 内的要求      │
│ 象徴性           │
│ 不死性           │
│ (代理性)         │
│ "必要とされる    │
│ 必要性"(交流)    │
└─────────────────┘
```

(動機となる根源)　(思考，プラン)　　(行動)　　　　　　　　(意味)

図 4-4　世代性の 7 つの構成要素 (McAdams & de St. Aubin, 1992)

C) 成人期のアイデンティティのラセン式発達モデル

　成人期におけるアイデンティティ発達の見取り図として，最も注目されるのは岡本 (1994) である。岡本 (1994) は，大学生年代から 70 歳代までの男女に質問紙調査や面接調査を行い，青年期にいったん確立したアイデンティティが 30 歳代後半から 40 歳代前半，および 60 歳前後に再び，①心身の変化の認識にともなう危機期，②自己の再吟味と再方向づけへの模索期，③これまでの生き方の軌道修正・軌道転換期，④自我同一性の再確立期という 4 つの段階を経て問い直され，再体制化されてラセン式に発達，成熟していくことを明らかにした (図 4-5)。

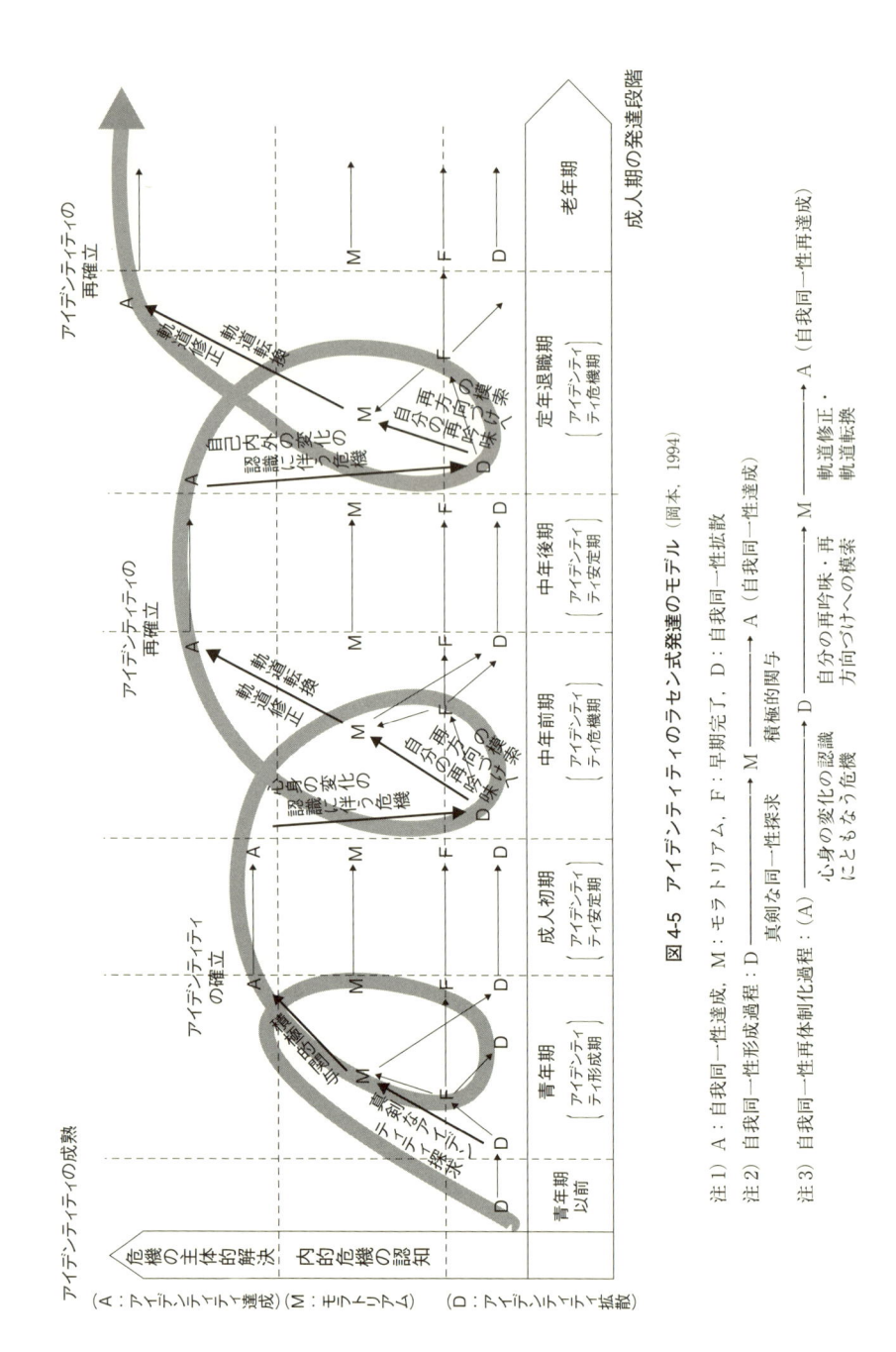

170 第4章 アイデンティティ研究のこれから

図 4-5 アイデンティティのラセン式発達のモデル (岡本, 1994)

注1) A：自我同一性達成，M：モラトリアム，F：早期完了，D：自我同一性拡散

注2) 自我同一性形成過程：D → M → A（自我同一性達成）
　　　　　　　　　　　　　真剣な同一性探求　　積極的関与

注3) 自我同一性再体制化過程：(A) → D → M → A（自我同一性再達成）
　　　　　　　　　　　心身の変化の認識　　自分の再吟味・再　　軌道修正・
　　　　　　　　　　　にともなう危機　　　方向づけへの模索　　軌道転換

D) 親・祖父母としてのアイデンティティ

親となることや祖父母となることは，次世代と関わり合い，世代継承と関連する，重要な出来事であると考えられる。それは個人のアイデンティティにどのような影響を及ぼすのだろうか。

たとえば岡本（1996）は，3〜5歳の子どもをもつ147名の母親に対して「アイデンティティ尺度」（Rasmussen, 1964）と「母性理念質問紙」（花沢, 1992）を実施している。その結果，調査対象者である母親は，①統合型（個としてのアイデンティティも母親アイデンティティもともに達成されている），②伝統的母親型（個としてのアイデンティティ達成度は低いが，母親アイデンティティはよく達成されている），③独立的母親型（個としてのアイデンティティの達成度は高いが，母親アイデンティティの確立は不十分），④未熟型（個としてのアイデンティティと母親アイデンティティの両方とも確立が不十分）の4タイプに分類された。そして，夫との肯定的な関係や家族に対する積極的関与が個としてのアイデンティティと母親アイデンティティの統合を支えるものであることを示唆した。

山口（2001）は，「親同一性尺度」により幼稚園児の母親216名を対象に調査を行った。その結果，親同一性は単一の構造ではなく，親としての役割を概念的に理解し，その役割を情緒的に受容し，無事遂行できているか否か自らモニターし評価するという「親役割理解」「親役割受容」「親役割自己評価」の3つの次元で構成されることを明らかにした。

また，障がい児の母親の母親アイデンティティについては，松元（2006）の研究がある。松元（2006）は，障がいをもつ子どもの母親47名に「母親の自己成長観に関する質問」と「ラスムッセンのアイデンティティ尺度日本語版」（宮下, 1987），「育児や母親自身に関する文章完成法」を行った。その結果，母親アイデンティティ得点は子どもの年齢とは関係なく，子どもの障がいの種類や育児の困難度が母親のアイデンティティに大きく関連していた。育児困難度の高い子どもをもつ母親のアイデンティティ得点は，そうでない子どもの母親よりも下位尺度の自律性や勤勉性，同一性，親密性で有意に低いことが示された。

さらに，超高齢社会を迎えたわが国では，長い高齢期の中で子どもや孫とい

かに関わり合うかという問題も注目される。高齢者の祖父母アイデンティティに関する研究としては，中原（2011）があげられる。中原（2011）は，孫をもつ 226 名の前期高齢者にレイチェスとムートラン（Reitzes & Mutran, 2004）をもとにした質問紙調査を行い，祖父母の役割が自己概念の中心的位置にある人ほど，また祖父母としてのアイデンティティの意味づけがポジティブな人ほど，孫と接触する頻度が高いこと，祖父母アイデンティティの意味づけがポジティブに形成されている祖父母ほど，祖父母役割満足度が高いことを明らかにした。

　これらの研究からは，子どもや孫にポジティブに関与することとアイデンティティの達成の間の相関関係が推察される。今後は，特定時点でのアイデンティティの様態だけでなく，子どもや孫の誕生前後での変化や子どもの成長に伴う変化など，親になること，祖父母になることの体験とアイデンティティ発達との関連をプロセスとして記述していくような縦断研究や事例研究も必要であろう。さらに，父親アイデンティティの研究も待たれるところである。

E）他者の世話と世代継承，アイデンティティ

　近年，老親の扶養・介護が中年期の重要なテーマとなっている。介護者と要介護高齢者のアイデンティティの問題も重要であろう。ここでは，医療・介護の専門職と高齢患者のアイデンティティの問題に関する研究を紹介したい。

　新木（2005）は，老年看護学実習の場において，学生が高齢患者に「助けられる」，もしくは「助け－助けられ」関係にあることを「祖父母的世代継承性」（Erikson et al., 1986/1990）の観点から考察している。そのような関係の中で高齢患者は，人から介護を受けねばならない状況にありながらも自分であり続けることが保障され，「生きる力」を増強していた。一方，学生にとっては，高齢者からの「助けられ体験」により能動的，自律的に「老いる」姿に接近することが，青年期のアイデンティティの模索や確立に貢献するという。

　なお，世代と世代が関わり合い，育て合うような関係のことを「相互性」と呼ぶ（Erikson, 1964/1971）。世話を通じての相互性を考えると，前述のような高齢者や障がい者・児の問題はもちろんのこと，保育・教育などにおける子どもと保育者・教育者の関係など，多様な関係における世代継承に関わる相互的

なアイデンティティ発達のテーマが浮かび上がる。

F) 死とアイデンティティ

　自らが死すべき運命を担った存在であることを認識している動物は，人間だけである。メメント・モリ（memento mori），すなわちラテン語で「死を想え」という意味の警句があるが，死を想うことこそが人間を人間たらしめ，その人をその人たらしめているともいえよう。

　とりわけ現代においては，医学・医療・生命科学の進歩やそれに伴う生命倫理の問題，さらにはスピリチュアリティへの注目など，生と死をめぐる状況は刻々と変化している。そのような中，個々人の死生観も多様化しているものと思われる。

　だが，死がライフサイクルの終焉であり，自己の存在の消滅を意味することに変わりはない。そのような死という自己の有限性の自覚は，自己の存在の意味や自分とは何者かという問い，すなわちアイデンティティの問題と密接に関連すると考えられる。

G) 死の概念の発達

　人は何歳くらいから死を認識し，死について現実的に理解するようになるのだろうか。3歳から13歳の男女205名に対して，死の概念の発達的変化について調査した仲村（1994）によれば，6歳～8歳でほぼ死の現実的意味，すなわち「普遍性」（誰でも死ぬ），「体の機能の停止」（死んだ人は人間体で見たり聞いたり感じたりできない），「非可逆性」（死んだ人は人間体で生き返れない）を理解するという。ところが，いったんは死を現実的に理解したうえで，9歳～11歳，12歳～13歳と年齢が高くなるにつれ，死んでも「見たり聞いたり感じたりできる」とか「生まれ変わる」といった，霊的精神的回答が増すという結果も得られている。仲村（1994）は，このような日本に特有の「生まれ変わり思想」について，「日常化，民族化した水準での宗教意識が漠然とした形で影響を及ぼしている結果であろうと思われる」と述べている。死の概念には多様な要因が影響するようである。

H）死とアイデンティティの関連についての研究

　死とアイデンティティとの関連を考えるとき，アイデンティティ形成において死やスピリチュアリティが及ぼす影響，さらには生涯を通じての死やスピリチュアリティとアイデンティティ発達との関連などのテーマが想定されよう。このような研究は実際にはまだ少ないが，示唆的な研究例を以下に紹介する。

　松山（1997）は，青年女子93名に「九分割統合絵画法」（森谷，1983）と「自我同一性尺度」（遠藤，1981）を実施した。その結果，被調査者の死の概念が「現実的・科学的な死に対する知識」と「宗教性のあるイメージ」を併存させていること，アイデンティティとの関連では「霊的な死の概念」の中の「実存的・死の意義」と「死後への願望」が自我同一性尺度の中の「自己信頼感」因子と「目標の設定」因子の得点が高い人に出現頻度が高く，逆に両因子の得点の低い人には出現頻度が少ないことを明らかにした。そして，「私の生」の終焉として捉える死の意識は，自己信頼感，目標の設定に何らかの影響を与えることもあると述べている。

　ライフサイクルの中で，死を最も身近に感じ，死の受容が優勢なテーマとなる年代は高齢期であろう。高齢者の死の受容とアイデンティティの関連について，岡本（1990）は養護老人ホーム入居中の男女70名を対象として，「死に対する受けとめ方に関する文章完成法（SCT）」と「Ego Identity Scale」（Rasmussen, 1961）をもとに検討した。その結果，死を受容している群は非受容群に比べてアイデンティティの達成度が高いこと，死の積極的受容群は他群に比べて全般的に高い自我機能をそなえていることを明らかにした。

　さらに石坂（2009a）は，ライフサイクルに沿った生涯にわたるアイデンティティ形成と死の意味づけについて検討した。調査対象の20歳から79歳の男女300名に対して，「死の意味づけ尺度」（石坂，2009b）と「自我同一性SCT」を実施した結果，アイデンティティの達成度が高いほど，死を苦難からの解放と捉えず，死後も存在し続けると信じることで死を受容し，死という問題に向き合いながら，生きることの大切さ，人間関係の重要さ，自己の成長という死の意義を考えることにつながる傾向があることが示唆された。

　また，川島（2008）は，死生観の研究における事例研究の意義を強調し，宗教と死生の意味づけについて，浄土真宗の門徒である女性高齢者の語りを検討

している。その結果，語り手は死の意味づけと宗教の関係にとどまらず，「家」という文脈の中で死と生の意味づけを把握していること，さらに「語りの空間」で語り手がどのようなアイデンティティを構成しようとしているのかによって，死生の意味は選択的に構成されることを明らかにした。

これらの研究からは，おおむねアイデンティティの確立が良好な死の受容をもたらすことが示唆される。さらに，スピリチュアルな信念とアイデンティティとの関連も今後，注目される点である。

一方，高齢者に対する心理的支援としては，自己の唯一のライフサイクルをそうあらねばならなかったものとして，またどうしても取り替えを許されないものとして受け入れられるかどうかという「統合性 vs. 絶望」（Erikson, 1963/1977）の危機の解決を促し，アイデンティティを高めたり，死の受容を促進したりする効果をもつといわれるライフレビュー（Butler, 1963）や回想法（Haight & Webster, 1995）が注目される。これらは，終末期患者にとっても有用な心理的支援になると思われる（林，1999）。

1) 死後も永続するアイデンティティ

エリクソンら（Erikson et al., 1986/1990）は，アイデンティティが自身の死後にも永続性のあることについて論じている。彼らは，高齢期になると自分の死後，友人や家族にどんなふうに思い出してもらうかという，外側からみえる自己像が特に重要になるという。その例として，自分の死後，友人や家族から「ユーモアのある人だった」と言われることを望む高齢期女性や，「話をよく聞いてくれる人だった」と言われることを望む高齢期男性の事例をあげている。

自らの死後，友人や家族の中にどのようなイメージを残すかというテーマは，高齢者の生き方に少なからず影響を及ぼすものである。また，ライフサイクルは個人の死によって完結するが，自らのイメージが亡くなった後も子孫の中に語り継がれていくというかたちで連続性を有するという側面もある。そこに象徴的不死性を感じて，死を受容するに至る高齢者も存在するものと推察される。このようなかたちで，死後のアイデンティティという問題は，世代継承のテーマと関連していく。

次世代との関連からアイデンティティを考える際には，アイデンティティ発

達をプロセスとしてみることが不可欠となる。したがって，誕生から青年期までではもちろんのこと，成人期，中年期，高齢期，死，さらには死後の問題やスピリチュアリティまで含めた，生涯発達的観点からの縦断的・統合的な研究と理論化，さらにはアイデンティティの確立や成熟に向けた心理的支援の実践研究が求められるところである。

注

1) 漸成発達等の訳語もある。

引用文献

新木真理子 (2005). エリクソンの祖父母的世代継承性と高齢者の看護　綜合看護, **3**, 17-23.

Butler, R. N. (1963). The life review: An interpretation of reminiscence in the aged. *Psychiatry*, **26**, 65-75.

遠藤辰夫 (1981). アイデンティティの心理学　京都：ナカニシヤ出版

Erikson, E. H. (1963). *Childhood and society* (2nd ed.). New York: Norton. (仁科弥生 (訳) (1977). 幼児期と社会 1　東京：みすず書房)

Erikson, E. H. (1964). *Insight and responsibility*. New York: Norton. (鑪幹八郎 (訳) (1971). 洞察と責任　東京：誠信書房)

Erikson, E. H. (1982). *The life cycle completed*. New York: Norton. (村瀬孝雄・近藤邦夫 (訳) (1989). ライフサイクル, その完結　東京：みすず書房)

Erikson, E. H., Erikson, J. M., & Kivnick, H. Q. (1986). *Vital involvement in old age*. New York: Norton. (朝長正徳・朝長梨枝子 (訳) (1990). 老年期―生き生きしたかかわりあい　東京：みすず書房)

Haight, B. K., & Webster, J. D. (1995). *The art and science of reminiscing*. Washington, D.C.: Taylor & Francis.

花沢成一 (1992). 母性心理学　東京：医学書院

林　智一 (1999). 人生の統合期におけるライフレビュー　心理臨床学研究, **17** (4), 390-400.

石坂昌子 (2009a). 死の意味づけと自我同一性の関連　健康支援, **11** (2), 17-26.

石坂昌子 (2009b). 死の意味づけ尺度作成の試み　心理臨床学研究, **26** (6), 734-740.

川島大輔 (2008). 宗教を通じた死生の意味構成―ある女性高齢者のライフストーリーへの事例検討―　人間性心理学研究, **26** (1), 41-52.

松元民子 (2006). 障害児の母親の自己成長感とアイデンティティに関する研究　リハビリテイション心理学研究, **33** (1), 29-40.

松山　奏（1997）．女子青年の「死」の概念：同一性の確立の視点からの検討　大阪大学臨床老年行動学年報, **2**, 82-88.

McAdams, D. P.（1985）．*Power, intimacy, and the life story: Personological inquiries into identity*. New York: Guilford.

McAdams, D. P., & de St. Aubin, E.（1992）．A theory of generativity and its assessment through self-report, behavioral acts, and narrative themes in autobiography. *Journal of Personality and Social Psychology*, **62**（6）, 1003-1015.

宮下一博（1987）．Rasmussen の自我同一性尺度の日本語版の検討　教育心理学研究, **35**（3）, 253-258.

森谷寛之（1983）．子どものアートセラピー　東京：金剛出版

中原　純（2011）．前期高齢者の祖父母役割と主観的well-being の関係　心理学研究, **82**（2）, 158-166.

仲村照子（1994）．子どもの死の概念　発達心理学研究, **5**（1）, 61-71.

岡本祐子（1990）．高齢者の死の受容と自我同一性に関する研究　広島中央女子短期大学紀要, **27**, 5-12.

岡本祐子（1994）．成人期における自我同一性の発達過程とその要因に関する研究　東京：風間書房

岡本祐子（1996）．育児期における女性のアイデンティティ様態と家族関係に関する研究　日本家政学会誌, **47**（9）, 849-860.

Rasmussen, J. E.（1961）．An experimental approach to the concepts of ego identity as related to character disorder.（Unpublished doctoral dissertation, The American University.）

Rasmussen, J. E.（1964）．The relationship of ego identity to psychosocial effectiveness. *Psychological Reports*, **15**, 815-825.

Reitzes, D. C., & Mutran, E. J.（2004）．Grandparenthood: Factors influencing frequency of grandparent-grandchildren contact and grandparent role satisfaction. *Journal of Gerontology: Social Sciences*, **59B**, S9-S16.

山口雅史（2001）．親同一性を構成する3つの次元—幼児期の子どもを持つ母親における親同一性の構造—　家族心理学研究, **15**（2）, 79-91.

参考書

①Erikson, E. H., Erikson, J. M., & Kivnick, H. Q.（1986）．*Vital involvement in old age*. New York: Norton.（朝長正徳・朝長梨枝子（訳）（1990）．老年期―生き生きしたかかわりあい―　東京：みすず書房）

　　著者の一人、エリクソンは、生涯発達心理学に多大な影響を及ぼした精神分析家である。本書では、29名の高齢者に対する面接調査をもとに、高齢期からライフサイクル

全体を見通すという試みがなされている。
②岡本祐子（1997）．中年からのアイデンティティ発達の心理学―成人期・老年期の心の発達と共に生きることの意味―　京都：ナカニシヤ出版
　成人期のアイデンティティ発達について，本項でも紹介した岡本自身の研究を中心に，多様な研究が紹介されている。この分野に関心をもつ読者にまず一読を薦めたい書籍である。
③岡本祐子（編著）（2010）．成人発達臨床心理学ハンドブック―個と関係性からライフサイクルを見る―　京都：ナカニシヤ出版
　成人期の発達臨床心理学における理論的枠組みから実践研究まで，アイデンティティを含んだ主要テーマを網羅したハンドブックである。これから研究を始めようとしている読者にとっては，良き道標となる書籍である。

B. 宗教とアイデンティティの問題　　　　　　　　　　　　　　松島公望

　アイデンティティとは何か　　アイデンティティとは，日々の生活の中で醸成されるものである。すなわち，アイデンティティを獲得する，確立するというのは何か難しいことを行うことではなく，日常を積み重ねる中でつくり上げられていくものなのである。

　ひとは，日々の生活の中で起こるさまざまな出来事を通して，自分は何であるかを考え，問う。それらの問いの中で「私は私であること」「今までも，今も，そしてこれからも私は私であり続けること」について思い巡らし，そして確かめる。と同時に，親，友人，恋人，教師，先輩・後輩など，主として普段関わる人たちとの関係を通して，私という存在を周囲の人たち（社会）が認めているという感覚（安定感，安心感，自信）を深めていく。

　これらのことを繰り返し積み重ねていく中で，アイデンティティは獲得され，確立される。アイデンティティとは，このような日々の生活の中に深く根ざすものであり，日々の生活の中で醸成されていくものである。そして，本項で論じる「宗教性」もアイデンティティに深く関わる特性であることから，他の特性と同様に，人間にとって非常に身近で日常的なものとして考えることができるのである。

A）宗教性とアイデンティティ

筆者が考えるアイデンティティの内容について記述する前に，筆者が想定している宗教性について説明し，宗教性との関連からアイデンティティの意味するところを論じたい。

宗教性とは，「個人がどの程度宗教に関与しているのか」を測定する指標であり，「宗教および宗教にまつわる事柄・事象について，知り，信じ，感じ・体験し（＝宗教意識），行う（＝宗教行動）こと」を表している。宗教意識と宗教行動を包括する枠組が宗教性である（表4-1を参照）。

この定義は，キリスト教や仏教などの宗教団体の信者のみを想定していない。日本人の中には「宗教を信じる＝宗教団体に入信する」との考えが存在し，それゆえに「自分は無宗教である」との思いや考えになってしまうことが少なくないように思われる。

しかし，国民の半数以上が墓参，初詣，神棚や仏壇への参拝（祈願）を行う（西脇，2004）という実態や，占い，おみくじ，手相，血液型判断，心霊現象，超能力等のオカルト・超常現象に関連した情報への関心の高さ（井上，1999，2006），近年，見聞きする「スピリチュアリティ」にまつわる，スピリチュアルブームの中にみられるテレビ霊能者の言葉を信じ，実践する姿（小池，2010），スピリチュアルマーケットに出向き，カウンセリングを受け，癒し系グッズなどを購入している実態（櫻井，2009；有元，2011）等々，これらの現象は，宗教にまつわる事柄・事象とはいえないだろうか。そのように捉えてみると，まさにほとんどの日本人が，参拝（祈願）行動，オカルト・超常現象，スピリチュアルブームといったそれぞれの宗教および宗教にまつわる事柄・事象について，程度の差こそあれ，知り，信じ，感じ・体験し，行っている（＝宗教性が存在

表 4-1 宗教性の構造

宗教性		
宗教意識		宗教行動
認知的成分	感情的成分	行動的成分
宗教的知識 宗教的信念	情緒的な体験 （宗教体験）	個人，社会の場における宗教的な行動

している）と考えることができるわけである。

さらにいえば，今回の定義から宗教性を捉えるならば，日本人に限らず宗教性は人間誰もが有する「特性」であると，筆者は考えている。そして，このような立場については，すでに今田（1955）によっても語られている。今田（1955）は，ジェイムズ（James, W.），オルポート（Allport, G. W.）を例にあげながら，次のように述べている。

> 宗教的発達は，結局において人格的発達の一面である。宗教的発達を人格的発達の限られた一部分であると見るか，全体を包括するものと見るかは，宗教的という考え方と，人間性に関する見解によって，意見が分かれてくるところであると思うが，私の考えでは宗教を現実の個々の宗派として具体的個人がいかなる環境に育ち何教を信じるかという点になれば，それは文化の一領域であるがゆえに，そのような宗教的発達は，個人の人格的発達の一部であり，人間の宗教性という一般的見地から見るならば，人格的発達の全般に関係するものである（今田, 1955, p. 138）。

そして，それはエリクソン（Erikson, E. H）によっても語られている。西平（1993）は，エリクソンの宗教性に対する見方を次のように論じている。

> エリクソンにとって「宗教性」とは特別な人にのみ属することなのではなく，むしろ人間の生（human life）をありのままに見る時，不可避的に含まれている事柄である。したがって重要なのは，エリクソンが宗教に特別な関心を払っているということではなくて，人間の発達のなかに組み込まれているモメントとして，宗教性を検討しているということ，逆に言えば，宗教的なものの発生現場を，人の発達のうちに見定めようとしているということなのである（西平, 1993, p. 161）。

> エリクソンにとって宗教的なものが，人の発達に内在的に含まれている事柄であり，それは〈他者〉なしには〈わたし〉は存在しえないという，発達の最初の事実のうちに深く根拠を持つという点である（西平, 1993, p. 163）。

このように，宗教性は人間誰もが有する「特性」と考えることができ，なおかつアイデンティティを考える際にも欠かすことができない領域であることは明らかではないだろうか。すなわち，筆者は，「アイデンティティとは，宗教性の存在なしに語ることができないものである」と考えている。

B) 海外の研究の動向

宗教性とアイデンティティに関する海外の研究については，『アイデンティティ研究の展望Ⅰ（鑪ら，1984），Ⅱ（鑪ら，1995a），Ⅲ（鑪ら，1995b），Ⅳ（鑪ら，1997），Ⅵ（鑪ら，2002）』（以下，Ⅰ巻，Ⅱ巻，Ⅲ巻，Ⅳ巻，Ⅵ巻とする）からその動向を論じてみたい。『アイデンティティ研究の展望』全巻を概観してみたところ，宗教性という用語が見出しになっていたのは，Ⅳ巻，第Ⅲ章3節3項の「アイデンティティ・ステイタスの背景的要因を検討した研究（1）パーソナリティとの関連」の中の「③宗教性との関連：宗教性とアイデンティティ・ステイタスに関する研究」の一つだけであった。ここでは，宗教に関連したパーソナリティ要因とアイデンティティ・ステイタスとの関連について調べた研究が9つ紹介されている。岡本（1997）は，「パーソナリティとの関連を検討した研究のなかでは，かなりの割合を占めている」と論じており，先に示したように，宗教性を「特性」として捉えていることがこれらの研究からもうかがえる。

見出しとしては一つだけであったが，見出しとは別に一つ一つの研究をみていくと，『アイデンティティ研究の展望』には，宗教性に関する研究が散見していた。Ⅰ巻，Ⅱ巻，Ⅳ巻，Ⅵ巻を概観してみると，「アイデンティティ・ステイタス」「アイデンティティ形成」「民族アイデンティティ」「性アイデンティティ」「職業アイデンティティ」といったテーマで宗教性に関する研究が取り上げられていることが多かった（Ⅲ巻は臨床編であるが，「アイデンティティ拡散」「精神障害」「性アイデンティティ」等で取り上げられていた）。

さらに，Ⅰ巻，Ⅱ巻，Ⅳ巻，Ⅵ巻で一貫して取り上げられていたのが「民族アイデンティティ」であった。日本人にはあまりピンとこない領域であるが，民族の問題は国際的にみて非常に大きな問題である。宗教が絡む民族紛争の問題は日本のメディアでもよく報道されているように，民族アイデンティティは

宗教性に深く関わっており，非常に意識されやすい。このように海外では民族に関わる問題が顕在化しやすいことから，日本とは異なり，宗教性も意識しやすい面が多分にあるように思われる。海外では，上記に示した通り，「アイデンティティ・ステイタス」を含めいくつもの領域で研究が展開していることも，宗教性が意識されやすいことが理由の一つであることが考えられ，このような観点からみても，宗教性はアイデンティティ研究では外すことができないと思われるのである。

C) 日本の研究の動向

日本では，宗教性とアイデンティティに関する研究はほとんどなされていない。『アイデンティティ研究の展望』ではⅡ巻，Ⅳ巻にて「宗教とアイデンティティ」の見出しで，実質2つの研究が紹介されているのみである。それらを含め管見の限りでは，川畑（1986），作道（1986a, b），堀尾（1988），辻河（1997），岩井（1998），中川（2005）の研究がみられた。

まず，川畑（1986）［対象者：キリスト者大学生・一般学生］，辻河（1997）［対象者：カトリック教会関係者・私立カトリック系の高校生等］，岩井（1998）［対象者：心理学を専攻する大学生］においては，アイデンティティに関する尺度を使用して質問紙調査を実施したが，対象者数の少なさもあって，どの研究もアイデンティティとの関連，差異について明らかな結果を示すことができなかった。しかし，辻河（1997）については，4事例について面接調査を行ったところ，宗教が青年期における問題や葛藤を解決する手掛かりを与え，心理的安定を支える手助けになることが示され，アイデンティティの確立に役立っていることが示唆された。また，作道（1986a, b）もキリスト教会信者に面接を行い，アイデンティティとの関連について検討しているが，やはり宗教がアイデンティティ形成に関与していることが示唆された。

数は多くはないが，これらの研究から日本人の宗教性とアイデンティティに関する研究について示唆されることは，これまでのアイデンティティに関する尺度は宗教性を強く意識して開発されているわけではないので，質問紙調査（尺度による研究）では，宗教性とアイデンティティの実態をつかむことは難しく，面接調査のように，丁寧にエピソードを聴取していくと，その姿が徐々に

明らかになっていくということである。
　先の「民族アイデンティティ」で触れたように，宗教性は海外では意識されやすいが，日本人にとってはなかなか意識されにくい「特性」であることが，これらの研究からもみえてくるのではないだろうか。

D) 日本人の研究における発展可能性を探る

　宗教性が日本人にとって意識されにくいことは，日本のアイデンティティ研究においてもかなり以前から示唆されていた。それは，無藤（1979）による「自我同一性地位面接」の日本への導入の研究である。マーシャ（Marcia, 1966）は，同一性地位（アイデンティティ・ステイタス）を判定する際に，職業とイデオロギー（宗教，政治）の2領域を扱ったが，無藤（1979）は，予備面接の結果，日本青年のアイデンティティの確立にあたって，「宗教」はさほど重要でないと考え，宗教に代わるものとして価値観の領域を加えたのである。
　無藤（1979）の予備面接は，大学3，4年生男子12名を対象に行われたが，「宗教」については12名中9名が「宗教について考えたことがほとんどない。宗教はあってもなくてもいいんじゃないか」との考えを示し，「危機前の拡散」と評定された。そのうえで無藤（1979）は，「おそらくこの予備面接での結果は，日本での一般的傾向の反映であろう」として，宗教を価値観に変更したわけである。筆者としても，過去の複数の国内調査をみても「宗教・信仰あり」が10%程度，「宗教への関心あり」も10〜30%程度の回答結果であることからも（西脇，2004），無藤（1979）の見解は間違っていないと考えている。
　しかし，ここで問題にしたいことがある。それは，「質問項目」である。まずマーシャ（1966）の宗教領域の質問項目をみてみたい。マーシャ（1966）には質問例が一つだけ記載されており，それをみると，"Have you ever had any doubts about your religious beliefs?"（あなたはこれまでに自分自身の宗教的信念について疑ったことがありますか）との内容であった。質問例は一つだけではあるが，これ以外の質問項目も，宗教性が意識されやすいユダヤ－キリスト教的文脈に基づいた内容であることは十分に想定できる。無藤（1979）は，それらの質問項目をもとに，宗教性が意識されにくい日本人大学生に予備面接を行ったと考えられる。それに対し「宗教について考えたことがほとんど

ない。宗教はあってもなくてもいいんじゃないか」という回答が返ってくるのは，ある意味当然であろう。

　無藤（1979）は予備面接の結果を踏まえて，日本人に適用できるように価値観領域を創出していくのだが，筆者としては，なぜ日本人に適用できる宗教領域を検討する方向に進んでいかなかったのかとの思いにならざるをえない。しかし，実証的な宗教心理学的研究の永きにわたる沈滞に鑑みると，それらを検討するだけの研究資源がこの当時に存在していたとも思えず，その作業は現実的に困難であったことは十分に理解できるのである。

　この当時はそのような対処しかできなかったが，現在においては，まさにここに「日本人の研究における発展可能性」があると筆者は考えるのである。すなわち，それは，宗教性は人間誰もが有する「特性」であり，日本人は宗教性を意識することが少ないだけであり，決してそれが存在しないわけではないとの見地に立つことを意味する。そして，この見地をもとに，日本人の宗教性を捉えるための実証的なアプローチを行っていく。この実証的なアプローチの試みは自我同一性地位（アイデンティティ・ステイタス）面接を用いる研究のみならず，その他の研究全般においてなされるべきであり，この試みを行っていくことこそが，「日本人の研究における発展可能性」へとつながっていくと考えるのである。

　日本人の宗教性を捉えるための実証的なアプローチを行うにあたり，「研究対象を明確にすること」によって研究を構築していくことを提案したい。

　「日本人は宗教性が意識されにくい」ということは，研究する側から考えると，「日本人（全般）の宗教性は捉えにくい」ということである。このことも永きにわたり言われ続けてきた。これは筆者個人の見方であるが，捉えにくい研究対象に対してひたすら「日本人（全般）」との広い枠組みから接近しようとしても，やはりそれらを詳細に捉えることは困難なように思われる。加えて，心理学的研究でいわれる一般化，普遍化，平均化の視点からアプローチすると，さらに捉えようとした研究対象が薄まったかたちになってしまい，結論もやはり「日本人（全般）の宗教性は捉えにくい＝日本人は宗教性が意識されにくい」といったものになってしまう。このような悪循環を繰り返してきたのではないかと筆者は考えている。この悪循環を打破するためには，自分が調査したい研

究対象をできる限り明確にして研究を構築していく必要があると考えるのである。

　キリスト教，仏教といった宗教団体を研究対象とする場合も，教団，教派によって様相は大きく異なっていることから，教団，教派レベルまで明確にすることを意味する。これは，宗教団体の信者以外を対象とする場合でも同様である。自分が調査としたいと考える，たとえば「看護・医療にみられるスピリチュアリティ（スピリチュアルケア）」「スピリチュアルブーム」「墓参，初詣，神棚や仏壇への参拝（祈願）といった日本人の主たる宗教実践」といった現象に対して，その領域に関わる研究対象をできる限り明確にして研究を構築していくということなのである。

　このアプローチは，研究対象から調査，研究の「軸」を設定するというものである。研究対象を明確にすれば，自ずと研究対象に関わるフィールドも明確になり，ターゲットとした現象は必然的に捉えやすくなるわけである。

　面接調査については，先に，宗教がアイデンティティ形成に関与していることが示されている（作道，1986a, b；辻河，1997）と述べた。これらの研究をみると，作道（1986a, b）では「キリスト教S教会信者」，辻河（1997）では「カトリックの信仰者」と研究対象を明確にして，調査を展開しており，筆者の提案を裏づけているわけである。

　ナラティブ・アプローチについても同様である。宗教の世界は，多くの語りや物語を有しており，ナラティブに満ちている（森岡，2011）。森岡（2011）は，「宗教世界は語りに満ちあふれているのだが，それを捉える手法としてナラティブ・ベイズド・アプローチは宗教心理学においてこそなじみやすく，有効に活用されるべきであろう」と述べている。

　森岡（2011）の指摘通りであると筆者も考える。だからこそ研究対象を明確にすることを提案したい。宗教世界は語りに満ちあふれているからこそ，宗教団体でいえば教団，教派まで明確にしてその語りを捉えないといけない。彼らの語りには，その教団，教派の教義，組織，実践，信者間のつながりなどが絡み合っている。それらのことを考慮に入れて，彼らの語りを捉えないと，ときに誤った理解や解釈がなされてしまう可能性が十分に考えられる。これは，宗教団体に限ったことではなく，スピリチュアルブームといった現象に対する語

りを扱う際にも同様である。まず「スピリチュアルブームに集う人々」を明確に定め，彼らの中で共有される信念やつながりを考慮してその語りを捉えないと，やはりその理解や解釈は的外れなものになってしまうのは明らかである。

質問紙調査（尺度による研究）については，さらに「研究対象の明確化」を強調したい。日本での研究で，質問紙調査によっては宗教性とアイデンティティとの関連，差異について明らかな結果を示すことができなかったことを記したが，研究対象を明確にして調査を立案していけば，これまで示すことができなかった新たな研究成果を示せる可能性は十分にある。実際，アイデンティティについて検討したものではないが，筆者が行った日本人クリスチャンを対象にした研究では，質問紙調査においても多くのことが明らかになり，新たな研究成果を提供している（松島, 2011）。心理学的研究では，今なお尺度による研究が主流であることに鑑みると，宗教性とアイデンティティの領域では「研究対象の明確化」を起点にして質問紙調査の研究計画を立案していくことをとりわけ提案したいのである。

「研究対象の明確化」を提案したが，心理学の中でこのことを行っていくのはたやすいことではない。杉山（2004）は，これまでの心理学的な宗教研究では，教団，教派といった「対象」の問題がさほど大きく取り上げられていなかったことを指摘し，その理由の一つとして，一般化・普遍化を目指すという心理学的研究の方向性の問題をあげている。

実際，筆者が研究を始めた頃，この壁に何度もぶつかった。「なぜその教団を研究対象にしたのか，またなぜその教団だけに絞ったのか」「果たして，その方法で心理学的研究の俎上に載るのか」といった指摘をさまざまな場面で受けてきた。これは何をもって一般化，普遍化とするといった問題もあるので，この点についてはまた別の機会に論じたいと思うが，これまで積み重ねてきた研究を通して，宗教，宗教性，スピリチュアリティを研究対象にする場合には，これまで論じてきたように，その対象を明確にしない限り，その事象自体捉えることが難しいと強く感じずにはいられないのである。

加えて，宗教性はアイデンティティには欠かせない「特性」であり，かつ日本人の宗教性は意識されにくいという問題を克服するためには，今回提案したアプローチを通して，地道に研究を積み上げていくことが今まさに求められて

いるように思われる。日本人の宗教性を一つひとつ明らかにしていくことによって，「これまで明らかにはなっていなかった宗教性に深く関わっている日本人のアイデンティティの領域」についてもつまびらかになっていくと考えられるのである。

特に，われわれ日本人は 2011 年 3 月 11 日に未曾有の大震災を経験し，これまで以上に日本人の精神性が問われるようになったように思われる。精神性の中には必然的に宗教性が含まれる。そして，宗教性はアイデンティティには欠かせない「特性」であることを考えると，今まさに日本人のアイデンティティが深く問われているといっても良いのではないだろうか。しかし，なかなかこの問いに対する答えがみえてこない。

実証的研究でこの問いに対する答えをすべて出すことができるとは思ってはいない。しかし，今回論じたように，宗教性とアイデンティティの問題には多くのヒントが隠されているように思えてならない。まずはわれわれ日本人の宗教性とアイデンティティの問題から始めてみてはどうだろうか。ここを起点として研究成果を積み上げていけば，今はなかなかみえてこない答えの輪郭がおぼろげながらもみえてくるのではないかと期待せずにはいられないのである。

引用文献

有元裕美子 (2011). スピリチュアル市場の研究　東京：東洋経済新報社
堀尾治代 (1988). 宗教的転回　西平直喜・久世敏雄 (編)　青年心理学ハンドブック　東京：福村出版　pp. 758-770.
今田　恵 (1955). 宗教意識の発達　牛島義友・桂　広介・依田　新 (編)　青年心理学講座：1 巻　文化と人生観　東京：金子書房　pp. 99-145.
井上順孝 (1999). 若者と現代宗教：失われた座標軸　東京：筑摩書房
井上順孝 (2006). 若者における変わる宗教意識と変わらぬ宗教意識　東京：国学院大学 (研究成果報告書：自費作成の冊子)
岩井阿礼 (1998). 宗教はアイデンティティの係留点になりうるか―宗教がアイデンティティ形成に果たす役割に関する経験的研究　平和と宗教, **17**, 106-116.
川畑直人 (1986). 日本人キリスト者青年とアイデンティティ―母性社会における父性的宗教―　日本教育心理学会第 28 回総会発表論文集, 338-339.
小池　靖 (2010). テレビメディアで語られるスピリチュアリティ：日本とアメリカの事例から　石井研二 (編)　バラエティ化する宗教　東京：青弓社　pp. 29-49.

松島公望（2011）．宗教性の発達心理学　京都：ナカニシヤ出版
Marcia, J. E. (1966). Development and validation of ego identity status. *Journal of Personality and Social Psychology*, **3**, 551-558.
森岡正芳（2011）．宗教と物語（ナラティブ）　金児曉嗣（監修）　松島公望・河野由美・杉山幸子・西脇　良（編）　宗教心理学概論　京都：ナカニシヤ出版　p. 25.
中川久子（2005）．女子青年のアイデンティティ・ステイタスと恋愛の葛藤対処様式との関連　創価大学大学院紀要, **27**, 227-252.
無藤清子（1979）．「自我同一性地位面接」の検討と大学生の自我同一性　教育心理学研究, **27**, 178-187.
西平　直（1993）．エリクソンの人間学　東京：東京大学出版会
西脇　良（2004）．日本人の宗教的自然観：意識調査による実証的研究　東京：ミネルヴァ書房
岡本祐子（1997）．アイデンティティ・スタイタスに関する研究　鑪幹八郎・宮下一博・岡本祐子（共編）　アイデンティティ研究の展望Ⅳ　京都：ナカニシヤ出版　pp. 97-147.
作道信介（1986a）．青年期のアイデンティティーの確立—S教会における事例分析—　日本心理学会第50回大会発表論文集, 656.
作道信介（1986b）．羊と羊飼い—S教会におけるアイデンティティの確立　日本文化研究所研究報告, **23**, 1-36.
櫻井義秀（2009）．現代日本社会とスピリチュアリティ・ブーム　櫻井義秀（編）　叢書・現代社会のフロンティア⑬　カルトとスピリチュアリティ：現代日本における「救い」と「癒し」のゆくえ　東京：ミネルヴァ書房　pp. 245-275.
杉山幸子（2004）．新宗教とアイデンティティ：回心と癒しの宗教社会心理学　東京：新曜社
鑪幹八郎・宮下一博・岡本祐子（共編）（1995a）．アイデンティティ研究の展望Ⅱ　京都：ナカニシヤ出版
鑪幹八郎・宮下一博・岡本祐子（共編）（1995b）．アイデンティティ研究の展望Ⅲ　京都：ナカニシヤ出版
鑪幹八郎・宮下一博・岡本祐子（共編）（1997）．アイデンティティ研究の展望Ⅳ　京都：ナカニシヤ出版
鑪幹八郎・岡本祐子・宮下一博（共編）（2002）．アイデンティティ研究の展望Ⅵ　京都：ナカニシヤ出版
鑪幹八郎・山本　力・宮下一博（共編）（1984）．アイデンティティ研究の展望Ⅰ　京都：ナカニシヤ出版
辻河　優（1997）．青年期と宗教の関わりについての臨床心理学的一研究—カトリックの信仰者を対象として　広島大学教育学部紀要第1部（心理学）, **46**, 109-115.

参考書

① 西平 直（1993）．エリクソンの人間学　東京：東京大学出版会
　本書全体で宗教性とアイデンティティについて語られているわけではないが，「第7章〈発達〉を〈自己超越〉につなぐ論理」にてこのテーマが扱われている。エリクソンの宗教性に対する見方，考え方を知りたい方にはおすすめである。

② 西平 直（1998）．魂のアイデンティティ：心をめぐるある遍歴　東京：金子書房
　筆者とある一人の青年との長きにわたるやりとり（筆者は体験に即したフィクションと述べている）をまとめた本である。「宗教性／アイデンティティ」について思い巡らす機会を与えてくれる1冊である。

③ 松島公望（2011）．宗教性の発達心理学　京都：ナカニシヤ出版
　本論で紹介したように，「研究対象の明確化」を行うことにより，日本人クリスチャンの宗教性発達について新たな研究成果が示されている。博士論文をベースにしているので，具体的な手続き，方法論を知りたい方にもおすすめである。

④ 金児曉嗣（監修）　松島公望・河野由美・杉山幸子・西脇 良（編）（2011）．宗教心理学概論　京都：ナカニシヤ出版
　日本で約60年ぶりに刊行された実証的宗教心理学的研究に関する概論書である。研究方法論，歴史，スピリチュアリティ，子ども，青年，中高年，メンタルヘルス，死などテーマごとに概説されている。実証的宗教心理学的研究に興味がある，取り組んでみたいと思っている方にとっては入門書的な1冊である。

C. 社会的マイノリティとして生きる人のアイデンティティ　川浦佐知子

A）「マイノリティ」が照射するもの

　少数者と訳される「マイノリティ」であるが，マイノリティという概念において問題となるのは「数」ではない。マイノリティは「社会資源の不平等配分を含む権力関係の用語」（上野，2005, p. 30）であり，エスニシティ，文化的伝統，宗教的献身，セクシャル・オリエンテーション，障がい等，属性的要因を理由に否定的に差異化された人々がマイノリティと呼ばれることになる。自らを「マイノリティである」と自称する状況も考えられないわけではないが，基本的にマイノリティの側に身を置く個人は，主流社会によって押し付けられる定義および，それに伴う差別・偏見と交渉し続けなければならない。

　「アイデンティティ」は自らが定義する自己と，他者・社会によって定義づけられる自己の交差に存在する。マイノリティの側に立たされる人々にとって他

者・社会のまなざしは，自らのアイデンティティを考えるうえで大きな影響力をもち，そこには主流者（マジョリティ）がアイデンティティを「形成」したり，「確立」したりするのとは異なるダイナミクスが働く。恒常的に定義される側に置かれ，他者や社会のまなざしに晒されるマイノリティ化された人々のアイデンティティを考えることは，アイデンティティという概念が内に秘める自己と社会のダイナミクスを逆照射し，どのような文化・社会・歴史的文脈において，誰が誰のアイデンティティを問いただすのかという問いを突きつける。本節では「マイノリティ」を媒介として，①自己と社会のダイナミクス，②行為者としてのマイノリティ，③「社会圏の交錯」と自己の複雑性，④アイデンティティの政治と社会運動，⑤今後の研究の方向性について論を進める。

B) 自己と社会のダイナミクス

エリクソン（Erikson, 1959/1973）は「主体」としての自我が保持する自我同一性と，自己と他者・社会の関わりの内に生み出される自己同一性を区別し，自己同一性の内に私についての私的観念である個人的同一性と，内在化された他者・社会からみた私についての観念である社会的同一性が存在すると述べる。エリクソンは個人的同一性（私が捉える私）と社会的同一性（他者・社会が捉えているであろう私）の統合が望ましいと考えたが（上野，2005, p. 7），マイノリティ化された人々にとってこの統合は簡単ではない。マイノリティとして扱われる人々自身が感じる心的健全さ（subjective well-being）に関する研究は，移民の多い国々において盛んであるが，主流社会から押し付けられる定義を吟味，再構築し，社会的偏見を越えて自らをはぐくむまなざしを獲得する作業は多大な心的負担をもたらす。

エリクソン（Erikson, 1963/1977）は自身のフィールドワーク調査をもとに，自文化が長年否定・抑圧され，同化政策に基づく教育が強要されてきたアメリカ先住民オグララ・スー族において，若者たちの健やかなアイデンティティ形成を支える，部族の伝統的世界観の継承が困難となっている様について記述している。アメリカ先住民のように自文化が抱合する価値観，世界観が長期にわたり国家政策をもって否定されてきた場合，その集団に属する個人が主流社会に居場所を見出すことは難しい。エスニック・マイノリティ等，他のマイノリ

ティ化された人々にとっても，肯定的な自己定義を保持しつつ，属性的要因を理由に否定的な差異化を目論む主流社会のまなざしと折り合いをつけることは容易ではない。差異化される側の人々にとっては，家庭や身近な所属集団における自分と，より大きな社会的枠組みの中で捉えられる自分との架橋を可能にする，何らかの「文脈」が必要となる。

　「私が捉える私」と「他者・社会が捉えているであろう私」を架橋する文脈を，「マイノリティ・アイデンティティ」に求めることには意義と弊害の両面がある。意義を認める研究としては，自身のエスニック・アイデンティティ，セクシャル・アイデンティティを理解，探求することは，エスニシティやセクシャル・オリエンテーションをもととした特定社会集団に対して肯定的な感情を生み，それが結果として主流社会に居場所を見出しにくいマイノリティ化された個人を心理的にサポートすると結論づけるアメリカでの研究 (Ghavami et al., 2011) 等があげられる。マイノリティの若者で自文化への傾倒が強い者は，主流社会の価値観へと傾倒する者と比べて差別体験を強く意識するものの，彼ら自身が感じる心的健全さは差別体験に左右されにくいと結論づけるヨーロッパでの研究 (Schaafsma, 2011) もあり，こうした研究はマイノリティの主流社会への同化を促すのではなく，多文化主義教育，インクルーシブ教育に基づいた教育施策の推進を示唆する。しかしその一方，教育の現場での多様なあり方を認める文化相対主義的な方策は，属性に関わる特定社会集団にアイデンティティの拠り所を求めることを推奨することになり，ひいては主流社会とマイノリティ社会とのさらなる乖離をもたらすとする見解も根強くある。

　主流社会への同化か，主流社会からの分離かという二者択一ではなく，主流社会の価値観を基軸としたアイデンティティとマイノリティ・アイデンティティとを併存させる選択肢もありうる。しかし併存型アイデンティティは状況依存的で，その成否は他者・社会のまなざしのあり方によるところが大きい。トルコ系ベルギー人の若者を対象に，ナショナル・アイデンティティとエスニック・アイデンティティの交差を検討した研究 (Baysu et al., 2011) では，自らのアイデンティティが脅威に晒される危険度の低い場合には併存型アイデンティティをもつ若者はよくその能力を発揮するが，危険度の高い状況下では学校という社会的場から撤退する傾向があるという結果が示されている。ナショ

ナル・アイデンティティとエスニック・アイデンティティの併存が成り立つには，まず「アイデンティティ」が問いただされることのない，二者択一を強要されない状況が整えられる必要があろう。

　アイデンティティ形成期とされる若者を対象とした上記のような研究は，マイノリティ化された個人に対し，どのような心理的サポート，学習支援を施すべきかといった視点から種々検討されている。こうした「社会適応」の視点から論じられる心理学的アプローチにおいては，マイノリティ化が引き起こす個人的同一性（私が捉える私）と社会的同一性（他者・社会が捉えているであろう私）のあいだで生じる葛藤は焦点化されにくい。性同一性障がい等，見た目だけでは差別の対象となりにくいマイノリティについての研究では，個人的同一性と社会的同一性の乖離は問題となるものの，カミングアウト（自己表明）によって両者の乖離は克服され，「アイデンティティが確立する」と想定されがちである。しかしたとえば，仮にカミングアウトの後に「性同一性障がい」という名称をもって自己呈示をするとしても，当人の体験，実感と，そうした名称を通して築かれる社会認識とのあいだにはつねに落差は残ることになる（伊野，2005）。「マイノリティ・アイデンティティ」を検討する際には，伝統的に正当化されてきた社会認識や規範によって築かれる「構造化された他者のまなざし」が，どのようにマイノリティ化を引き起こすのか，またマイノリティ化された個人はそのまなざしにどのように対応するのかについて，社会学的な視点から当事者の体験を読み解く作業が必要である。

C）行為者としてのマイノリティ

　社会的同一性は，他者や社会は私のことをこのように捉えているであろう，という「想定」をもとにしている。マイノリティ化される個人にとってこのような想定は，社会制度を通してカテゴリー化される体験や，日々の生活における直接・間接的な差別・偏見の体験によって形成される。ゴッフマン（Goffman, 1959/1974, 1963/1973）は，個人を他者からのまなざしを想定し，それをもとに行動する戦略的行為者として捉え，スティグマを負わされた人々が戦略的にアイデンティティを管理する方策として，「印象操作」「補償努力」「開き直り」「価値剥奪」といった類型をあげている。

「印象操作」の例としては，他国からの移民と間違われた先住民の女性が，先住民としてみられるよりはましだと考え，あえて誤りを訂正せず，そのままやり過ごすといったケースや，農園で働く移民労働者がよく着用する衣類を避けることで，自分は季節労働者ではないと暗に主張するケースなどがあげられる。自分や自分が属するコミュニティ全体の社会的地位の向上を，教育や経済力を通して成し遂げようという「補償努力」は，一見害がないようにみえる。しかし成績優秀なラティノの女子学生が，女性の優位を認めない自文化の価値観と自身の向学心とのあいだで悩む，というような事態も起こりうる。「印象操作」「補償努力」によるアイデンティティ管理は，主流社会で生きていくためには必要であるが，それに専心するならば自己矛盾，心理的葛藤を深化させかねない。

「開き直り」は，他者から押し付けられる否定的なラベルづけを転回させ，肯定的意味づけを行う行為であり，例としては 1960 年代後半から 1970 年代にかけてのアフリカ系アメリカ人によるブラック・ムーヴメントや，アメリカ先住民によるレッドパワー・ムーヴメントなどがあげられる。「開き直り」による自己再定義は，一旦主流社会のまなざしを受け入れ，それを反転させるという操作を伴うため，主流社会の通念・認識を基盤とする危ういアイデンティティ操作である。より社会的に弱い立場の者を貶めることで自分のアイデンティティを保とうとする「価値剥奪」においては，わずかな取り分を社会的弱者同士が奪い合うことになる。労使抗争の渦中に企業側が，より安い賃金で働くことを厭わない移民労働者をストライキ・ブレーカーとして雇用するならば，弱者同士が対立することになり，労働者間でより立場の弱いものの「価値剥奪」がおこりかねない。大きな視点からみるならば，弱い者を貶めて自分を護る「価値剥奪」というアイデンティティ管理を行う者は，「操作される側」に自分を置くことになる。ゴッフマンは社会的同一性と個人的同一性のズレを「統合」という視点ではなく，「操作」という視点で論じているが，マイノリティ化される人々の立場からみるならば，これらの方策は限られた選択肢の内で選び取られているものであることを忘れるべきではないだろう。

D)「社会圏の交錯」と自己の複雑性

ジンメル（Simmel, 1890/2011）は近代社会が分化し，個人が複数の社会領域において活動するようになると，人々は独自に選択した社会圏の交錯・組合せのうちにそれぞれの人格を形成するようになると述べたが，現代において「自己」はますますその複雑さを増している。アイデンティティについても，本質主義的な立場からいえば個人がもちうるアイデンティティは一つということになるが，個人は複数のアイデンティティをもち，文脈によってどのアイデンティティが前面に出るかは変わりうる，という考え方が現在は主流となっている。ポストモダンと呼ばれる学派の一部には，近代以降の都市社会においては，舞台が変わると役柄も変わるように，個人は場・状況に応じて複数のアイデンティティを使い分けるという見解（Raban, 1974/1992）もあるが，マイノリティ化された人々に「舞台」や「役柄」を選択する自由が十全に準備されているとはいえず，彼らにとって「アイデンティティ」が，一部ポストモダニストが述べるような流動性をもつとは考えにくい。

もちろん，マイノリティ化される個人も複数の社会領域をもちうる。問題となるのはそれぞれの場や状況で提示される多様な自分を，多大な心理的ストレスを抱えることなく，どのように併存させるかという点である。特に課題となるのは，自身にとって重要なアイデンティティを支える所属社会領域が複数にわたり，かつその規範や価値観が互いに相容れない場合である。たとえばアメリカ社会においてアジア人男性であり，同時にゲイであることには，エスニック・マイノリティとされることと，セクシャル・マイノリティとされることの二重のスティグマが伴う。アジア系アメリカ人は「家族」や「伝統」を重んじることを主流社会から期待される「モデル・マイノリティ」であり，ゲイであることはこの規範からの逸脱を意味する。一方，ゲイ・コミュニティは「白人」で構成されていることが前提とされているため（Han, 2006），エスニック・アイデンティティとセクシャル・アイデンティティの双方が同時に許容される場は畢竟，限定的なものとなる。

個人が複数の所属集団をもつことによって生じる個人差を「社会的アイデンティティの複雑性（social identity complexity）」と名付け，複数の社会的アイデンティティの融合が他の民族集団に対する寛容さをはぐくむなど，肯定的な

効果をもたらすとする仮説もある（Roccas & Brewer, 2002）。その一方，「二重アイデンティティ（dual identity）」という用語をもって，二つのアイデンティティの交差を検討する研究では，個人は状況に応じていずれかのアイデンティティを優先的に選んでおり，重層的な社会的アイデンティティーズは安定したものであるというよりは，状況対応的で変容しやすいものであるという見解も示されている（Operario et al., 2008）。アイデンティティが他者から一方的に，かつ恒常的に問われること，その問いに応じるため複数のアイデンティティのうちの一つを選択することが迫られること自体，すでに差別であるといえよう。心理療法の領域においては，これまで十分に留意されてこなかった，複数のマイノリティ・アイデンティティを管理する状況がもたらす心理的負担について，本格的な議論も始まっている（Nettles & Balter, 2012）。

E）アイデンティティの政治と社会運動

マイノリティ化に晒される個人にとって，主流社会が差異化のターゲットとする，自身の属性的要因を肯定的に捉える文脈を提供する所属集団をもつことは重要な意味がある。その一方，所属集団はその構成員を拘束もする。特に集団が主流社会へ向けて異議申し立てをする際には，「われわれ」と「彼ら」のあいだにより鮮明な線引きがなされ，所属メンバーは「われわれ」の規範に従うことを求められる。このような状況下で「アイデンティティ」は政治的資源と化し，集団外に対しては異質性が，集団内においては同質性が強調される。

アイデンティティの政治（identity politics）の顕著な例としては，アメリカ公民権運動を発端とするブラック・ムーヴメントや女性解放運動等があげられる。「自決（self-determination）」がスローガンとなったブラック・ムーヴメントでは，人種差別により非常に限定的なものとなっていたアフリカ系の祖先をもつ個人にとっての機会拡大が目指された。アイデンティティの政治に基づく運動は，特定集団の主張を主流社会に訴えるうえで効果的ではあるが，問題点も多々ある。まず，主流社会との関わりという点からみるならば，宛てがわれた既存の社会的枠組みを踏襲するため，「われわれ」を被抑圧者としてみる視点が強調され固着してしまう点，また往々にして対立的・戦闘的なものとなりがちで，そのため社会的枠組み自体を変えるための折衝，交渉に至りにくいとい

う点があげられる。対内的な側面についてみるならば，集団内のさまざまな声が単純化され，「われわれ」の規範に合わない声が排除されてしまうという点，さらにさまざまな祖先の系譜や，女性であり，母であり，職業人でありといった，個々人がもつアイデンティティの複雑さが看過されてしまう点等があげられる。

アイデンティティの政治においては，たとえ「個人」として発言しようとも，外部に向けて一旦発信されればその声は「代表性」を帯びてしまう。そしてそれがあらぬ誤解の種となり，発言した個人が集団の内外からの批判に晒されることも間々ある。こうした代表性の問題は，集団の権利拡大のための運動に参与しつつ，一個人として自身の資質をもって社会との接点を探ることに専念することを困難にもする。1970年代のブラック・ムーヴメントに賛同したというスティール（Steel, 1990）は，ブラック・アイデンティティは対決的な1960年代に形成された戦時下のアイデンティティであると述べ，主流社会に敵対姿勢をもって臨むことで政治的であろうとする衝動は，責任の所在を主流社会の側に置くがゆえに，結果的に自身の救済を他者に委ねてしまうと警告している。周縁化された人々にとって社会的資源の不平等配分を正し，権力関係を打破するために社会運動は必要であるが，アイデンティティの政治のもつ陥穽が深いこともまた事実である。

F）今後の研究の方向性

「マイノリティ・アイデンティティ」は社会構造が比較的安定した社会において問題とされ，多くの場合その議論においては「適応」「定着」「同化」が前提となっており，さらなる「移動」は考えられていない。選択的，非選択的な人の移動が大規模なスケールで起こる現在，「国家」という枠組みを自明のものとしない，移動と変容を前提として漂流する「ディアスポラ」についての議論も昨今，盛んである。こうした状況を考慮したうえで，否定的差異化に晒される人々のアイデンティティ研究の今後を考えるならば，マイノリティ化を引き起こす既存の構造，枠組みを所与のものとしたまま，そうしたカテゴリーに所属させられる人たちの経験を「マイノリティ・アイデンティティ研究」と銘打って検討し続けるわけにはいかない。どのような文化的，地理的，歴史的背景

をもった人たちの，いつの時代の話なのか。「マイノリティ」という括り，あるいは「マイノリティ・アイデンティティ」という括りでよいのか，という検証は絶えず必要となる。特に「近代国家」「市民権」という視点は意識されるべきであろう。

　キムリッカ (Kymlicka, 1995/1998) は，地域的まとまりをもち，独自の文化を保有する民族が近代国家に組み込まれることで生じる「多民族国家（multinational state）」と，家族・親族，あるいは個人の単位で移住した人々によって文化的多様性がもたらされる「多数民族国家（polyethnic state）」の違いを明示したが，キムリッカのこの分類に従うならば，先住民とエスニック集団を同じマイノリティ集団として扱い，検討することには不備がある。ある土地に先住していながら，植民地化によって非自発的に別の国家に統合された先住民は，多民族国家の文脈で語られるべきであり，移住先での市民権獲得や権利拡大を目指すエスニック集団とは異なる角度から論じられる必要がある。

　キムリッカは民族集団が主流社会に向けて行う権利要求を「対外的防御」，集団の安定を図るためにその成員に対して行う権利要求を「対内的制約」と呼ぶが，対外的防御が先鋭化する折には，対内的制約も強化される。地理的，文化的まとまりをもつ民族集団の権利要求でも，前述のアイデンティティの政治に基づく社会運動と類似したダイナミクスは働くが，両者の違いは大きい。近代国家の枠組みを問い，独自の自治・自決を求める先住民の運動と，国民国家における集団の権利拡大を目指す移民による運動とでは希求されるものが違う。また，「アイデンティティ」という点においても，合衆国市民として国家に包摂されつつ，部族主権を訴える先住民の場合，「社会的アイデンティティの複雑性」という概念では説明されえぬ，政治的要素を孕んだ矛盾と向き合うことになる。終結をみない民族紛争が世界各地で激化する中，「多民族国家」と「多数民族国家」の違いが意識されたアイデンティティの検討は，今後その重要性を増すと考えられる。

　本項では主にアメリカ合衆国における「マイノリティ」を念頭に置きながら，諸要素について論じてきた。しかし，かつて植民地を擁したヨーロッパ諸国においては，旧植民地からの移民とそれ以外の国々からの移民とでは市民権取得に関わる条件等，処遇が異なり，したがってアイデンティティの選択という点

でも両者は異なる状況に置かれる。「マイノリティ化」を引き起こすシステムには歴史的，地理的，政治的要素が深く関わっているが，そこへの洞察のないままにマイノリティ研究を進めることは，既存のシステムを強化することにつながりかねない。ひるがえって日本では，経済的格差が広がり，中間層が縮小する中「主流社会」はどのように定義されるべきであろうか。若くして職に就けない人，「非正規」として不安定な経済状況に置かれる人，各種社会制度の恩恵を受けられない人は多い。「社会的弱者」は誰なのか，そしてその人たちは「マイノリティ」という言葉で包摂されうるのか。彼らの体験は社会的に認知され，すでにカテゴリー化されているのか。誰が選択的な否定的差異化に晒され，マイノリティ化されるのか。「マイノリティ」という言葉は「主流社会」との二項対立のうえに成り立つが，主流社会の価値観，デモグラフィーが流動的な時代において，「マイノリティ」の定義は変化する「社会的弱者」の実相と合わせて継続的に検証されるべきであろう。

引用文献

Baysu, G., Phalet, K., & Brown, R. (2011). Dual identity as a two-edged sword: Identity threat and minority school performance. *Social Psychology Quarterly*, **74** (2), 121-143.

Erikson, E. H. (1959). *Identity and the life cycle*. New York: Norton. (小此木啓吾（訳編）(1973). 自我同一性―アイデンティティとライフ・サイクル　東京：誠信書房)

Erikson, E. H. (1963). *Childhood and society* (2nd ed.). New York: Norton. (仁科弥生（訳）(1977). 幼児期と社会1　東京：みすず書房)

Ghavami, N., Fingerhut, A., Peplau, L. A., Grant, S. K., & Wittig, M. A. (2011). Testing a model of minority identity affirmation, and psychological well-being among ethnic minority and sexual minority individuals. *Cultural Diversity and Ethnic Minority Psychology*, **17** (1), 79-88.

Goffman, E. (1959). *The presentation of self in everyday life*. New York: Doubleday & Company. (石黒　毅（訳）(1974). 行為と演技：日常生活における自己呈示　東京：誠信書房)

Goffman, E. (1963). *Stigma: Notes on the management of spoiled identity*. Englewood Cliffs: Prentice-Hall. (石黒　毅（訳）(1973). スティグマの社会学―傷つけられたアイデンティティ　東京：せりか書房)

Han, C.-S. (2006). Geisha of a different kind: Gay Asian men and the gendering of sexual identity. *Sexuality and Culture*, **10** (3), 3-28.

伊野真一 (2005). 脱アイデンティティの政治　上野千鶴子（編）　脱アイデンティティ　東京：勁草書房　pp. 43-76.

Kymlicka, W. (1995). *Multicultural citizenship: A liberal theory of minority rights.* Oxford: Oxford University Press.（角田猛之・石山文彦・山崎康仕（監訳）(1998). 多文化時代の市民権―マイノリティの権利と自由主義　京都：晃洋書房）

Nettles, R., & Balter, R. (2012). *Multiple minority identities: Applications for practice, research, and training.* New York: Springer Publishing.

Operario, D., Han, C.-S., & Choi, K.-H. (2008). Dual identity among gay Asian Pacific Islander men. *Culture, Health & Sexuality*, **10** (5), 447-461.

Raban, J. (1992). *Soft city.* San Francisco: Harper Collins.

Roccas, S., & Brewer, M. (2002). Social identity complexity. *Personality and Social Psychology Review*, **6**, 88-106.

Schaafsma, J. (2011). Discrimination and subjective well-being: The moderating roles of identification with the heritage group and the host majority group. *European Journal of Social Psychology*, **41**, 786-795.

Simmel, G. (1890). *Über sociale Differenzierung: Sociologische und psychologische Untersuchungen.* Leipzig: Duncker & Humbolt.（石川晃弘・鈴木春男（訳）(2011). 社会的分化論―社会学的・心理学的研究　東京：中央公論新社）

Steel, S. (1990). *The content of our character: A new vision of race in America.* New York: Harper Perennial.

上野千鶴子 (2005). 脱アイデンティティの理論　上野千鶴子（編）　脱アイデンティティ　東京：勁草書房　pp. 1-41.

参考書

①Kenny, M. (2004). *The politics of identity: Liberal political theory and the dilemmas of difference.* Cambridge: Polity Press.（藤原　孝・山田竜作・松島雪江・青山円美・佐藤高尚（訳）(2005). アイデンティティの政治学　東京：日本経済評論社）
　　集団アイデンティティによる政治の台頭を，「個」を重視するリベラル・デモクラシーの終焉，あるいは合衆国に特異な現象と見る向きもある中，本書は「同化」を強いない「公共性」の復活を射程に入れつつ，アイデンティティの政治（politics of identity）の相対化を試みている。

②児島　明 (2006). ニューカマーの子どもと学校文化―日系ブラジル人生徒の教育エスノグラフィー　東京：勁草書房
　　「ニューカマー」は，1970年代以降になって日本に居住するようになった人々の総称である。本書では3年半に及ぶ丹念なフィールドワークをもとに，日系ブラジル人生

徒たちとその家庭，教師のあいだで交わされる「まなざし」が検証され，日本の教育の場における差異化の実際が詳細に検討されている。
③鎌田　遵（2009）．ネイティブ・アメリカン──先住民社会の現在　東京：岩波書店
先住民としてのアイデンティティには，血筋の継承，部族政府による部族員としての認定，部族の文化的価値観の共有等が関わる。その一方でこれらの条件を満たしていても，自身を先住民として見なさない人々もいる。本書は，われわれの考えるアイデンティティの枠組みがいかに脆弱なものなのかを思い知らせてくれる。

(3) アイデンティティと社会・文化・歴史の関連性を問う研究

A. ボーダレス化した現代におけるナショナル・アイデンティティの問題
鈴木一代

アイデンティティとは何か　エリクソン（Erikson, 1959/2011）は，アイデンティティ（ego identity）の感覚について，「内的な斉一性（sameness）と連続性（continuity）を維持する個人の能力（心理学的意味での自我）が，他者に映る自己の意味の斉一性と連続性と合致するという確信である」（p. 94）と述べている。個人の斉一性と連続性の認識と同時に，それらが，他者，すなわち自身の所属集団からも認められているという確信が自我アイデンティティといえる。後者は「集団アイデンティティ（group identity）」を意味し，アイデンティティは，「集団アイデンティティ」との関係によって，初めて生き生きとした実感となる。

A) ナショナル・アイデンティティと文化的アイデンティティ

ナショナル・アイデンティティ（national identity）は「集団アイデンティティ」の一側面として捉えることができる。個人は多くの集団に属しているが，「国家」や「国民」に着目し，それへの帰属意識を問題にする場合がナショナル・アイデンティティである。たとえば，「私は日本人である」という感覚や意識のことである。類似した概念に，「民族アイデンティティ（ethnic identity）」「人種アイデンティティ（race identity）」「文化的アイデンティティ（cultural identity)」などがある。「民族アイデンティティ」は民族集団（民族的出自）への帰属意識，「人種アイデンティティ」は人種としての帰属意識であるが，多くの民族や人種からなる国でより頻繁に問題とされる。また，「文化的アイデンティティ」は，比較的最近になり注目されるようになった概念であり，いろいろな考え方があるが，箕浦（1984）は，「国籍はどこであれ，日本人であるとか，アメリカ人であるとかいうことからくる深い感情，ライフスタイル，立ち居振舞い，興味や好みや考え方を全部ひっくるめたもの」（p. 246）としている。一般的には，自分がある文化集団に所属しているという感覚・意識（文化帰属感・帰属意識）であるといえる（鈴木，2008ab）。国家や民族などは社会的な産物であるし，「ナショナル・アイデンティティ」「民族アイデンティティ」などの概念の使い方は研究の行われる文脈に依存する（大西，2002）。本項では，「ナショナル・アイデンティティ」「民族アイデンティティ」「人種アイデンティティ」をそれぞれ相互互換的な概念として捉え，それらの背後に文化（文化集団）を想定することによって，「文化的アイデンティティ」を問題にする。

　エリクソンのアイデンティティ概念が民族・人種等の研究に導入されて以降，1990年代までの研究の流れについては，鑪ら（1984, 1995ab, 1997, 2002など）が詳しく論じているが，欧米，特に米国では，アフロアメリカンを中心とする公民権運動の盛り上がり，少数民族への関心の高まりを背景に，人種アイデンティティや民族アイデンティティについての研究が増えていき，アイデンティティ研究の主要な領域の一つになっていった。他方，日本では，在日韓国・朝鮮人等のオールドカマーは存在していたが，移民・難民等の受入れ政策（規制）もあり，欧米のような多民族社会ではないために，この領域の研究はあまり活発ではなかった。しかし，近年のグローバル化とともに，留学や仕事などのために海外に移動する日本人ばかりではなく，日本国内でも，外国人労働者，帰国生，国際結婚者など，従来の日本人とは異なる文化的背景や経験をもつ人々が増加し，それらの人々のアイデンティティについての研究にも少しずつ関心がもたれつつある。

　ここでは，日本人（日本文化）が関わる研究を中心に，文化間移動によって2つ以上の国（文化）を背景に生活することになった人の文化的アイデンティテ

ィ，および複数文化環境の中で成長する子ども，特に国際（異文化間）結婚の親から生まれた子どもである国際児の文化的アイデンティティに関する研究を取り上げる。なお，この分野の研究は，日本では，「位置取り（positioning）」（Hall, 1990）などを導入した社会学や文化人類学等の研究，社会的アイデンティティ理論（Tajfel, 1978）に基づく研究が多いが，エリクソンの理論に関連する心理学領域の研究について言及する。

B） 文化間移動と文化的アイデンティティ

移民・難民，外国人労働者などを数多く受け入れてきた歴史をもつ欧米諸国とは異なり，日本では，在日韓国・朝鮮人等に関する研究は非常に少なく（例：李・佐野, 2010；平ら, 1996），海外帰国生，留学生，国際結婚者のアイデンティティの研究が中心になっている。帰国生については，星野（1983, 1994など），南（2000），箕浦（1984），小澤（1995）など，留学生については，植松（2004, 2009, 2010），国際結婚者については，江畑（1982）や鈴木（2003, 2006, 2009, 2012）などの研究がある。ここでは，比較的最近の研究である植松（2009, 2010）および鈴木（2012など）を取り上げる。

植松（2009）は短期留学（約1年）による異文化体験が民族アイデンティティに及ぼす影響を把握するために，25人の日本人交換留学生（青年）を対象に，留学の前後に，フィニー（Phinney, 1992），フィニーとオング（Phinney & Ong, 2007b）に基づき作成した項目による半構造化面接を実施した。フィニーら（Phinney et al., 2007a）を参考にしながらも，留学生は一時的滞在者であることを考慮し，「民族アイデンティティ達成」を除き，①「民族アイデンティティモラトリアム」（自分の民族性への意識・愛着が高く，探索中），②「民族アイデンティティ早期完了」（意識・愛着はあるが，探索なし），③「民族アイデンティティ無検討」（意識・愛着が低く，探索なし）の民族アイデンティティステイタスに分類した。留学前と比較すると，留学後は，①が増加（7人→20人），②が減少（12人→5人），③は0人（6人→0人）だった（$p<.01$）。短期の異文化体験によっても，日本にいたときと比較し，自分が日本人であるという意識が明確になり，自身の民族性への理解が深まることが示唆された。

さらに，植松（2010）は，北米の日本人留学生122人と日本国内の大学生335

人を対象に民族アイデンティティ尺度（Multigroup Ethnic Identity Measure: MEID; Phinney, 1992）を用いて質問紙調査を行った。その結果，米国の多様な民族の青年を対象にした研究結果と同様に，民族アイデンティティの構成因子として，「探索」（日本人であることの意味や日本の歴史・文化の探索）と「愛着・所属感」（日本人であることについての肯定的な認識）が確認された。また，2因子とも，国内学生よりも留学生の方が有意に高く，異文化環境では，自分の民族性をより深く理解しようとし，民族性に対する肯定感がより明確になり，民族アイデンティティが顕著になることが明らかになった。次に，同一の日本人留学生に，MEID，多次元自我同一性尺度（谷，2001），異文化適応感尺度（「滞在国の言語」「学生生活」「ホスト親和」「心身の健康」：植松，2004）を用いて，民族アイデンティティ（「探索」「愛着・所属感」），自我アイデンティティ，異文化適応感との関係を検討した。パス解析の結果，異文化において，「探索」は，自我アイデンティティを高め，さらに，異文化適応感に有効に働いていたが，「愛着・所属感」の高まりは，自我アイデンティティにネガティブに作用していた。質問紙法の限界はあるが，民族アイデンティティと自我アイデンティティとの相互補完作用に着目している点で興味深い。

　成人初期に自身の出身国（母国）から夫の出身国（文化）に移動し，成人中期から成人後期に至った国際結婚女性の文化的アイデンティティ形成について生涯発達的視点から検討しているのが鈴木（2012）である。インドネシアへ移動した日本人女性（16～28人）を対象に，現地での20年近くにおよぶ継続的なフィールドワークから得られた研究成果を中心としている。まず，成人初期までに日本人として社会化した国際結婚女性（成人中期～成人後期）の心の故郷は一生を通して日本だった。（文化的）アイデンティティは，「インドネシアに住み，インドネシア人の夫をもつ，日本人（元日本人）」であり，その基盤（根底）には，程度の差はあるが，「日本人としてのアイデンティティ」が保持されていた。また，日本人としての強い意識（アイデンティティ）は異文化での生活の精神的な支えになっていた。このようなアイデンティティの傾向は米国在住の日本人国際結婚女性や日本在住の外国人国際結婚女性にも共通してみられた。他方，国際結婚者は，2文化の「ずれと折り合い」の体験（鈴木，2009）を通じて獲得した2つの文化の視点を維持しながら，両文化のバランス

を保っていくが，その過程は一生涯続き，時間の経過とともに，2文化は，個人の中で，「ブレンド（blend）」されていくことが考察された。なお，2文化接触時の文化的「ずれ」の感覚は，文化的アイデンティティの"ゆらぎ"のメカニズム（鈴木，2006）によって説明された。

また，鈴木（2006, 2012）は，文化間移動をした国際結婚者のアイデンティティ形成について，日本で形成されたアイデンティティが，「2文化の接触による危機－モラトリアム－再統合（一時的な再統合/仮の再統合）」の繰り返しによって，螺旋的に再構築されていくプロセス（モデル）を提示している（図4-6）。その際，国籍変更（「永住の決意」）と永眠地を含む老後の居場所が重要な課題（危機）となっている。国籍変更は，国際結婚者にとって，自分と日本（両親を含む）との関係，自分と新しい居住国（「居場所」）との関係などを慎重に再吟味する過程であり，アイデンティティと深く関わっていた。さらに，成人後期に近づくにつれ，現実の「居場所」だけではなく，老後の「居場所」，

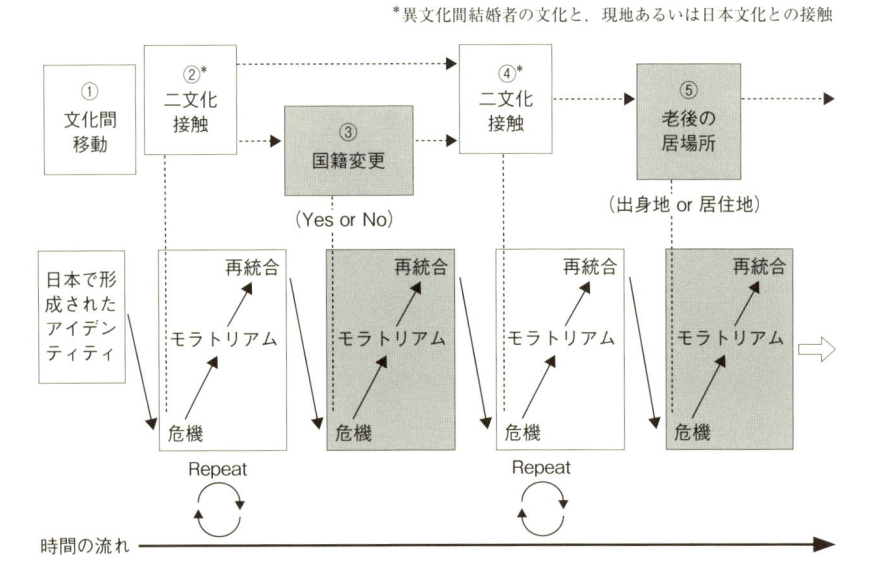

図4-6 文化間移動とアイデンティティ形成のプロセス（モデル）—国際結婚女性の場合
（鈴木，2012, p. 52 より）

あるいは，死後の「居場所」が新たな課題となる。したがって，文化間移動に伴うアイデンティティの発達過程は，単一文化の中でのアイデンティティの発達モデル（岡本，1994）に，2 文化の接触によって生じる心理社会的課題（危機）が加わるためより複雑になることが指摘された。今後，追跡研究，国籍の組合せ，居住地の違いや性別（国際結婚男性）を考慮した研究等によって，国際結婚者の（文化的）アイデンティティやその形成のプロセスがさらに明確化される必要性があるだろう。

C) 複数文化環境と文化的アイデンティティ

国際結婚の増加に伴い，複数の文化・言語環境の中で成長する日系国際児（日本人の親と外国籍の親をもつ子ども）の文化的アイデンティティについても関心がもたれてきた。これらの研究は，国際児の文化的アイデンティティ形成は一生続く過程であること（Kich, 1992; Minoura, 1995; 鈴木，1999, 2008bなど）や国際児の文化的アイデンティティ形成には困難が伴うこと（Kich, 1992; Murphy-Shigematsu, 1997 など）を示している。また，20 年間におよぶアメラジアン（アジア人の親と米国人の親をもつ国際児）研究の集大成であるマーフィー重松（Murphy-Shigematsu, 1999/2002）は，アメラジアン（国際児）のアイデンティティの形成には，社会が深く関与しており，日本社会がかれらを受け入れることが必要不可欠であることを指摘している。

次に，日系国際児の（文化的）アイデンティティ形成の過程とそれに影響を及ぼす要因について明らかにした鈴木（1999, 2004, 2007, 2008b）の研究を取り上げる。鈴木の一連の研究は，インドネシア在住の日本-インドネシア国際家族（国際結婚家族：約 30 家族）を対象にした 10 年余年にわたる縦断的研究であり，「文化人類学的-臨床心理学的アプローチ：CACPA」（鈴木・藤原 1992; Suzuki, 2002）を用い，乳幼児期から思春期までに至る日本-インドネシア国際児（第一子）の成長を追跡し，詳細な事例の分析を行っている。

鈴木（2004, 2008b）は，日系国際児の（文化的）アイデンティティ形成に関与する主な要因は，「居住地（国）」「日本人の親の性別（母親か父親か）」「両親の国（文化）の組み合わせ」「国際児の外見的特徴」「家庭環境」「学校環境」であり，これらの要因がさまざまに絡み合い，影響を及ぼすとしている。また，

206　第4章　アイデンティティ研究のこれから

　国際児にとって自然なのは，2つの文化が混合（融合）した「国際児としてのアイデンティティ」であり，その形成には，2つの言語力と文化知識を習得していることと，国際児を受け入れる環境（社会）が必要不可欠であることを指摘している。さらに，鈴木（2007, 2008b）は，「国際児としてのアイデンティティ」の形成に重要と考えられる国際家族の言語・文化の継承のメカニズムについての仮説を提示している（図4-7）。「居住地（言語・文化，法律・制度など）」の規定性（domicile determination）の中で，「親自身の志向性」（特に，異文化出身の母親）やそれに密接に関与する「子どもの言語，文化，教育についての親の考え方（姿勢）」によって，「家族の言語・文化」が方向づけられ，その流れの中で，「学校」が選択される道筋と，「家族の言語・文化」と「学校」が独立（並列）に決定（選択）される道筋があることや，それらの方向づけや

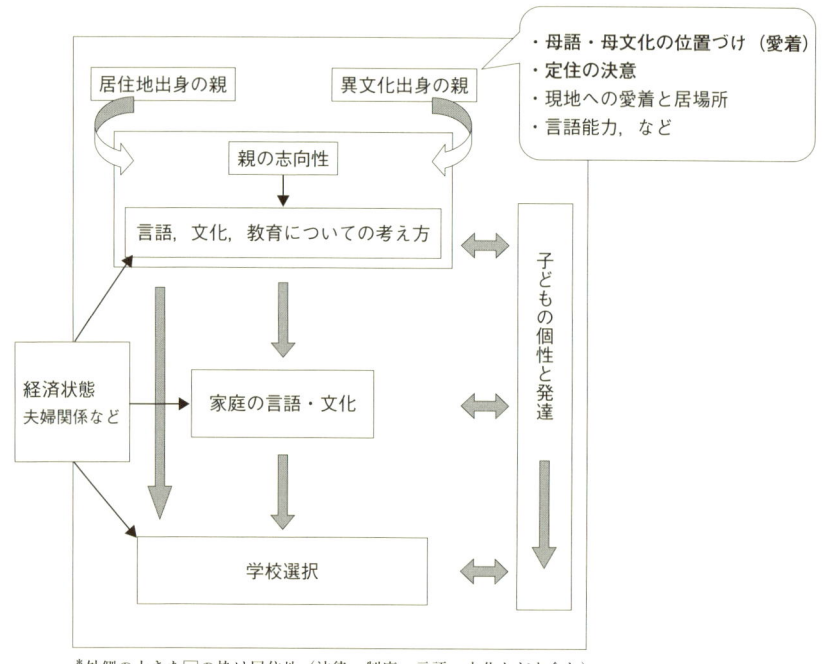

＊外側の大きな□の枠は居住地（法律・制度，言語・文化などを含む）

図4-7　日系国際児の文化的アイデンティティ形成と言語・文化継承のメカニズム
（鈴木, 2008b, p. 287 より）

道筋は,「家庭の経済状態や夫婦関係など」や「子どもの発達(年齢)および親子の相互作用」との関連で,時間の経過とともに変化していくことを示唆している。国際児ならば,2言語・2文化が必ず(同程度で)継承されるわけではなく,どちらかの言語・文化が主に継承される場合,発達の途中で継承される言語・文化が変化する場合などがあり(5類型),したがって,国際児の文化的アイデンティティは多様である。なお,文化的アイデンティティは,いくつもの要因が複雑に交差し相互に影響し合う中で,一生を通じて,複数の文化を統合していく過程と考えられている(鈴木, 1999, 2008b)。これらの研究は一つのフィールドに継続的に足を運び,文化人類学的-臨床心理学的手法を用いて,乳児期から成人に至る生涯発達を視野にいれ,文化・社会的文脈の中で,日系国際児の文化的アイデンティティ形成をリアルタイムで把握しようとする長期的な展望をもつ研究である。

D) ナショナル・アイデンティティ(文化的アイデンティティ)研究のゆくえ

ここでは,文化間移動をした日本人,および複数文化環境で生育する日系国際児に焦点を当て,文化的アイデンティティ(ナショナル・アイデンティティ)に関する最近の研究を中心に取り上げ考察した。国家や国籍という枠組みが意味をもつ現状では,そのような人々にとって,ナショナル・アイデンティティ(文化的アイデンティティ)は中核的な問題であり,自我アイデンティティの形成にきわめて重要な意味をもつ。今後,さらなるグローバル化が予想されるなか,日本においても,文化的アイデンティティ研究への関心が高まり,その成果が個人への心理的サポートだけではなく,異文化理解や多文化共生につながることが望まれる。

最後に,すでに述べた事柄以外の今後の文化的アイデンティティ研究の方向性や問題点について言及する。

①急速にグローバル化する社会の中で,「国民」「文化」「民族」などをどのように定義して,(文化的)アイデンティティの研究を行うかが問題になる。

②文化的アイデンティティは複雑な概念なので,その形成(発達)過程や要因を解明するためには,量的方法だけではなく,事例の詳細な分析等の質的方法による研究を積み重ねていくことが必要である。その際,社会変容も含め,

歴史・社会・文化的文脈の中で，生涯発達的視点からの縦断的な研究が有用であろう。

③ボーダレス化を担い，異文化との精神的距離を縮める可能性をもつインターネット等の通信技術の発達が，文化的アイデンティティに及ぼす影響，あるいは，そのような影響を考慮したうえでの文化的アイデンティティの研究が必要であろう。

④多文化時代を生きる人の特質を理解するためにバイカルチュラリズム（biculturalism）やマルチカルチュラリズム（multiculturalism）が有用な概念とされている（鈴木，2008a）。また，そのような資質を備えた人は「2文化人」や「多文化人」と呼ばれるが，そのアイデンティティについては，形成過程や要因なども含め不明な点も多い。これらを明らかにするような研究も望まれる。

引用文献

江畑敬介（1982）．一日系分裂病者の発病過程と病状変遷：自我同一性の視点から　季刊精神療法，**8**，53-60．

Erikson, E. H. (1959). *Identity and the life cycle.* New York: International Universities Press.（西平　直・中島由江（訳）（2011）．アイデンティティとライフサイクル　東京：誠信書房）

Hall, S. (1990). Cultural identity and diaspora. In K. Woodward (Ed.), *Identity and difference.* London: Sage Publications.（小笠原博毅（訳）（1998）．文化的アイデンティティとディアスポラ　現代思想，**26**（4），東京：青土社）

星野　命（1983）．青年の異文化体験とナショナル・アイデンティティ　星野　命（著）現代青年の心理　東京：福村出版　pp. 7-26．

星野　命（1994）．異文化の中で養うポジティブな心と自我アイデンティティ　横田雅弘・堀江　学（編）現代のエスプリ，**322**，103-107．

Kich, G. K. (1992). The developmental process of asserting a biracial, bicultural identity. In M. P. P. Root (Ed.), *Racially mixed people in America.* Newbury Park: Sage Publications. pp. 304-319.

箕浦康子（1984）．子供の異文化体験　東京：思索社

Minoura, Y. (1995). Culture and self-concept among adolescents with bicultural parentage: A social constructionist approach. In J. Valsiner (Ed.), *Comparative-cultural and constructivist perspectives.* Norwood: Ablex Publishing. pp. 191-209.

Murphy-Shigematsu, S. (1997). American-Japanese ethnic identities: Individual assertions and social reflections. *Japan Journal of Multilingualism and*

Multiculturalism, **3**（1），23-37.

Murphy-Shigematsu, S.（1999）. *The voices of Amerasians: Ethnicity, identity, and empowerment in interracial Japanese Americans*. Skokie: Bell & Howell Company.（坂井純子（訳）（2002）. アメラジアンの子供たち：知られざるマイノリティの問題　東京：集英社）

南　保輔（2000）. 海外帰国子女のアイデンティティ：生活経験と通文化的人間形成　東京：東信堂

大西晶子（2002）. 異文化間接触に関する心理学的研究についてのレビュー：文化的アイデンティティ研究を中心に　東京大学大学院教育学研究科紀要, **41**, 301-310.

小澤理恵子（1995）. 帰国子女のアイデンティティ　佐藤郡衛（編）　転機にたつ帰国子女教育　東京：多賀出版　pp. 87-119.

岡本祐子（1994）. 成人期における自我同一性の発達過程とその要因に関する研究　東京：風間書房

Phinney, J. S.（1992）. The multigroup ethnic identity measure: A new scale for use with diverse groups. *Journal of adolescent research*, **7**, 156-176.

Phinney, J. S., Jacoby, B., & Silver, C.（2007a）. Positive intergroup attitudes: The roll of ethnic identity. *International Journal of Behavioral Development*, **31**, 478-490.

Phinney, J. S., & Ong, A. D.（2007b）. Conceptualization and measurement of ethnic identity: Current status and future directions. *Journal of Counseling Psychology*, **54**, 271-281.

李　原翔・佐野秀樹（2010）. 中国帰国者三世の文化的アイデンティティの形成について　東京学芸大学紀要（総合教育科学系）, **61**（1），185-193.

鈴木一代（1999）. 国際児の文化的アイデンティティ：多文化環境のなかでの発達　東和大学紀要, **25**, 127-139.

Suzuki, K.（2002）. A study using "Cultural Anthropological-Clinical Psychological approach": Cultural identity formation in Japanese-Indonesian children. *Bulletin of Saitama Gakuen University*（Faculty of Humanities）, **2**, 1-9.

鈴木一代（2003）. 国際結婚者の国籍変更と文化的アイデンティティ　埼玉学園大学紀要（人間学部篇）, **3**, 1-12.

鈴木一代（2004）. 国際児の文化的アイデンティティ形成：インドネシアの日系国際児の事例を中心に　異文化間教育, **19**, 42-53.

鈴木一代（2006）. 文化移動と文化的アイデンティティ：異文化間結婚の場合　埼玉学園大学紀要（人間学部篇）, **6**, 83-96.

鈴木一代（2007）. 国際家族における言語・文化の継承—その要因とメカニズム　異文化間教育, **24**, 14-26.

鈴木一代（2008a）. 異文化間心理学へのアプローチ：文化・社会のなかの人間と心理学　東京：ブレーン出版

鈴木一代 (2008b). 海外フィールドワークによる日系国際児の文化的アイデンティティ形成　東京：ブレーン出版
鈴木一代 (2009). 成人期の文化間移動と生涯発達への影響についての研究―異文化間結婚の場合　埼玉学園大学紀要（人間学部篇）, **6**, 83-96.
鈴木一代 (2012). 成人期の文化間移動と文化的アイデンティティ：異文化間結婚の場合　京都：ナカニシヤ出版
鈴木一代・藤原喜悦 (1992). 国際家族の異文化適応・文化的アイデンティティに関する研究方法についての一考察　東和大学紀要, **18**, 99-112.
平　直樹・川本ひとみ・慎　栄根・中村俊哉 (1995). 在日朝鮮人青年にみる民族的アイデンティティの状況によるシフトについて　教育心理学研究, **43**, 380-391.
Tajfel, H. (1978). *The social psychology of minorities.* New York: Minority Rights Group.
谷　冬彦 (2001). 青年期における同一性の感覚の構造：多次元的自我同一性尺度（MEIS）の作成　教育心理学研究, **49**, 265-273.
鑪幹八郎・山本　力・宮下一博（共編）(1984). 自我同一性研究の展望　京都：ナカニシヤ出版
鑪幹八郎・宮下一博・岡本祐子（共編）(1995a). アイデンティティ研究の展望Ⅱ　京都：ナカニシヤ出版
鑪幹八郎・宮下一博・岡本祐子（共編）(1995b). アイデンティティ研究の展望Ⅲ　京都：ナカニシヤ出版
鑪幹八郎・宮下一博・岡本祐子（共編）(1997). アイデンティティ研究の展望Ⅳ　京都：ナカニシヤ出版
鑪幹八郎・岡本祐子・宮下一博（共編）(2002). アイデンティティ研究の展望Ⅵ　京都：ナカニシヤ出版
植松晃子 (2004). 日本人留学生の異文化適応の様相：滞在国の対人スキル　民族意識　セルフコントロールに着目して　御茶ノ水女子大学人間文化創成科学論叢, **11**, 175-182.
植松晃子 (2009). 異文化における民族アイデンティティの顕在化：日本人留学生を対象とした縦断調査による質的検討　Proceedings：格差センシティブな人間発達化学の創成, **4**, 45-53.
植松晃子 (2010). 異文化環境における民族アイデンティティの役割：集団アイデンティティと自我アイデンティティ　パーソナリティ研究, **19** (1), 25-35.

参考書

①箕浦康子 (2003). 子どもの異文化体験：人格形成過程の心理人類学的研究（増補改訂版）　東京：新思索社
　　1984年に出版された同名書の増補改訂版。「海外帰国生」を対象にした初期の代表的な研究で，米国で育つ，日本人駐在員の子どもの文化的アイデンティティ形成につい

て論じている。付論で初版の解釈を再考している点も興味深い。
②Pollock, D. C., & Van Reken, R. E. (2001). *Third culture kids: The experience of growing up among worlds.* Yarmouth: Intercultural Press.（加納もも・日部八重子（訳）(2010). サードカルチャーキッズ：多文化の間で生きる子どもたち　東京：スリーエーネットワーク）

　20年間におよぶ研究成果に基づき，両親の生まれた国（第一文化）と現在居住している国（第二文化）という二つの文化のあいだで特定の文化に属さないサードカルチャーキッズ（第三文化の子ども：TCK）の特徴について言及している。

③鈴木一代 (2012). 成人期の文化間移動と文化的アイデンティティ：異文化間結婚の場合　京都：ナカニシヤ出版

　20年近くにおよぶフィールドワークから，国際結婚によって，成人期（成人前期）に配偶者の文化（国）に文化間移動をし，成人中期から後期に至った国際（異文化間）結婚女性の文化的アイデンティティ形成について生涯発達的視点から考察している。

B. 時代，歴史の中を生きる人間のアイデンティティ　　橋本広信

　アイデンティティとは何か　　アイデンティティの核心は，「変化していく運命に直面しながら，同じもの，および，持続性を持ち続ける自我の能力」(p. 95) とエリクソン（Erikson, 1964/1971）が述べるように，基本的にアイデンティティとは，変化しながらも同じであろうとする自我の統合機能を意味している。変化とは，一つは発達上の変化であり，これが個人の歴史（ライフヒストリー：生育史，生活史）となる。そしてもう一つが，個人が暮らす場・社会の変化であり，これは一般に，歴史（ヒストリー）として認識される。人は自分と自分が暮らす場に潜む，この2つの歴史の成分を抜きにして存在するとは考えにくい。程度や形態は異なるにしても，この2つの歴史はアイデンティティを媒介として重なり合い，歴史が規定する枠組みの中に個人を規定したり，目の前の現実を超えて，個人が歴史的な次元で生きたりすることを可能にする。

A) 歴史心理学の領域

　歴史とアイデンティティとの関係について体系的に論じた栗原 (1982) は，「個人生活史と歴史，および社会構造内におけるそれらの相互浸透を考察の対象とする」研究領域を〈歴史心理学〉と呼んでいる (p. 2)。そして，それがア

イデンティティ概念を中心に有効な分析枠組みを提供しうる領域は，いわゆる創造的変革者の研究以外にも広範におよぶとした（pp. 30-32）。筆者なりの視点も加えて，それを以下の6点に整理する。

　①政治的社会化の研究領域　　ある個人が歴史や政治・文化に関与していく過程を，偶然の蓄積ではなく，そこに至るテーマと傾向をもつ発達としてみるような研究。

　この領域については，フロイト（Freud, S.）の『レオナルド・ダ・ヴィンチ』(1910/2009) やエリクソンの『青年ルター』(1958/2003, 2004)，『ガンディーの真理』(1969/1973) などが代表的なものといえる。この領域での日本における研究としては，西平 (1983) による橋本佐内と福沢諭吉の歴史的アイデンティティの研究があげられるが，これは伝記分析の中でも対照的な人物を比較する，「比較伝記的手法」による研究である (pp. 209-225)。

　アメリカではこの領域に含まれるような研究は，psychobiography（心理伝記法）のかたちで盛んに行われている（たとえば，Runyan, 1982 ; Schultz, 2005）。中でもライフストーリー論の立場からアイデンティティを読み解くマクアダムス（McAdams, D. P）は，"redemptive self" 概念を鍵として，アメリカ人によって生きられている物語 (2006) や，ジョージ・W・ブッシュ（Bush, G. W.）の分析 (2011) を行うなど，一般の人から大統領まで実に幅広い人々を対象にした研究を展開している。アメリカと比較して，日本ではこうした角度からの研究が少ないが，今後の発展が期待される領域であるといえる。

　②多様な国々の「政治的転換」および「固有の平和」の領域　　近代化現象などに典型的にみられるような，アイデンティティ危機を引き起こす契機，すなわち伝統的な価値と新しい価値の相克や，帰属感の喪失と新しい存在証明への欲求の研究。維新前後の日本や現代の中東諸国のように，一般に大きな変動がある社会を覆うとき，それまでに依拠していた伝統と歴史観に基づく固有の平和状態も大きく動揺する。

　どんな形であれ，再びそれぞれの平和が達成されるプロセスには，政治の転換と同時に，歴史的アイデンティティの危機と変容が含まれるといえる。

　③少数者集団，人種問題，民族問題の領域　　伝統的にはアメリカ黒人の分析に代表されるようなマイノリティのアイデンティティ研究や，カテゴリーの

境界線上にある人，すなわちマージナルな場に位置する人や被差別的立場の人のアイデンティティに着目した研究。

これに関しては，社会学者によるライフストーリー・インタビュー（櫻井，小林，2005）などで扱われることが多い。日本では山田（2005）らにみられるようなハンセン病者や屠夫のライフストーリーを扱ったものや，松下（2002）による部落のアイデンティティ研究など，インタビュー法によるさまざまな研究が生み出されている。また⑥の領域にも入ると思われるが，福岡（1993）による在日韓国・朝鮮人研究のように，日本と近隣諸国との歴史に重なるアイデンティティの問題を扱ったものもみられる。多様な領域にまたがるこれらのテーマは，多くの人にとって，過去ではなく今現在のこととして，歴史とアイデンティティの問題が身近に息づいていることを示している。

　④逸脱行動の研究分野　　少年非行，犯罪，麻薬，性倒錯などの現象に潜む，失われたアイデンティティとその回復の試みについての研究。

　⑤社会意識およびイデオロギー研究の領域　　伝統的にはエリクソンのルター研究で試みられたような，アイデンティティとイデオロギーのリンクを扱った研究。イデオロギーとの関連で，アイデンティティが大きく変容する〈回心〉を扱った研究なども含まれる。

　⑥社会心理レベルの国際関係の研究　　かつては中国の，少し前は欧米の影響に身をさらし，現在はまた中国などとの相克を抱える日本のナショナル・アイデンティティのように，国際的視野からみたときに初めて姿を表す問題の研究。ナショナル・アイデンティティの研究が主となるが，歴史教育との関連についての研究などもここに含まれると思われる。

B) 歴史とは何か

　そもそも，歴史とは何だろうか。そして，アイデンティティは歴史と人間をどう結びつけているのだろうか。歴史学者の岡田（2003）によれば，人は歴史といわれると，普通は「過去にあった事実」と考えるという（p.8）。しかし，過去にあった事実でも人によって捉え方は異なり，争いが生じるように，実は「なにを歴史として認識するか」という歴史認識の中に歴史はあるという。たとえばあなたがある土地を知っていたとする。そしてある日見慣れない家をみ

て，そこにかつては空き地があったことを思い出したとしよう。この時点で空き地になる前，そこに建っていた何かがすでに思い出せない。ある事実の前の事実は，現前する風景のリアリティによって背景化され，埋もれてしまうからだ。このとき，この家に住む人にとっては家を建てるまでの家族の物語とそこで暮らし始めた今こそが，圧倒的な重みをもつ〈歴史〉となっているはずで，空き地だった土地の過去など知らなければ何の意味ももたない。ましてやそこを素通りする人々にとっては，家はちょっとした風景以上の意味さえもたない。

ところがあるとき，その土地から歴史的遺産が発掘されたとする。すると，どれだけ時間が経過していたとしても，一瞬にしてその過去と家と人々のあいだをつなぐ糸が張り巡らされ，歴史的連続性のうえに土地／家は位置づけなおされる。こうして新たに定位された土地の歴史の物語が家族や通行人の意識の中に入り込むと，それは「過去にあった事実」となって土地への眺めを変えていく。

生まれ育ち，やがて老いを生きるライフサイクルのある時点で，何らかの意味付けをされた空間（space），すなわち場（place）のうえに立ち，眺めるその風景。人が内的にみる空間と時間の交点からの風景を通して，その人がどのような自分でありたいと願い，どうあり続けようとしたのかを理解することで，個人と場の2つの歴史をつなぐ，〈アイデンティティの中の歴史〉を見出すことができるように思う。

アイデンティティの中の歴史は，多くの場合，根（ルーツ）の問題へとつながる。根とは「地域という土壌の上に足場をすえ，根によって与えられ，生態学的に，かこまれている世界から滋養を吸収している人間のイメージ」（Erikson, 1964/1971, pp. 100-101）であり，根を張る場がみつからない「根の模索」，根を張っていた場から引き抜かれる外的内的な「根こぎ（uprootedness）」の問題などとして表れてくる。人が根を張るのは，目の前の場とは限らない。先祖が暮らしたはるかな過去や，約束された遠い未来の物語に張られる根もある。ここからはこうした根の問題を中心に，筆者なりにアイデンティティの中の歴史の様相を空間と時間の優位性に着目しながらいくつかの型に整理し，今後の研究の方向性や発展の可能性について考えてみたい。

C) 歴史の様相の類型化と研究の方向性

①空間優位 – 無時間型　トゥアン（Tuan, 1977）によれば，四季のリズムと無縁なコンゴの深い森に暮らすピグミー族は，多くの動植物の詳細な知識をもつが，時間を表す尺度も時間の概念ももたず，したがって，過去の系図にも未来にもあまり関心を示さないという。家を出てはまた帰るというように，円環的な反復を基本とするのが日常世界だといえるが，時間が過去や未来に引き伸ばされない限り，そこには〈現在〉があるだけで，歴史やルーツ（根）の問題は前面に出てこない。

②空間優位 – 生育史限定型　変遷するのは自分や家族，友人などの身近な姿のみであり，アイデンティティの根を張る場は，生育史と日常の暮らしの場に限定されている。こういうあり方は学生に書かせたアイデンティティについてのレポートの中で出会うことが多い。彼らが根を張る場の狭さとシンプルさ，そして，大きな枠組みの歴史の不在というテーマは，ある意味で家庭や学校という日常生活の場に比重が置かれたあり方を示すもののように思われる。

③空間優位 – 生育史空白型　一見，家族に守られているようでも，生育史にあらかじめ歴史の喪失が組み込まれているという例がある。世界中に百万人以上いるともされる AID（Artificial Insemination by Donor）（非配偶者間人工授精）により生まれた人たちである。夫（妻）のものではない精子（卵子）で誕生をした彼らに真実を告知する親は非常に少なく，自分が AID 出生者であるという事実（歴史）を知るとき，AID 出生者は「喪失体験」や「だまされてきた」という怒りを体験することが多いという。そしてドナーがもっているはずの「私は誰なのかというパズルの半分」を知りえない苦しみに悩まされる（坂井・春日，2004）。養子のアイデンティティと真実告知の問題にも同様の問題が生じるだろうが（Grotevant & McRoy, 1998），生殖医療が発展することにより，さらに新しいタイプのアイデンティティと歴史の問題が生まれてくることも予測される。

④時間優位 – 空間非特定型　1960 年代から 1970 年代にかけて，黒人解放運動を展開したアメリカの急進的黒人結社ブラックパンサー党のリーダー，ニュートン（Newton, H. P.）は，奴隷となって国際的に分散しさまざまな文化に同一化できるがゆえに，アメリカの黒人は真のインターナショナリストだと述

べている (Erikson, 1973, p. 38)。故郷をもたないために国際主義者でいられるという考えは，国家という枠を超える（人類という種のような）空間の不在を志向しているわけではない。「われわれはいつも，故郷から遠く離れている」(Erikson, 1973, p.38) と語る彼はアメリカで生まれ，故郷はアメリカであるはずだが，そこに根を張ることができないという事実から出発しているのである。彼のアイデンティティは時間を超えて，〈奴隷としてつれてこられた黒人〉という擬似種的な先祖と先祖が暮らしていたはずの仮想の大地アフリカに根を張ろうとする。こうした感覚，つまり目の前の日常ではなく，歴史的な物語が語るいつともしれない過去にアイデンティティを求める型は，日常に対立を抱え，そこに根を張ることが困難な人が生きる社会には多く存在するといってよいだろう。それは容易に自らの出自の物語の探索と結びつき，擬似種（pseudo-species）を生み出す。擬似種とはエリクソンの造語であるが，「人間が一つの種（つまり人類）としてのアイデンティティを殆ど認識してこなかったこと」を意味すると同時に，「人間のさまざまな集団が各々自らがひとつの（唯一絶対の）種であるかのように振る舞おうとする」ことを意味している (Erikson, 1973, p. 56)。

⑤時間優位 - 空間特定型　ある歴史物語によって，生まれる前から決定づけられたアイデンティティを背負わされる人々もいる。多くの場合は，その歴史物語が共有される狭い時空の外に出れば，まったくの不合理な理由や根拠に基づく擬似種性が明らかになるのだが，その歴史物語が生きている限りは強力な支配力をもってがんじがらめに人を縛り続ける。

江戸時代の貞享4（1687）年，キリシタン類族令が布告される。これはキリシタン信徒の一族7世（女系は4世まで）までを〈キリシタン類族〉として一般市民の戸籍である宗門人別帳から除き，キリシタン類族帳という別戸籍に入れることを命ずるものである（海老沢，2004, p. 25）。歴史教科書では語られないこの法律によって，つねに監視の対象になり，村八分同然に扱われた人々を日本は200年近く生み続けたといえる。今がどうあれ，あるときに生まれた観念なり法なりが，はるかな未来まで誰かのアイデンティティを規定し，ある空間に拘束する構図は，多くの差別問題に通底するものであろう。この他にもまだまだ多様なかたちで，アイデンティティの中に生き生きと働く歴史の様相

を描くことは可能である。こうした歴史意識に着目するアイデンティティ研究は，具体的な時空に位置づけ直されたアイデンティティ研究のあり方として，今後の発展を期待できる分野だといえる。

D) アイデンティティの中の歴史のズレ

最後に，「アイデンティティの中の歴史のズレ」の問題に触れておきたい。変遷する時代や歴史の中で生きる人は，生きる場と時代の数だけ，このズレを内に抱え込むと考えられる。

アイデンティティの感覚は，発達上の自分自身との一体感と，共同体の歴史（神話や未来像を含む）との一体感とが二重に親和的な状態で安定することで生じる（安定とは価値的に善悪を含むものではない）。つまり，仮に自分の中では整合性もあり統合されているとしても，周囲の人たちや目の前の共同体とのあいだに違和感を生じるような場合は，不安定になる。ズレを無視できる程度なら病理的になることもないだろうが，いつの時代にも共同体の歴史に敏感な反応を示す「才能豊かでありながら深刻な混乱を抱えた青年たち」がいるもので，エリクソンはズレを抱え込む彼らの特性を「患者性（patienthood）」と呼んだ（Erikson, 1958, p. 14）。

自衛隊市ヶ谷駐屯地において〈天皇の軍隊〉としての自衛隊員に決起を呼びかけた後，割腹自殺を遂げた三島由紀夫などは，まさに〈日本〉（彼の観念の中の日本）の患者だったといえる。「人生は短いが，私は永遠に生きたい」と記されたメモが書斎の机の上に残されていた（Lesieur, 2011/2012, p. 293）というが，彼が祖国防衛を目的に設立した私兵団，楯の会隊長名で書いた『檄』（三島，1970）からは，一個の男子として「日本を日本の真姿に戻してそこで死ぬ」ことで，「眞の日本」「眞の日本人」「眞の武士」として永遠化された，魂のアイデンティティを得ようとする構図が読みとれる。彼が生命以上の価値の所在とするものこそ，自由でも民主主義でもない，歴史と伝統の国〈日本〉であった。

三島には三島なりの生育史上のテーマがあったうえでの行動であろうが，当時の楯の会の名簿には100余名の名前があり，大半が10代から20代の学生だった。三島とともに割腹自殺を遂げた盾の会学生長，森田必勝もその一人であ

る。直接には戦争さえ経験しておらず，出自も参加の経緯もさまざまな彼らがなぜ三島の描く世界につながったのか。そして40年を経た今でもあの時過ごした時間を抱えて生きている（鈴木，2005, p. 204）というのはなぜだろうか。この答えを考えるとき，先ほど触れた「患者性」と，さらに「純粋性（purity）」という要素が浮かんでくる。

　価値観の重点が"物"にシフトしていく戦後の昭和後半には，三島とは異なるかたちでの〈日本の病〉を感じさせる何かがあったと仮定すれば，それを自分の病として引き受ける感性（患者性）をもつ青年たちが反応したといえる。だとしても，物に困らない日常において，現実の日本を否定しきるのは困難である。それを可能にするためには，純化された観念を抱き続ける感覚，つまり純粋性がなければならないはずである。それらが生きて働く限りにおいて，明らかな矛盾を目にしつつも時間の風化作用に耐え，いつまでも彼らに歴史的な患者のアイデンティティを与え続けていくといえるだろう。

　楯の会の会員たちは，三島の制止があったとはいえ，後を追って自決するという行動には出なかった。そこにこそ，学生たちが根を張る時空と三島個人の根の時空の違いが見出せる。人が歴史的存在であり，それぞれ独自の時空の広がりをもっていること。この内面の時空とアイデンティティに関する研究は，先の歴史心理学における新たな領域を開くものといえよう。そしてもう一つ，世代と世代の生きる時空が出会い，ぶつかり合う場の中で歴史的アイデンティティが継承される面に注目すれば，語り継がれる歴史はアイデンティティに歴史的連続性を生み，語られない歴史は断絶するという側面も浮かび上がる。アイデンティティの中の連続と断絶の歴史に注目することは，ライフサイクルの中の歴史研究という，また別の研究領域を開いていくように思われる。そしてそれは，「歴史認識」という，異国間や異文化間に繰り返し分断や相克をもたらす宿痾をみつめ，新たな関係や歴史を築く土壌を耕す研究にもつながっていくと期待される。

引用文献

海老沢泰久（2004）．青い空　東京：文芸春秋

Erikson, E. H. (1958). *Young man Luther: A study in psychoanalysis and history.* New

York: Norton.（西平 直（訳）（2002, 2003）．青年ルター 1, 2　東京：みすず書房）
Erikson, E. H.（1964）．*Insight and responsibility*. New York: Norton.（鑪 幹八郎（訳）（1971）．洞察と責任　東京：誠信書房）
Erikson, E. H.（1969）．*Gandhi's truth: On the origins of militant nonviolence*. New York: Norton.（星野美賀子（訳）（1973）．ガンディーの真理 1, 2　東京：みすず書房）
Erikson, E. H.（1973）．*In search of common ground: Conversations with Erik H. Erikson & Huey P. Newton*. New York: Norton.（近藤邦夫（訳）（1975）．エリクソン vs. ニュートン　東京：みすず書房）
福岡安則（1993）．在日韓国・朝鮮人　東京：中央公論社
Freud, S.（1910）．*Leonard da Vinci and a memory of his childhood*. In Vol.11 of the standard edition. London: Hogarth.（高田珠樹・甲田純生・新宮一成・渡辺哲夫（訳）（2009）．レオナルド・ダ・ヴィンチの幼年期の想い出　フロイト全集〈11〉　東京：岩波書店）
Grotevant, H. D., & McRoy, R. G.（1998）．*Openness in adoption: Exploring family connections*. London: Sage Publications.
Lesieur, J.（2011）．*Mishima*. Gallimard, coll.《Folio Biographie》.（鈴木雅生（訳）（2012）．三島由紀夫　東京：祥伝社）
栗原　彬（1982）．歴史とアイデンティティ　東京：新曜社
松下一世（2002）．18人の若者たちが語る部落のアイデンティティ　大阪：解放出版社
McAdams, D. P.（2006）．*The redemptive self: Stories Americans live by*. New York: Oxford University Press.
McAdams, D. P.（2011）．*George W. Bush and the redemptive dream: A psychological portrait*. New York: Oxford University Press.
三島由紀夫（1970）．檄（鈴木亜繪美（2005）．火群のゆくへ：元盾の会会員たちの心の軌跡　札幌：柏艪舎　pp. 216-221.）
西平直喜（1983）．青年心理学方法論　東京：有斐閣
岡田英弘（2003）．歴史とは何か　東京：文芸春秋
Runyan, W. M.（1982）．*Life histories and psychobiography: Explorations in theory and method*. New York: Oxford University Press.
坂井律子・春日真人（2004）．つくられる命―AID・卵子提供・クローン技術　東京：日本放送出版協会
櫻井　厚・小林多寿子（編著）（2005）．ライフストーリー・インタビュー：質的研究入門　東京：せりか書房
Schultz, W. T. (Ed.), (2005). *Handbook of psychobiography*. New York: Oxford University Press.
鈴木亜繪美（2005）．火群のゆくへ：元盾の会会員たちの心の軌跡　札幌：柏艪舎
Tuan, Yi-Fu（1977）．*Space and place: The perspective of experience*. Mineapolice:

University of Minnesota Press.（山本　浩（訳）（1988）.空間の経験：身体から都市へ　東京：筑摩書房）

山田富秋（編著）（2005）.ライフストーリーの社会学　東京：北樹出版

参考書

①Erikson, E. H.（1975）. *In search of common ground: Conversation with Erik H. Erikson & Huey P. Newton*（Ed. Erikson, Kai. T.）. New York: Norton.（近藤邦夫（訳）（1975）.エリクソン vs. ニュートン：アイデンティティと革命をめぐる討論　東京：みすず書房）
　　ともすれば「私とは何か」という個人内的な文脈でしか語られないアイデンティティの歴史性や社会性をあぶりだす，貴重な対談による書。解放と革命を通したアイデンティティ探究者としてのニュートンとの対話によって，異なる歴史性をもつ人々との間に共通する地平を探すエリクソンの言葉は，アイデンティティに対する洞察に満ちている。

②Sen, A.（2006）. *Identity and violence: Illusion of destiny*. New York: Norton.（大門毅（監訳）東郷えりか（訳）（2011）.アイデンティティと暴力：運命は幻想である　東京：勁草書房）
　　1998年にノーベル経済学賞を受賞したアマルティア・センによる書。アイデンティティを自由な個人が有する多面的・複層的概念として捉え，選択の余地のない唯一のアイデンティティという単眼的捉え方を否定する。歴史や文化を異にする他者同士が，争いなく互いにそれぞれのアイデンティティを生きられる道筋を探る書として興味深い。

③石渡延男・越田　稜（編著）（2002）.世界の歴史教科書：11カ国の比較研究　明石書店
　　第二次世界大戦において日本と歴史体験を共有する国々の歴史教科書についてまとめられたもの。歴史教科書はそれぞれの国の拠って立つ政治的・歴史的・国際的諸事情が反映するといえる。本書を通して，それぞれの国の次世代を担う子どもたちが，何を歴史として語られ，何を語られないかについてうかがい知ることができる。

C. 新たな人間社会の構築に向けた研究　　　　　　　　　　　　　　大野　久

　アイデンティティの概念がエリクソン（Erikson, 1950/1977）によって提唱されてから，60年以上が経過した。アイデンティティ概念の研究や検討が進む過程でいくつかの疑念が提出されていることもまた，事実である。さらに，アイデンティティ概念周辺の研究は進んだものの，また，生涯発達に関心が集まっている昨今でもその背景にある人生全体の自我発達を俯瞰した個体発達分化[注1]理論に関する研究は，いまだ不十分なものである。本項では，アイデンティテ

ィ概念，個体発達分化理論の考察から新たな人間社会の構築に向けての提言を行うことを試み，特に擬似種化と個と関係性の問題，超越的アイデンティティに関して検討するものである。

アイデンティティとは何か　まず，アイデンティティの定義についてみよう。エリクソンはその著書の中でアイデンティティそのものを明確に定義していない。しかし，アイデンティティの感覚について「内的な斉一性と連続性を維持する各個人の能力（心理学的意味での自我）が他者に対する自己の意味の斉一性と連続性に合致する経験から生まれた自信」（Erikson, 1959/1973）と説明している。日常的な感じ方としては日本語の語感から「自覚，自信，自尊心，責任感，使命感，生きがい感」の6つの言葉の内容の総称（大野，1995, 2010）であると解説されている。

アイデンティティの広義の機能として，斉一性（sameness）（自分は他の誰とも違う自分であり，私は一人しかいないという感覚）としての自我の統合機能，一人前の責任ある仕事をこなすことのできるという有能感による自信，社会的役割をもち，期待に応え，責任を果たすことによる社会的存在（心理-社会的）であることへの自己存在の意味づけ，連続性（continuity）（過去の自分も，現在の自分も，将来の自分も自分自身であるという感覚）としての時間的展望の中での意味づけ，さらには歴史的アイデンティティ（長い時間の経過の中での自己存在の意味づけ）としての自己の存在の意味づけなどがある。フランクル（Frankl, 1959/1961）は人の究極の動機を自分の人生に意味を見出す「意味への意志」としたが，アイデンティティ理論の根底にも人生の意味，自己の存在の意味が鍵概念として存在する。

A）アイデンティティの一つの否定的側面：「擬似種化」

人間が社会的存在である以上，自分の役割に自覚，自信をもち，責任感，使命感をもって働き，生きがいを感じて生きることがアイデンティティの問題だとすると，このことは職業的役割，所属集団における役割，家庭の中での役割など時代や文化を越えて普遍的で健康な心理状態のために必要なものである。しかし，エリクソンは，アイデンティティについて考察を進め，「擬似種

化（pseudo-specification）」（Erikson, 1974/1979）（擬似種族化，擬種化とも訳される）の概念を提出した。

擬似種化についてエリクソンは，ローレンツ（Lorenz, K. Z.）の術語を引用し，「人間は明らかに一つの種であるのに，依然として，（部族から国家，カーストから階級，宗教からイデオロギーに至る）グループに分散した光景を呈し，そしてそのグループは，各々のメンバーに他と異なる優越的な同一性（アイデンティティ）――ならびに不死――の強固な感覚を与える」（Erikson, 1969/1973）と説明している。擬似種化は，自らのグループに関しては，「唯一の国民」「神話的種族」にまでその意識を高めるが，他に対しては，狂信的恐れや憎しみを増大させ，排他的，攻撃的になる。エリクソン（Erikson, 1974/1979）はヒトラー（Hitler, A.）を例にあげ，戦争，国際紛争の原因にもなりうるこうした現象は近代国家においても起こりうることであるとし，アイデンティティ概念の一つの否定的側面を示した。擬似種化に必ず伴う事象として，エリクソンは，「間違った良心，否定的同一性，偽善的道徳主義」をあげている。「間違った良心」「偽善的道徳主義」とは，「他のグループを排斥することが正しいこと，良心に従った行動である」という考えや，「自らのグループの道徳，価値観こそが唯一正しいもの（たとえば，金持ちは偉い）で，他のグループの価値（たとえば，幸せはお金の多寡とは別）は否定する」などの観念であろう。また，「否定的同一性」とは，「どうせ，私の学校は世間から～と思われている」などの否定的自己定義につながるアイデンティティである。擬似種化は，現代においても国家レベルで発生する現象であるとともに，日常生活の中における学校のランキング，成績による差別化，「勝ち組，負け組」などと称される収入，居住地などによる差別化，さらには，学校内におけるいわゆる「スクールカースト」などいたるところで観察される事象である。

B) 擬似種化を超える超越的アイデンティティ

この擬似種化を超越するものとして，エリクソンは「敵対するグループが各々の擬似種化的心理状態の武装を解き，いわば，より広い同一性（wider identity）において一致する」（Erikson, 1969/1973）方向性を示している。また，別の箇所では同様の内容を「より包括的な同一性（more inclusive identity）」

(Erikson, 1969/1973),「超越的アイデンティティ」(Erikson, 1974/1979) と表現している。人類の歴史は，少数グループが次第に吸収，合体され，それとともに心理学的には人々が「より包括的な同一性」を共有してきた歴史といえる。現代の日常的な擬似種化について考えても，そのいわれなき偏見，誤解，誤った先入観などを問い直し，より包括的な社会のメンバーであることを再認識すること，たとえば「学歴，収入だけで人間の価値は決まらない」「住んでいる地域，文化は違っても同じ地球に生存している人類，共通の問題は共有すべき」などの発想がより包括的，超越的なアイデンティティにつながり，擬似種化を超越するために有効な手段になるであろう。

C) 個と他者の問題

アイデンティティを考える場合，自分自身に関心を向け心的なエネルギーを使うのか，他者のために使うのかという問題がある。西平 (1998) は，教育学の立場からこの問題を自分の幸せは他者の不幸のうえにある「相克性」と，自分の幸せと他者の幸せが両立する「相乗性」という概念によって整理し，若者たちを取り巻く世界は「相克性」が優勢であるようにみえることを論じている。心理学の領域でもこの問題は「個と関係性」の問題として，どちらに資源配分するかという対立的な位置づけによる分析視点から研究されることも少なくない。確かにアイデンティティの模索，獲得は，自我の発見，危機，役割実験，心理的離乳の過程であり，個性化の過程である。この中において，他者との区別化，自己主張，自己への関心の集中を伴う。その中で，「わがまま」「自己中心的」と誤解されたり非難されたりする状況に出会う可能性も高い。

D) 個と他者を超越する親密性，世代性

この問題に関して，エリクソン (Erikson, 1950/1977) が人格の生涯発達を示した図式である個体発達分化図式から考察しよう。エリクソンは，人生を8段階に分け，そのそれぞれにおいて人格発達上，最も関心が集中する主題を示した。青年期の発達主題はアイデンティティであり，それに続く初期成人期の主題は親密性（intimacy），成人期の主題は世代性[注2]（generativity）である。エリクソンは，親密性を「自分の何かを失いつつあるのではないかという恐れ

なしに，自分のアイデンティティとほかのだれかのアイデンティティとを融合する能力のこと」(Evans, 1967) と述べている。これに関して，大野 (2010) は，たとえば親の役割を夫婦でともに引き受けることで，「人格のすべてではないが，他者に対する自己の意味として，共通部分を他のだれかと共有する能力」と解説し，「親密性とは一生の伴侶を見つけることではなく，一般的には人生のパートナーとのこうした人間関係を持てる能力を身につけること」と述べている。さらに，世代性に関しては，成熟した「伴侶たちは自分たちのパーソナリティとエネルギーを共通の子孫を生み出し，育てることに結合したいと考えるように」なり，この願望を基盤に広がっていく「次の世代の確立と指導に対する興味・関心」(Erikson, 1959/1973) と説明されている。

　さらにエリクソンは，「異性との真の『親密性 (intimacy)』(または，これと関連した形での，他の人との親密さないし自分自身との親密さ) が可能になるのは，適切な同一性の感覚 (reasonable sense of identity) が確立した後だけである」(Erikson, 1959/1973)，「他人たちと本ものの『かかわりあい』と結ぶことは，確固たる自己確立 (self-delineation) の結果であると同時に，自己確立の試練でもある」(Erikson, 1959/1973) と順序性を述べている（なお，この順序性に男女差があることは大野 (1995) によって指摘されている）。このように，エリクソンは，青年期において「自分とは何者か」「何者として生きていくのか」「自分の生きる意味は何か」など，自らのアイデンティティの問題に集中していた関心，心的エネルギーが人生のパートナーや共通の子孫，次世代への育成へと移行していくことを指摘している。つまり，日常的な表現でいえば青年は「他者のことは考えたこともない，関心はない。自分のことで頭がいっぱい」であり，成人は「子や孫や後輩，教え子，地域の子どもなど他者のことに関心を集中しており，自分のことなど考える必要もない」と考えられるのである。観点を変えて考えると，乳児期の「信頼」をはぐくむものが母親的存在の愛であるように，人は多くの人の愛，配慮を受けて青年期まで育ち，アイデンティティを形成していく。そして，アイデンティティが形成されたのち，育てられる立場は，育てる立場へと逆転し，他者に対して愛，配慮を与えることが可能となる。たとえると，人格という器に愛という液体が他者から注ぎ込まれ，青年期のアイデンティティ形成でその器はいっぱいになり，今度はその液

体が他者への愛となってあふれ出るという図式である。

E）アイデンティティのための恋愛と自己吸収

　青年の親密性が成熟していない状態で，かつ，アイデンティティの統合の過程で，自己のアイデンティティを他者からの評価によって定義づけようとする，または，補強しようとする恋愛的行動を，大野（1995, 2010）は「アイデンティティのための恋愛」と呼んだ。大野は長年にわたるレポート分析から，学生の大学生年齢になると，多くの青年たちが実際に異性交際を開始するが，多くの場合，交際の初期の段階の特徴として，①相手からの賛美，賞賛を求めたい（「好きだ，素敵だ」といって欲しい），②相手からの評価が気になる（「私のことをどう思う」という），③しばらくすると，呑み込まれる不安を感じる，④相手の挙動に目が離せなくなる（「相手が自分のことを嫌いになったのではないか」と気になる）などの特徴が顕著で，⑤結果として交際が長続きしないことが多いことを示した。こうした一連の行動は，自己の自信のなさを相手からの賞賛，賛美によって補おうとする行動であり，自信の源であるべき相手の関心が自分以外の対象に移ることを恐れ，相手の行動を束縛してしまう。さらに，お互いにそういった心理状態にある場合，自分自身への関心にエネルギーをとられているために，相手の幸せに対する配慮はできず，典型的表現としては「自分のことで頭がいっぱいで，君のことまで考える余裕がない。寂しい思いをさせるくらいなら，今，別れた方がいいと思う」といった心の動きが生じやすい。アイデンティティのための恋愛から，相互性，無条件性を特徴とする愛的な交際へと発展する例は存在するがその逆はみられないことから，これは，アイデンティティから親密性への過渡期，つまり，アイデンティティに関心が集中していて，いまだ親密性発達の段階に至らない状態での交際において観察される現象と理解できる。

　また，すべての人間が成人期になるとアイデンティティの問題が解決し，親密性，世代性の段階へと至る発達をたどるわけではない。世代性の対極として，エリクソンは「自己吸収（停滞）」という概念をあげている（Erikson, 1959/1973）。「自己吸収（停滞）」とは，本来，成人になって他者に向かうべき関心がいつまでも自分自身への関心にとらわれ，いつまでも自分に関心を向け

て欲しい，人からの関心の中心でいたいという心理状況である。

F）親密性，世代性を支える「愛する喜び」

エリクソンは各発達段階の主題を示すとともに，その発達主題がうまく解決できるともちうる人格的強さ，また，その強さをもちうると発達主題の解決も順調にいくという特性を「人格的活力（virtue）」として示した。初期成人期の活力は「愛情（love）」であり，成人期では「ケア（care）」である。愛について大野（1995, 2010）は「相互性という特徴を持つ無条件性の上に立つ人間間の配慮」と説明している。この中で「相互性」とは，「自分の行為によって相手が幸福になり，それが自分にとっても幸福と感じること」（大野, 2010）であり，「無条件性」とは，愛する「相手に条件を求めない」ことである。さらにここでいう「人間間の配慮」とは，相手の幸せを願うことである。また，「ケア」とは，愛情ある人間関係における人への援助，気配りなどの愛の具体的実践である。

しかし，自分にエネルギーを使う必要が少なくなった成人のエネルギーが他者に向かう可能性はあるものの，なぜ，そのエネルギーを積極的に人のために使うことができるのか，つまり，なぜ人は人を愛せるのであろうか。この問題に関して重要な点は，愛は愛されることに喜びがある以上に，愛すること自体が喜びであるということである。たとえば，乳児の世話は大変な労力が必要である。しかし，乳児が幸せである状態を保つために労力を費やす，その結果，乳児が笑顔になる。「子どもの笑顔で子育ての苦労が吹き飛ぶ」とは俗にいわれることではあるが，まさにこの現象が相互性の本質である。愛は「愛する喜び」に基づいており，この現象は，母性愛，家族愛，友愛，恋愛，夫婦愛，職業的な愛，ボランティアなど社会的な愛，宗教的愛に至るまで，他者の幸せを願い，そのために労力を費やし，その結果，喜びが得られる行為のすべてに共通する現象である。このように考察すると，社会の職業や役割のすべては，こうしたメカニズムが背景に存在していると考えることもでき，個と関係性，相克性と相乗性の問題は，発達上の一時点でも葛藤状況としてではなく，生涯発達における関心と心的エネルギーの移行の問題として捉え直すことができる。

このように考えると，個と関係性の問題は対立的概念ではなく，発達上のステ

ップとして解決される。

G) 時間的超越，死後のアイデンティティへの信念

ここまで，アイデンティティに関する擬似種化の問題を包括的，超越的アイデンティティによって超越し，また個と関係性の問題を親密性，生殖性から超越する方向を考察してきた。この方向は，同時代の社会的拡がりという意味における心理-社会的観点，すなわち，自己の存在を社会的存在として意味づける観点である。この方向を水平的超越と呼べば，それに対する垂直的超越として，その観点に時間の観点を加味した心理-歴史的観点が考えられる。すなわち，社会的存在に加えて歴史という時間の流れの中に自己の存在を意味づける観点から考察しよう。

1980年代からアメリカでは，ワイス（Weiss, 1988/1991）をはじめとする前世の記憶についての著作が注目を集めている。その内容は精神分析の治療の過程で，幼児期からの記憶の中にトラウマを発見できなかったクライエントが，教示の手違いから過去世の記憶がよみがえり，そのトラウマに関するカタルシスによって症状が消えたという症例の紹介である。同じように幼児期からの記憶の中にトラウマを発見できないクライエントに試みてもかなりの確率で過去世の記憶の中にトラウマが発見できるという。また，一連の『死ぬ瞬間』の著作で著名なキューブラー・ロス（Kübler-Ross, 1995）は，臨死体験を研究し，多くの臨死体験，すなわち，身体的死後の意識の継続，記憶の保持の事例を報告している。こうした研究の蓄積により，死後も意識，記憶は保持され，つまり，アイデンティティの不変性と連続性は維持され，さらに，その意識と記憶をもったまま人は，生まれ変わり，それを複数回繰り返すという輪廻転生の思想に発展している。ただし，生まれ変わる時点で過去の記憶は何らかの理由で意識からは消去されているが，無意識の中に潜在的に残っており，精神分析の手法によっても再現できるとされる。

こうした研究，思想の中には，ワイスやキューブラー・ロスのように実証的な実例の多い研究もあるが，真偽不明のものも少なくない。こうした魂の不滅，輪廻転生については，物理現象としての実証を待つほかないが，心理学的に検討すると，以下の点は，非常に興味深い。まず，第一に，ワイスの場合，

228　第4章　アイデンティティ研究のこれから

　トラウマの発見とカタルシスによる治癒というプロセスは，現世の記憶であるか過去世の記憶であるかを問わなければ同じである。過去世が存在する証拠がないという事実（reality）を根拠に現時点で科学的に否定されたとしても，クライエント自身が過去世の記憶を信じる場合，心理学的に本人にとっては真実（actuality）である。アイデンティティについても同じことがいえる。不変性と連続性のあるアイデンティティが死後も継続するという信念，つまり，来世は存在し，そこで生き続けることができるという信念は本人にとっては真実である。第二に，この信念は，人生への意味づけに大きな影響をもつ。この点に関しては，教育学の領域でも検討が進められている（西平, 1993, 1997）。つまり，この人生での行いが引き起こす結果は，死後も再生する人生にももち越されるという予想は，現在の生き方を戒め，この人生では終結しない努力や修行に意味を与える。これを宗教では「業」とか「功徳」と呼ぶ。現代のわが国で宗教性は少なくなってしまったが，このような思想で人々に人生の意味を付与することがかつての宗教の役割だったと考えられる。何よりも，死後，意識は消滅し，無に帰すという考えよりも，死後の世界ですでに死んだ親類縁者，知人はすべてアイデンティティを保持したまま存在しており再会できるという考えは，死に対する不安を大きく軽減する。ちなみに著者の母親は偶然，死の半年前にワイスの「前世療法」を読み，死をきわめてこころ安らかに迎えることができた。看護関係者との意見交換でもこの思想は終末期医療に大きな可能性があるとの意見をいただいている。

　個に閉じたアイデンティティは，社会的拡がりによる包括的（超越的）アイデンティティ，親密性，世代性により，水平的超越が可能となり，また，死後のアイデンティティの継続に関する信念により，時間的，垂直的な超越が可能となる。こうした可能性を検討し，青年期教育，社会教育，終末医療などへ応用していくことが期待される。

注
1) 漸成発達等の訳語もある。
2) 生殖性等の訳語もある。

引用文献

Erikson, E. H. (1950). *Childhood and society*. New York: Norton.（仁科弥生（訳）(1977). 幼児期と社会　東京：みすず書房）

Erikson, E. H. (1959). *Identity and life cycle*. New York: Norton.（小此木啓吾（訳編）(1973). 自我同一性―アイデンティティとライフ・サイクル　東京：誠信書房）

Erikson, E. H. (1969). *Gandhi's truth: On the origins of militant nonviolence*. New York: Norton.（星野美賀子（訳）(1973). ガンディーの真理 1, 2　東京：みすず書房）

Erikson, E. H. (1974). *Dimensions of a new identity: The 1973 Jefferson lectures in the humanities*. New York: Norton.（五十嵐武士（訳）(1979). 歴史の中のアイデンティティ　東京：みすず書房）

Evans, R. I. (1967). Dialogue with Erik Erikson. New York: Harper & Row.（岡堂哲雄・中園正身（訳）(1975). エリクソンとの対話　東京：金沢文庫）

Frankl, V. E. (1959). *Das Menschenbild der Seelenheilkunde*. Stuttgart: Hippokrates-Verlag.（宮本忠雄・小田　晋（共訳）(1961). 精神医学的人間像　東京：みすず書房）

Kübler-Ross, E. (1995). *Death is of vital importance: On life, death, and life after death*. New York: Station Hill.（鈴木　晶（訳）(1997).「死ぬ瞬間」と臨死体験　東京：読売新聞社）

西平　直 (1993). エリクソンの人間学　東京：東京大学出版会

西平　直 (1997). 魂のライフサイクル：ユング，ウィルバー，シュタイナー　東京：東京大学出版会

西平　直 (1998). 魂のアイデンティティ：心をめぐるある遍歴　東京：金子書房

大野　久 (1995). 青年期の自己意識と生き方　落合良行・楠見　孝（編）講座生涯発達心理学 4 巻　自己への問い直し：青年期　東京：金子書房　pp. 89-123.

大野　久 (2010). アイデンティティ・親密性・世代性：青年期から成人期へ　岡本祐子（編著）成人発達臨床心理学ハンドブック―個と関係性からライフサイクルを見る　京都：ナカニシヤ出版　pp. 61-72.

Weiss, B. L. (1988). *Many lives, many masters*. New York: Simon & Schuster.（山川紘矢・山川亜希子（共訳）(1991). 前世療法　東京：PHP 研究所）

参考書

①Erikson, E. H. (1974). *Dimensions of a new identity: The 1973 Jefferson lectures in the humanities*. New York: Norton.（五十嵐武士（訳）(1979). 歴史の中のアイデンティティ　東京：みすず書房）

　　アメリカ大統領ジェファソンの伝記分析を通じて，アイデンティティの問題点とその包括的アイデンティティ，超越的アイデンティティというかたちで発展型について考察している。アイデンティティの先を考えるうえでの良書。

②西平　直（1993）．エリクソンの人間学　東京：東京大学出版会
　　エリクソンの思想を教育哲学的に考察している。多角的で緻密な考察は，アイデンティティ論を考えるうえで非常に参考になる。また，エリクソン思想の解説書としても重要な著作。
③Weiss, B. L. (1988). *Many lives, many masters.* New York: Simon & Schuster.（山川紘矢・山川亜希子（共訳）（1991）．前世療法　東京：PHP研究所）
　　本文で紹介したとおり，人は無意識に前世の記憶をもつ。神経症の原因のいくつかは前世の記憶によるという著作。いわゆる20世紀的科学的思想を根本から考え直される著作。アイデンティティ論からどのように解釈できるかを検討する価値が高い。

事項索引

あ

ISI　22, 23
愛情　226
愛する喜び　226
愛着（関係性）　146
　──・所属感　203
アイデンティティ　1, 126, 159
　──拡散　127
　──形成の3次元モデル　119
　──形成のプロセス　35, 83
　──・コントロール理論　36
　──・スタイル　23
　──・ステイタス　20, 26, 75, 76, 77, 82, 117, 121
　──の感覚　221
　──の危機　126
　──の混乱　129
　──の政治　195
　──のための恋愛　143, 225
　──の本質　8
　──のラセン式発達モデル　85, 169
　関係性としての──　123
　コア・──　78
　国際児としての──　206
　個人的──　115
　個としての──　123
　ジェンダー・──　106
　集団──　200
　人種──　201
　祖父母──　172
　超越的──　7, 223
　ナショナル・──　200, 213
　二重──　195
　日本人としての──　203
　否定的──　47, 48, 95
　文化的──　201
　　──の"ゆらぎ"　204
　併存型──　191
　民族──　201
　　──ステイタス　202
　　──尺度（Multigroup Ethnic identity Measure:MEIM）　203
　　──早期完了　202
　　──の構成因子　203
　　──無検討　202
　　──モラトリアム　202
　養子の──　215
　歴史的──　97, 212
アクセプタンス＆コミットメント・セラピー（Acceptance & commitment therapy：ACT）　132
アメラジアン　205
アメリカ先住民　190
EIPQ　22
EOM-EIS Ⅱ　22
EPSI　12, 18
生きた現実　59
位置取り（positioning）　202
居場所　204
印象操作　192
AID（Artificial Insemination by Donor）　215
exploration［探求］　131
エスノメソドロジー　107
OM-EIS　22
オールドカマー　201
オカルト・超常現象　179
折り合い　154

か

蓋然性　45
回想法　175
開放性　119
解離　165
課題探求　89
語り合い法　65

価値剥奪　192
活気づける（activate）　153
葛藤　154
関係性　86, 162
感じ　66
患者性（patienthood）　217
危機　26, 83, 117
擬似種（pseudospecies）　216
　　——化　7, 221
希薄化　139
基本的信頼感　94
共同構築　66
キリシタン類族　216
キリスト教　179
近代　161
クリスチャン　186
ケア　226
結合　123
研究対象の明確化　186
言語・文化の継承のメカニズム　206
健康なパーソナリティ　156
声　109
「個」-「関係」の葛藤　74
「個」-「関係」の葛藤尺度　74
国際児　202
心のエコロジカルモデル　163
個人化（個体化）　146
個人主義　6
個体発達分化　165
　　——の図式　168
個と関係性　223
個別性　43
個別分析　41, 93
コミットメント　26, 83, 117
　　——同一化　119
　　——の作成　119

さ
再帰性　160
psychobiography → 心理伝記
差別　7
参拝（祈願）行動　179
自我違和的　130
自我総合　5
自我同一性　190

自我に内在する回復力　50, 93
自我の総合機能　6
自我の強さ（ego strength）　154
時間的展望　29
自己　159
　　概念としての——　132
　　——愛的甘え　80
　　——限定　155
　　——志向群　77
　　——斉一性・連続性　18, 75, 77, 79, 80
　　——探索群　77
　　——定義記憶　122
　　——同一性　190
　　場としての——　133
　　プロセスとしての——　132
しなやかさ　155
社会圏の交錯　194
社会構成主義　163
社会的アイデンティティの複雑性　194
社会的アイデンティティ理論　202
宗教　178
　　——意識　179
　　——行動　179
　　——心理学　185
　　——性　179
　　——団体　179
　　——的発達　180
縦断研究　119, 120, 121
集団主義　5
柔軟性　155
主題分析　41, 93
純粋性（purity）　218
生涯発達の視点　208
象徴的不死性　175
職業的アイデンティティの移行　50, 99
事例研究　132
人格的活力 → virtue
親密性　142, 223
心理学的仮説　48
心理学的問い　48
心理学的年譜　45
心理社会的危機　126
心理社会的自己同一性　77-81
心理社会的同一性　18, 75, 77-80
心理的離乳　50, 94, 136

事項索引　233

心理伝記法（心理学的伝記）（psycobiography）　42, 212
心理歴史的（psyco-historical）方法　41, 93
心理歴史論　7
スピリチュアリティ　179
スピリチュアルケア　185
スピリチュアルブーム　179
生育史分析　41
斉一性　115, 221
精神性　187
精神分析正統派　156
成長物語　150
世界規模のアイデンティティ研究　8
世代継承　8, 168
世代性　223
　　――vs. 停滞　168
世代連鎖　168
世話（care）　136
前世の記憶　227
全体主義　48, 95
相克性　223
早期完了　20, 27, 84
相互性　172, 226
相乗性　223
祖父母世代継承性　172

た
対外的防御　197
体験世界　65
退行　33
対人恐怖的心性　73, 74
対内的制約　197
対話的自己論　108
多声的　109
多次元自我同一性尺度（MEIS）　18, 19, 75-77
他者との連帯　6
多重性　162
多数民族国家　197
脱衛星化　136
楯の会　217
妥当性　37
多民族国家　197
単一性　163
探求　29, 86, 117

広がりのある――　117
深い――　117
探索　203
弾力性　156
調節　117, 119
強さの活性化　152
ディアスポラ　196
伝記研究法　41
伝記分析　41
典型　43
同一化　96
　　――群　58
同一視　95
同一性　149
　　個人的――　190
　　社会的――　190
　　対自的――　18, 76-80
　　対他的――　18, 76, 77, 79, 80
　　中核的――　77-80
　　――拡散　20, 26, 83
　　　――群　77
　　――形成群　77
　　――混乱尺度　12, 15, 16
　　――達成　20, 26, 83
　　――地位判定尺度　20, 21, 84
　　否定的――　222
　　より包括的な――　222
同化　117, 119
統合性 vs. 絶望　175
トラウマ　164
トランザクション・モデル　117

な
内的空間説　144
内容の妥当性　27
ナラティブ　60
　　――・アプローチ　60
　　――・ベイズド・アプローチ　185
日系国際児　205
二度目の思春期　141
2文化の「ずれと折り合い」　203
人間社会の発展　8
人間の健康的な活力　9
認知行動療法　132
根（ルーツ）　214

根こぎ（uprootedness） 214

は
virtue（人格的活力・徳） 151, 226
バイカルチュラリズム 208
発達的変化 26, 82
半構造化面接 25
比較分析 41, 93
開き直り 192
ビルドゥングスロマン 150
不可能性の時代 165
仏教 179
普遍性 43
ブラック・ムーブメント 193
ブラックパンサー党 215
プロテウス的人間 127
文化間移動 201
文化帰属感・帰属意識 201
文化人類学的 - 臨床心理学的アプローチ：CACPA 205
分人 163
文脈 59
偏見 7
変幻自在の自己 163
法則性 43
ポジション 109
補償努力 192

ま
マイノリティ 6
マインドフルネス（mindfulness） 132
ママ友 141

マルチカルチュラリズム 208
無条件性 227
メタ観察 66
メメント・モリ 173
面接法 25, 82
物語 60
モラトリアム 20, 27, 50, 83, 99, 151

や
ヤマアラシ・ジレンマ 140
有機体 69
有能感 94, 123

ら
ライフサイクル 214
ライフストーリー 61, 122
　——・インタビュー 213
　——論 212
ライフヒストリー 211
ライフレビュー 175
臨死体験 227
類型論 37
歴史 213
　——・社会・文化的文脈 208
　——心理学 211
　——的連続性 214
　——認識 218
レジリエンス（resilience） 130, 156
列挙法 45
レッドパワー・ムーブメント 193
連続性 115, 122, 221

人名索引

A
Adams, G. R.　22, 33, 136
芥川龍之介　42, 49, 50, 52, 54, 55, 98
Allport, G. W.　180
新木真理子　172
Archer, S. L.　28
有元裕美子　179
アリストテレス　153
Atkinson, P.　63
Atwater, E.　138

B
Balistreri, E.　22
Balter, R.　195
Baysu, G.　191
Beethoven, L. van　42, 94, 95
Bellak, L.　140
Bennion, L. D.　22
Berzonsky, M. D.　22
Beyers, W.　118, 119
Bosma, H. A.　117, 118, 136
Bourne, E.　15
Breen, A.V.　122
Brewer, R.　195
Brubaker, J. R.　122
Bruner, J.　60, 64, 65, 105, 106
Bush, G. W.　212
Butler, R. N.　175

C
Chang, A. S.　137
Chaplin, C.　99
Chopin, F.　100
Claridge, G.　42
Coffey, A.　63
Cooper, C. R.　29-31, 83, 86

Côté, J. E.　33, 120
Crocetti, E.　119

D
大坊郁夫　77
Dalí, S.　42
de St. Aubin, E.　168, 169
Dignan, M. H.　14, 15
Dilthey, W.　45
道元　99
土居健郎　80
Donovan, J. M.　28

E
江畑敬介　202
海老沢泰久　216
江口重幸　111
Ende, M.　52
遠藤辰夫　174
Engelstein, N.　139
Erikson, B. S.　157
Erikson, E. H.　i, 1, 4-8, 11, 12, 14, 15, 18, 19, 25, 41, 42, 53, 54, 58, 59, 69, 73, 84, 93-95, 97-99, 108, 109, 115, 116, 120, 126, 137, 142, 144-146, 149-165, 168, 172, 175, 180, 190, 200, 202, 211-214, 216, 217, 220-226
Evans, R. L.　224

F
Fadjukoff, P.　120, 121
Fischer, K. W.　87
Fitch, S. A.　33
Founier, M. A.　122
Frankl, V. E.　221
Franklin, B.　151

Franz, C. E.　146
Freud, S.　53, 93, 156, 212
Friedman, L. J.　157
Friedman, M. L.　84
藤井恭子　139, 141
藤原喜悦　205
福岡安則　213
福沢諭吉　97, 98, 212
Fung, C.　42
古澤頼雄　15

G
Gandhi, M.　93
Gauguin, E. H. P.　42
Gergen, K. J.　163
Gerrits, R. S.　136
Ghavami, N.　191
Giammarco, E.　43
Gibson, J. J.　163
Giddens, A.　160
Goethe, J. W. von　101, 150
Goffman, E.　192, 193
Gonzalez, P. C.　137
Goosens, L.　117, 118
Gorky, M.　93
Gottesman, M. M.　137
Grotevant, H. D.　22, 29-31, 35, 36, 83, 86, 87, 89, 215
Guilligan, C.　144

H
Haight B. K.　175
Hall, S.　202
Halpen, T. L.　138
浜田寿美男　107
Han, C.-S.　194
花沢成一　171
原田新　79
原田満里子　111

橋本佐内　　　97, 212
畑野　快　　　79
林　智一　　　175
Hermans, H.　　69, 108
梛場真知子　　85
平野啓一郎　　163
Hitler, A.　　93, 222
Horae, C.　　59
堀尾治代　　　182
Horney, K.　　45, 53
保坂裕子　　　107
星野　命　　　202

I

今田　恵　　　180
今栄国晴　　　12
稲垣実果　　　80
井上順孝　　　179
伊野真一　　　192
石坂昌子　　　174
岩井阿礼　　　182

J

Jacobson, E.　　78
James, W.　　93, 101, 180
Jefferson, T.　　93
Jones, P. Y.　　137
Jordan, D.　　28
Josselson, R.　　64, 104, 119, 120, 123
Jung, C. G.　　53

K

Kafka, F.　　99, 101
角田光代　　　141
神田橋條治　　67
柏原兵三　　　157
柏木惠子　　　138
Kästner, E.　　42, 95, 96
春日真人　　　215
加藤　厚　　　15, 20, 21, 37, 84
勝家さち　　　140
Katsuma, K.　　121
川畑直人　　　182
河野哲也　　　163

川島大輔　　　62, 174
Kempen, H.　　69, 108
Kennedy, J. F.　　i
Kennedy, R. F.　　i
Kernberg, O. F.　　78
Kerpelman, J. L.　　36, 91
Kich, G. K.　　205
King, M. L., Jr.　　i
Kitayama, S.　　74
小林　宏　　　14
小林多寿子　　213
小池　靖　　　179
Kokko, K.　　121
Krichbaum, J.　　52
Kroger, J.　　28, 33, 115, 116, 119
Kübler-Ross, E.　　227
鯨岡　峻　　　66
熊野宏昭　　　132
Kunnen, S. E.　　117, 118
呉　賢治　　　41
栗原　彬　　　211
Kymlicka, W.　　197

L

Laing, R. D.　　60
Lamke, L. K.　　36
Lenin, V. I.　　99
Lesieur, J.　　217
Levine, C.　　33
Lifton, R. J.　　127, 163
Lorenz, K. Z.　　222
Luther, M.　　54, 93, 156
Luyckx, K.　　117, 118
Lytton, D.　　137

M

Machiavelli, N.　　153, 154
前田泰樹　　　107
Mahler, M. S.　　78, 79
Malcolm X　　　i
Mansour, E.　　122
Marcia, J. E.　　11, 20, 22, 26-30, 32, 37, 76, 82, 84, 89, 100, 104, 117, 119, 183

Markus, H.　　74
Martinussen, M.　　119
Maslow, A. H.　　53
増沢　高　　　84
松井　豊　　　14, 18
松元民子　　　171
松嶋秀明　　　107
松島公望　　　186
松下一世　　　213
松山　奏　　　174
Matteson, D. R.　　29, 83
Maugham, W. S.　　150
McAdams, D. P.　　42, 60, 63, 65, 109, 168, 169, 212
McLean, K. C.　　122
McRoy, R. G.　　215
Meeus, W.　　119
南　保輔　　　107, 202
箕浦康子　　　201, 202, 205
三島由紀夫　　217, 218
Missotten, L.　　118, 119
Mitchell, M.　　94
宮地尚子　　　165
宮下一博　　　i, 1-4, 12, 14, 26, 34, 74, 136, 144, 171
三好昭子　　　14, 42, 48, 49, 53, 54, 95, 98
溝上慎一　　　36, 108, 109, 120
水川喜文　　　107
茂垣まどか　　42, 52, 96
森岡正芳　　　65, 111, 185
森田必勝　　　217
森谷寛之　　　174
村澤和多里　　127
Murphy, C.　　42
Murphy-Shigematsu, S.　　205
無藤清子　　　83, 85, 183, 184
Mutran, E. J.　　172

N

永井　撤　　　74
内藤みゆき　　144
中川久子　　　182
中川泰彬　　　77

人名索引　237

中原　純　172
仲村照子　173
Nakamura, T.　121
中西信男　12, 13, 18, 142
中谷陽輔　23, 76
中安暁子　42
夏目漱石　93, 94
根本橘夫　12
Nettles, R.　195
西田幾太郎　99
西平直喜　7, 41, 42, 44, 45,
　　48, 50, 51, 55, 93, 94, 96-
　　101, 136, 142, 212
西平　直　59, 65, 110, 111,
　　157, 180, 223, 228
西脇　良　179, 183
Noam, G. G.　87
能智正博　62, 66, 111
野村晴人　122
Newton, H. P.　215

O
小林　宏　14
落合良行　140
Ochse, R.　14
緒方洪庵　97
岡田　努　139
岡田光弘　107, 213
岡本祐子　2-4, 34, 85, 122,
　　123, 126, 137, 145, 169-
　　171, 174, 181, 205
岡野憲一郎　128
小此木啓吾　128
大倉得史　i, 65-68, 70, 110,
　　111
Ong, A. D.　202
大西晶子　201
大野千里　14
大野　久　14, 18, 41-45, 50,
　　55, 93, 94, 143, 144, 221,
　　224-226
Operario, D.　195
Orlofsky, J. L.　28
大澤真幸　165
小塩真司　130

大谷宗啓　140
小沢一仁　110
小澤理恵子　202

P
Pasupahi, M.　122
Phinny, J. S.　202, 203
Piaget, J.　5, 6
Pittman, J. F.　36
Plug, C.　14
Poe, E. A.　43
Pridham, K. F.　137
Pulkkinen, L.　121

R
Raban, J.　194
Rappaport, H.　29
Rasmussen, J. E.　11, 12,
　　14, 74, 171, 174
Reitzes, D. C.　172
李　原翔　202
Roccas, S.　195
Rodin, F. A. R.　101
Rolland, R.　99
Rosenberg, M.　14, 18
Rosenthal, D. A.　12, 18
Rubini, M.　119
Runyan, W. M.　212
Rutledge, D.　137

S
坂井律子　215
坂本龍馬　41
佐方哲彦　12, 13, 18, 78
作道信介　182, 185
櫻井　厚　213
櫻井義秀　179
Sarbin, T. R.　60
Satie, E. A. L.　42
佐野秀樹　41, 202
佐藤浩一　37
佐藤　豪　76
佐藤有耕　140
Schaafsma, J.　191
Schenkel, S.　84

Schultz, W. T.　42, 212
Schwarz, S. J.　117, 118
Schweitzer, A.　99
Selman, R.　87
Shaw, G. B.　93
清水秀美　12
下山晴彦　17
志村有弘　50
塩飽　仁　131
白井利明　121, 122, 127
Simmel, G.　194
荘島幸子　106
園田雅代　83, 84
Steel, S.　196
Stern, D. B.　165
杉村和美　30, 31, 86-88, 115,
　　119, 120, 123, 144
杉山幸子　186
砂田良一　12, 15, 16
鈴木一代　201-208
鈴木　忠　157

T
平　直樹　202
Tajfel, H.　202
高村智恵子　101
髙村和代　89-91
高村光太郎　101
高村光雲　101
種田山頭火　101
谷　冬彦　i, 18, 19, 23, 26,
　　33, 37, 38, 73-79, 162, 203
谷崎潤一郎　42, 45, 47-49,
　　51, 53-55, 95, 98
鑪幹八郎　1-4, 26, 28, 29,
　　32-35, 73, 131, 181, 201
徳田治子　61, 62, 64
友野隆成　76
津田梅子　99
辻河　優　182, 185
Tuan, Yi-Fu　215

U
内島香絵　14
上地安昭　14

植松晃子　　202, 203
上野千鶴子　　189, 190
浦尾洋旭　　41
臼井永和　　144
宇都宮博　　145

V
Valde, G. A.　　28

W
若原まどか　　14

渡辺朝子　　136
Waterman, A. S.　　28, 33, 34, 139
Weber, M.　　96
Webster, J. D.　　175
Weinstock, C. S.　　145
Weiss, B. L.　　227
Whitbourne, S. K.　　145
White, K. M.　　146

Y
八木保樹　　38
山田富秋　　106, 213
やまだようこ　　60, 62, 64, 66
山口雅史　　171
山本　力　　1, 3, 4, 26
山本真理子　　14, 18
山成由紀子　　14, 18
矢野智司　　65

【執筆者一覧】(五十音順, *は監修者, **は編者)

石田 弓（いしだ・ゆみ）
広島大学大学院教育学研究科附属心理臨床教育研究センター准教授
担当：4章（1）B

大倉得史（おおくら・とくし）**
京都大学大学院人間・環境学研究科准教授
担当：2章（4），3章（4）

大野 久（おおの・ひさし）
立教大学大学院現代心理学研究科教授
担当：4章（3）C

川浦佐知子（かわうら・さちこ）
南山大学大学院人間文化研究科教授
担当：4章（2）C

小松貴弘（こまつ・たかひろ）
京都教育大学大学院連合教職実践研究科准教授
担当：4章（1）E

白井利明（しらい・としあき）
大阪教育大学教育学部教授
担当：4章（1）A

鈴木一代（すずき・かずよ）
埼玉学園大学人間学部教授
担当：4章（3）A

鑪幹八郎（たたら・みきはちろう）*
京都文教大学学長
担当：まえがき

谷 冬彦（たに・ふゆひこ）**
神戸大学大学院人間発達環境学研究科准教授
担当：2章（1），3章（1）

西平 直（にしひら・ただし）
京都大学大学院教育学研究科教授
担当：4章（1）D

橋本広信（はしもと・ひろのぶ）
群馬医療福祉大学准教授
担当：4章（3）B

林 智一（はやし・ともかず）
大分大学医学部准教授
担当：4章（2）A

原田 新（はらだ・しん）
徳島大学大学院ソシオ・アーツ・アンド・サイエンス研究部特任助教
担当：2章（2），3章（2）

藤井恭子（ふじい・きょうこ）
関西学院大学教育学部准教授
担当：4章（1）C

松島公望（まつしま・こうぼう）
東京大学大学院総合文化研究科助教
担当：4章（2）B

宮下一博（みやした・かずひろ）**
千葉大学教育学部教授
担当：1章

三好昭子（みよし・あきこ）
帝京大学短期大学人間文化学科講師
担当：2章（3），3章（3）

アイデンティティ研究ハンドブック
2014 年 3 月 30 日　初版第 1 刷発行　（定価はカヴァーに表示してあります）

　　　　監修者　鑪幹八郎
　　　　編　者　宮下一博
　　　　　　　　谷　冬彦
　　　　　　　　大倉得史
　　　　発行者　中西健夫
　　　　発行所　株式会社ナカニシヤ出版
　　　　〒606-8161　京都市左京区一乗寺木ノ本町 15 番地
　　　　　　　　　Telephone　075-723-0111
　　　　　　　　　Facsimile　075-723-0095
　　　　　　　Website　http://www.nakanishiya.co.jp/
　　　　　　　E-mail　iihon-ippai@nakanishiya.co.jp
　　　　　　　　　郵便振替　01030-0-13128

装幀＝白沢　正／印刷＝ファインワークス／製本＝兼文堂
Copyright © 2014 by M. Tatara et al.
Printed in Japan.
ISBN978-4-7795-0822-6

本書のコピー，スキャン，デジタル化等の無断複製は著作権法上での例外を除き禁じられています。本書を代行業者等の第三者に依頼してスキャンやデジタル化することはたとえ個人や家庭内の利用であっても著作権法上認められておりません。